★ ★ ★ ★

叶阿次 ● 著

管理新手精进课

100天迈向管人高手

中信出版集团 | 北京

图书在版编目（CIP）数据

管理新手精进课：100 天迈向管人高手 / 叶阿次著 .
-- 北京：中信出版社，2019.11（2023. 8 重印）
ISBN 978-7-5217-0965-0

Ⅰ . ①管… Ⅱ . ①叶… Ⅲ . ①管理学 - 通俗读物
Ⅳ . ① C93-49

中国版本图书馆 CIP 数据核字（2019）第 185546 号

管理新手精进课——100 天迈向管人高手

著　　者：叶阿次
出版发行：中信出版集团股份有限公司
（北京市朝阳区东三环北路 27 号嘉铭中心　邮编　100020）
承 印 者：北京通州皇家印刷厂

开　　本：787mm×1092mm　1/16　　印　　张：19.5　　字　　数：251 千字
版　　次：2019 年 11 月第 1 版　　印　　次：2023 年 8 月第 3 次印刷
书　　号：ISBN 978-7-5217-0965-0
定　　价：60.00 元

版权所有 · 侵权必究
如有印刷、装订问题，本公司负责调换。
服务热线：400-600-8099
投稿邮箱：author@citicpub.com

目　录

第二篇　用好人 / 061

第三篇 提升人 / 119

第四篇 留住人 / 183

导　语

还记得你初入职场时的初心是什么吗？

回望过去，有没有让你觉得遗憾的地方？

展望未来，有没有让你觉得心动的地方？

当年同时踏入职场，为什么每个人发展的速度都不一样？

为什么晋升的总是别人？为什么有的人能力平平，却能平步青云？

为什么团队里最受欢迎的人却不是最能干的人？

我埋头做好自己的事情，从不麻烦别人，难道不对吗？

为什么我找来的人总是不好用，好用的又留不住？

为什么我在职场上总碰不到好的老板？

20多年来，我一共服务了四家机构：第一家是中科院上海天文台，第二家是上海贝尔阿尔卡特，第三家是渣打银行，第四家是复星集团。这四家机构覆盖了国内绝大多数机构类型——国有央企、中外合资企业、外资企业、民营企业，而且每一家都很典型。我是从一名小小的网管起步的，最后做到复星集团人力资源高管。20多年来与人打交道的经历，最终让我走上了创业的道路——创办了外滩商学院。

多年以前，我有幸考入上海交通大学攻读MBA（工商管理硕士），其后又进入复旦大学攻读管理学博士。这两段学习经历让我懂得了许多管理上的理论知识，开阔了我的视野。近两年来，我受聘担任上海交大安泰经管学院EMBA（高级管理人员工商管理硕士）课程教授。创业和任教的经历，让我有机会见到更多职场人。在与不同的人打交道的过程中，我发现，今天还有许多人在重复当年我走过的弯路和踩过的坑。为了帮助更多的人早日达到自己的职场目标，少走一些弯路，我决定分享我的职场经验和职场知识，帮助更多的人实现职场突破，走上成功之路。

从“依赖”、“独立”到“互赖”

职场人生有以下三个阶段。

第一阶段是依赖：初入职场时，我们依赖别人。

第二阶段是独立：当慢慢可以独当一面的时候，我们开始独立，但这不是职场人生的最高阶段。

第三阶段是互赖：互赖的意思是，我们都是社会人，我们自己的成功将不完全取决于我们自己，而取决于我们所在的团队，同时我们团队的成功也依赖于我们的贡献。不怕神一样的对手，就怕猪一样的队友！你拥有什么样的团队，你是什么样的人，这些将最终决定你的高度！

在第一阶段，你只需“听话”就够了；在第二阶段，你只需“专业”就够了；但在第三阶段，你需要的是“管理”。管理无处不在，和你所处的位置没有什么关系，哪怕你不带队伍，你也需要管理。比如，你需要管理你自己，有的时候还需要管理你的老板。许多人终其一生也只达到了第二阶段，原因是第三阶段的关注重点在于一个最为复杂的因素——人！有人的地方就需要管理！而你，准备好从专业到管理的转变了吗？

人的问题至关重要

为什么解决人的问题如此重要？借用管理学大师彼得·德鲁克先生

的话来说：企业管理的本质就是人的管理，人的管理就是企业管理的代名词。所以任正非说，企业里一切问题的根源都是人的问题，管理的本质其实就是如何处理好人的问题。关于人的问题，我希望通过“看准人、用好人、提升人、留住人、跟对人”五个主题来全面介绍我所知道的一切。

看准人：你知道你身边的同事和老板在想什么吗？如何透过现象看到本质？

用好人：你能管理好你身边的人吗？如何让他们为你所用？

提升人：你有没有让自己得到提升？你能否提升你周围的人？

留住人：优秀人才能否留住？你知道留人有很多方法吗？

跟对人：选择永远比努力更重要，你跟对人了吗？

我希望把我20多年的管理经验，尤其是把我横跨央企、外企、民企、合资企业等不同类型机构中的实战经验和我在中国一流商学院所学到的知识，以及在上海交大安泰经管学院所讲授的内容分享给大家，帮助大家系统地了解管理，尤其是管人的核心框架与核心内容，从而突破大家的认知边界。

中国的绝大多数管理者之所以成为管理者，并非因为他们善于管人，而是因为他们的工作业绩很出色。换句话说，因为他们的专业技能很好，所以他们能在众多员工中脱颖而出并被上级提拔为管理者。然而，我们要知道，管人和做事所需要的能力是完全不一样的。通常来说，管人远比做事难得多，要不也不会有“劳心者治人，劳力者治于人”这一说。

为了获得一份理想的工作，我们上了四年大学来学习专业知识。可是，当我们开始管人的时候，尽管管人比做事要难很多，公司也不会让我们花四年时间去学习如何管人，甚至四天也没有。这难道不是一件很奇怪的事情吗？今天，你有机会完整地了解所有与人有关的话题了。只要你还在职场中，不管你处在什么位置，你都离不开与人打交道，你都会有自己的上级、同事或者下属。管理是一个永远绕不开的话题，企业一切问题的根源都是人！

总　结

本书通过100堂课的学习，让你学到关于人的管理的100个知识点和运用方法；通过五大模块来解决管理的基本认知问题，系统地构建管理理论的基本框架。

第一篇 看准人

管理者有两大终极使命：一个是做对的事，另外一个是找对的人。

刘备因为找对了团队的伙伴才成就了伟业；刘邦如果没有创始班底，是不可能建立汉朝的百年基业的。绝大多数老板都认为人才难得，也常常会因为看人不准而功亏一篑。找到一个对的人和找到一个错误的人的差别是很大的。我们总是说，找到了对的人，事情就已经做对了一大半。

看准人的含义是，在对方还身处草莽之中时，你能够看人于千里之外，看到别人所不能看到的优点和潜力。孟子在《生于忧患，死于安乐》中说："舜发于畎亩之中，傅说举于版筑之间，胶鬲举于鱼盐之中，管夷吾举于士，孙叔敖举于海，百里奚举于市。"一个很厉害的人在被发掘之前往往都生活在芸芸众生之中。厉害的其实不仅是这些牛人，还有发现他们的人。看准了，然后挖掘出这匹千里马的人是伯乐。千里马常有，而伯乐不常有，所以一个成功的管理者是从看准人开始的。

在看准人这个环节里，重点要解决四个问题。第一个是从外表来观察一个人。外表会展现一个人内在的心态，"你读过的书一定会写在你的脸上"。第二个是通过提问的方式去发现这个人存在的一些问题。语言表达的是思想，而如何通过提问的方式去发现问题才是关键。第三个是要考察一个人最难看到的部分，也就是它的底层架构，比如他的人格特征、心理状态。最后，也是最重要的是，要看一个人在团队里能否扮演一个很好的角色。我们知道，一个人在团队中能不能取得成功，其实和个体差异是有关的，但更重要的差异来自他在团队中扮演的角色。

用错一个人的成本是很高的，我在创业的早期便切实感受到了——经济损失在所难免，时间成本被无情地消耗，以及对团队其他成员造成伤害。在我就职于复星集团的时候，我的老板将员工的价值观放在第一位，反而不那么重视以前的成功经历。他对此的解释是，面对未来的挑战，你所有的经验可能都是负资产，而学习能力和奋斗精神才更加重要。

看准人，需要从源头解决找到对的人的问题。很多时候，不是人不对，而是人和事不匹配——一个优秀的人放在一个不合适的地方往往表现得不优秀。所以看准人有三个含义：全面发现一个人、找到内在优秀的人、找到适合事业发展的优秀的人。

这个世界上是找不出两个完全一样的人的，所以优秀的人并没有什么特别的外在标志。相反，优秀的人也许其貌不扬，相貌端庄的人也许是个平庸之辈。所以如何从外在到内在地识别一个人的优势，第一个要解决的是认知的问题。找准人这件事对你意味着什么？为什么要找人？我自己干得好不就可以了吗？找人这件事是人力资源部的事，为什么要我来干？找来了一个能干的人，如果他的风头盖过了我，那我该怎么办？这些问题时常萦绕在职场人的脑海中。所以本篇从管理的本质开始，解答为什么要看准人。

1.1
千人千面

管理本质

大家可以回忆一下自己或者身边的人是如何从一个不管人的人被提拔成管理者的。在中国，我发现大多数管理者都是业绩突出的人，至于他们会不会管人，其实很多时候老板并没有给予太多的关注。但我们知道，做事所依靠的能力和被提拔以后所需要的能力其实是不一样的。事实上，西方管理学中有一个理论叫作路径依赖。什么是路径依赖？路径依赖指的是如果你擅长使用某项能力，你就会一直使用这个能力。正所谓：在一个手里拿着锤子的人看来，所有的问题都是钉子。

在你因为善于做事而成为管理者之后，你会继续做你擅长的事情——可能会用做事的方式去管人。最终你会发现两个后果：第一，你是那个团队里做事最厉害的人，你觉得所有人都不如你（当然是这样的，因为所有比你厉害的人都已经被提拔了）；第二，你的下属觉得什么都不如你，这样他们就会失去独立思考和判断的能力，从而过度地依赖你这个管理者，所以你一定会很忙。

这种提拔业绩好的人的方式对不对呢？西方管理学认为，这种提拔方式是不对的，我们不应该提拔这种做事很厉害的人。相反，我们应该提拔做事能力不强但善于管人的人。有人可能会质疑，一个做事能力不强的人怎么能被提拔呢？然而历史经验表明，成功的管理者都是做事不怎么样的人，他们的成功都不是因为善于做事，而是因为善于管人！

我们来看两个例子。第一个例子是唐僧在取经途中的表现。我们知道，唐僧带领团队完成了任务，可是唐僧的做事能力在团队中显然不是最强的，甚至是最弱的。那你觉得唐僧为什么会成功呢？有人说唐僧成功是因为后台比较硬，这个说法对吗？这个说法其实是不对的。仔细思考后你会发现，唐僧其实是团队当中唯一一个没有说“我不干了”的人，所以他是唯一一个目标坚定的人。清晰的目标和愿景是唐僧成功的原因。第二个例子是三国时的刘备。三分天下有其一，刘备算是很成功的了。但其实他武功不如很多人，谋略也不如很多人，那么他是靠什么取得成功的呢？有人说刘备会哭、会管人。这是对的，但不是最本质的原因。他成功的最大原因其实是他姓刘。何解？用今天的话来说，刘备代表的是当时的主流文化价值观。也就是说，因为他是刘皇叔，所以即便人家不知道他长什么样，也不知道他为人如何，但一听说他是刘皇叔，就投奔他去了。有人投奔你，有人追随你，你就是个好领导。如果你自身很厉害，可是没有人追随你，那么你还算不上真正的厉害；而如果你不厉害，可是有很多厉害的人追随你，那么你还是挺厉害的。

我们可以从这两个例子看出，成功的管理者其实并不是因为会做事，而是因为会管人。那么，怎么才能管好人呢？用什么方法可以管好人呢？有人用愿景和目标来激励人，有人用主流文化价值观来吸引人。总之，这些人都不是因为很会做事才能管好人的。历史上存在办事能力强但管理很失败的人，比如项羽，他的个人能力非常强，可是作为管理者，他却是失败的。

到底什么是管理呢？MBA课程里的管理就是计划、组织、领导、协调、控制，管理是带领团队通过整合资源来完成组织目标的过程。我认为，管理的最本质的定义还不是这两条。彼得·德鲁克先生有过一个很好的定义，他说管理就是让别人做我们想做的事。这句话的意义非常深刻。回过头来看唐僧和刘备的例子，他们管理团队的方式都是让别人做他们想做的事情。

既然管理的本质是让别人做我们想做的事情，那么作为管理者，我们该做什么呢？我们想做的事情都让别人做了，我们会面临什么挑战？我们如何才能让别人做我们想做的事情呢？其实，管理的本质就是确定组织的目标，并且让他人认同这个目标。很多时候，我们需要发展的能力是如何影响他人来做我们想做的事情，管理者成功的标志也在于此。

我们大多是因为专业能力强而被提拔的，所以在成为管理者以后，我们会面临很多挑战。管人所用到的思维、能力、行为与我们之前做事时所用的都是不一样的，最主要的区别有以下三点：

第一，当不管人的时候，我们只需要个人业绩突出就可以了，而作为管理者，我们就需要为他人考虑了。为什么他人会做我们想做的事情？简单来说，一定是因为这么做对他人有好处（这在管理学上叫作利他）。

第二，个人成长的本质在于通过克服一些缺点来提高自我，可是在管人的时候，我们不能总盯着别人的缺点，因为那样会导致我们很痛苦，别人也很痛苦。所以我们要学会发现别人的优点，还要创造机会让别人更好地发挥他们的优点。

第三，我们在做事的时候，学会倾听很重要，尤其是听懂和领会好上级的意图；当我们需要别人做我们想做的事情的时候，我们的沟通和表达就显得极为重要，因为影响人的主要手段就是有效的沟通和表达。

总　结

1. 管理的本质就是让别人做我们想做的事。
2. 成功的管理者不一定是会做事的人，但一定是会管人的人。
3. 从专业到管理的三大挑战：第一是从利己思维到利他思维，第二是从反思缺点到发现优点，第三是从学会倾听到善于沟通和表达。

首因效应

在参加面试的时候，你知道对方会花多少时间来决定是否录用你吗？我曾经问过很多人力资源经理关于面试的问题：如果给你30分钟面试一个人，你一般要多久才能决定要不要这个人？如果给你三个选择，第一个是1分钟，第二个是15分钟，第三个是30分钟，那么你会选择多长时间来做决策？ 90%的人力资源经理都告诉我，他们会在第1分钟下结论。有人说，既然第1分钟就下了结论，为什么大多数的面试都要历时30分钟呢？事实上，后面的29分钟都是在验证结论是否正确。

那么我会在什么时候下结论呢？其实，我在面试别人时一般都有这样的习惯：在面试别人之前，我会先通过面试间门上的玻璃看一眼应聘者，如果他在那一刻也看了我一眼，也就是说如果我们俩四目相对了一下，那么基本上我的面试就完成了。这大概就是所谓的“确认过眼神”吧——我下结论的时间用不了1分钟。

为什么会出现这样的情况？为什么我在渣打银行的时候会有这样的面试速度和效果，而且在我那么多年的面试生涯当中，很少在这方面失误过呢？其实有一个理论能很好地说明这个道理，这个理论叫作首因效应。首因效应讲的是我们给别人的第一印象非常重要。事实上，别人对我们的结论往往在第一眼见到我们时就已经有了，只不过我们自己可能没有注意到。

我来分享一下我在渣打银行的一次失误的面试。有一天，领导安排我去面试一个人。按照常规，我通过面试间门上的玻璃看了一眼应聘者。正好在那个时候，应聘者也通过玻璃看了我一眼，我们俩四目相对。我当场有如下三个判断：第一，这个人的家庭没有什么经济压力；第二，这个人应该是一个很守规矩的人；第三，这个人的抗压能力有点不足。我想，这个人不太适合渣打银行。带着这样的预判，我走进面试间跟他聊。然而，聊了以后我发现，无论我问什么问题，他都对答如流。为什么呢？原来他是一个“面霸”——我所能问的问题，他几乎都能知道该怎么回答，而且他知道我想要什么。加上他对渣打银行做了很深入的研究，他的回答可谓滴水不漏。这是第一点，即在面试环节他是合格的。第二点，他是我的一个下属推荐来的，而这个下属是我的团队里业绩最好的，他们曾经同时在一家公司工作过两年时间。有了这些背景，我没有任何理由不录取这个人，所以他就被录取了。可是在他加入团队大约三个月的时候，他跟他的主管讲，他的压力太大，打算辞职。我决定找他聊一聊，心里想着：难道我真的看错了？在跟他聊了半小时后，他痛哭流涕地跟我说：“老板，我错了，我对不起你，我应该留下来好好干。我决定珍惜这个机会。”我就说：“好吧，那就继续干。”于是他就留了下来。然而，一个月后，他再次跟他的主管说压力太大，受不了了。这次我没有做任何的挽留，就让他离开了。

这次失误的面试反映了一个现象，就是我的直觉竟然比面试的结果更准确。很多人质疑我是不是“外貌协会”的——看这个人长得怎么样。当然不是。真正的首因效应的背后有一个深层的逻辑，就是如果我们见过很多人，建立了一个大数据库，我们就可以快速地察觉到这个人的某些特质。而当见过足够多的人的时候，我们自然就知道什么样的人在公司可以存活，什么样的人在公司无法生存。所以在我们见到应聘者的第一眼并且他没有做任何表达的时候，那时的他是特别真实的他。比如他的眼睛、他的表情、他的气质等，虽然我们看不到，但是我们可以感受到，而这些东西正是决定一个人特质的真正的内在因素。所以所谓的首因效应并不是一种迷信，也没有“外貌协会”的加持，而是在有深厚积累的背景下，在庞大的数据库的基础上，我们可以通过第一印象快速地判断一个人。当然，如果我们没有大数据，那么还是先好好积累吧。有些东西，还是需要时间来沉淀的。

我经常给大学生做求职辅导，在辅导中我会告诉他们一些小技巧。其中有个技巧是，在参加银行面试的时候，应聘者一定要穿一套整洁大方的西服。这背后是有原因的。作为面试官，我们在一起讨论问题的时候曾开玩笑地说：如果今天来了两个学生参加面试，他们应聘同样的岗位，一个学生穿的是T恤加牛仔裤，另一个学生穿着大方得体的西服，那么我们会选择哪一个学生呢？答案其实很明显，因为我们会天然地觉得那个穿着西服的学生对自己的要求和对这份职业的重视程度比穿T恤加牛仔裤的学生要高。当然，如果去互联网公司面试，那么穿着很贵的西服也许就是个非常错误的选择。

首因效应本身是客观存在的，其影响是难以消除的。最好的办法就是让首因效应成为我们有力的工具。它启发我们要有自己的深厚的积累，正如有句话所说的那样："你读过的书一定会写在你的脸上。"无须多言，别人就能看出来我们的内涵和底蕴，以及我们的气场。所以我们每个人都应懂得如何在日常生活中积累自己的一些特质，如何充实自己的内在底蕴和内在涵养。因为外在的表现只是一小部分，而决定别人对我们印象的是我们平日里的这些积累。这就是首因效应带给我们的经验和教训。

总　结

1. 首因效应是我们带给他人的第一印象，他人对我们的判断大多时候都会依赖第一印象。
2. 首因效应的背后要有大数据做支撑，否则我们的感觉可能是不准确的。
3. 利用好首因效应的关键在于增加自己的内涵和底蕴，因为"你读过的书一定会写在你的脸上"。

结构化面试

我在上海贝尔阿尔卡特工作的时候，曾经有一次去南京大学招聘应届毕业生。因为应届生本来就没有什么工作经验，我们很难指望他们在工作方面给出建设性的反馈，所以我们问他们的问题都相对比较简单。在出发前，领导交代我们主要招聘一些可以做软件开发的逻辑思考能力和抗压能力比较强的人，所以我们就重点考察学生在这两个方面的能力。

面试的地点离学校不远，就在我们住的酒店的会议室里。我至今还记得，我们在面试过程中很随意地问了一名学生：你今天是坐什么交通工具来到面试现场的？学生回答说：报告老师，我今天是打的来的。我们当场脸色一沉：你为什么不坐公交来？为什么要打的过来？你现在一分钱都不赚，你这么做岂不是浪费你父母的钱？你还没有学会怎么赚钱，就这么浪费钱，你觉得合适吗？学生沮丧地说：老师，不好意思，我记住了，下次会自己坐公交过来。我们都知道他肯定会向接下来参加面试的同学传达这样的信息：面试的老师特别讨厌打的去的学生。

接着进来第二个学生，我们没问这个问题。等第三个学生进来时，我们又问了同样的问题。这个学生回答说：报告老师，我今天是坐公交来的。然后我们又脸色一沉：你怎么能坐公交来？想想看，挤公交，挤出一身汗，你这么做是非常不尊重我们的，知道吗？如果公交没赶上，迟到了，怎么办？这是决定你命运的时候，你怎么这么不重视这个面试？我们又是一顿猛批。然后这个学生表现得很郁闷，心里肯定在说：老师，你不是不喜欢打的来的吗？

其实我们对学生怎么来的并不关心。我们关心的是什么？我们关心的是学生在回答问题时背后的逻辑。当我们给应聘者施加压力时，他会是什么反应？这个反应才是我们真正想考察的，即考察他的抗压性和回答问题的逻辑性。

在面试中，我们把这种对不同的人问同样的预先设计好了的问题称之为结构化面试。有些岗位非常适合用结构化面试的方式来招聘人才，比如研发工程师、程序员、财务记账人员、出纳人员等。但凡操作型、明确要求型的岗位都是比较适合用结构化面试的方式来招聘人才的。

结构化面试是建立在对工作分析的基础上，设计和工作有关的问题，以及各种可能的答案，并且根据应聘者回答的速度和内容，对其进行等级评价的一种面试。它本质上是一种比较规范的面试形式，有效性和可靠性较高，对面试官的依赖较少。不同应聘者的回答结果是可以比较的，这也是结构化面试公平的地方。事实上，经过考试才能录用的方法也属于结构化面试的范畴。

设计结构化问题有几个关键：第一个是，要根据工作岗位的需求来设计问题；第二个是，结构化问题对所有的应聘者都采取一视同仁的测试流程和内容，所以比较公平；第三个是，每一个问题的背后都有测试的目的和相对可比较的参考答案，用于不同应聘者之间的比较。

关于如何使用结构化面试，我想举几个具体的例子。比如，面试官的第一个比较保险的问题是“能不能简单介绍一下自己？”，然后可以加一句“简历上有的就不用介绍了”。这一招基本可以打乱应聘者的阵脚。也就是说，作为面试官，我们可以问一些肯定会问但不会落入俗套的问题。而类似“你为什么离开上家公司？”“是什么原因让你选择我们公司的？”等问题，我相信每个应聘者都会做好准备的，所以我们不能指望通过这些问题就得到想要的东西。但我们可以换一种方式来问问题，比如：“如果离开上家公司的原因消失了，那么你还愿意再重新加入那家公司吗？”这样的问题一般都能够较好地测试应聘者的动机。

在以上这些问题的基础上，我们可以再进一步。比如你可以问：“如果你能够加入我们，那你希望怎么开展工作？你前面三个月的计划是什么？”如果我们想考察应聘者是不是真的为加入公司做好了准备，那么我们可以问：“你是怎么看待我们公司的？”通过这些问题，我们可以了解到应聘者对公司的了解程度，他的了解跟实际情况有多大差距。有时我还会问一个问题：“假如今天你是我，你会问什么问题？”这个问题其实是很多应聘者无法准备也是不会想到的。除此之外，我们也可以问一些其他的让应聘者印象深刻的问题，比如说“迄今为止你干过最为大胆的事情是什么？”，或者是“到目前为止你认为你最遗憾的事是什么？”。这类问题其实是没有标准答案的，但我们可以从一个人的回答中看出这个人做事的风格和思考问题的方式。最后，别忘了问一句：“你有什么要问我们的吗？”

如果把结构化面试方法用在销售、管理类的岗位上，就会显示出一些缺点。第一，因为问题是比较固定的，所以不利于应聘者的现场发挥。第二，因为问题比较固定，所以应聘者有可能会知道这个问题是什么，从而预先做出准备。第三，追问的情况比较少，从而很难反映不同个体在经历上的差异。

总　结

1. 结构化面试适合于岗位能力要求很明确的招聘场景。
2. 应届生的招聘适合用结构化面试的方式。
3. 结构化面试建立在对工作岗位的分析的基础上。

非结构化面试

你有没有听说过面试中的这些情况——当候选人坐下来的时候，考官故意打翻一杯水，让水洒到候选人身上；在候选人进大门的时候，保安故意刁难不让他进去，看他的反应；当候选人走进面试间的时候，路上有个小纸团？凡此种种，都是不按常理出牌的面试方法。前文提到的“有套路”的面试方法叫作结构化面试，而这些不按常理出牌的面试方法则被统称为非结构化面试。

非结构化面试亦称“随机面试”。非结构化面试所问的问题不需要事先安排好规则和框架，面试官可以任意地与应聘者讨论各种话题，并且可以对不同的应聘者提出不同的问题。这种面试方法的优点是过程自然，面试官可以由此全面地了解应聘者的情况，应聘者也会比较随意和放松，从而更容易敞开心扉。同时，应聘者根本无法猜测应该准备什么样的问题，因为面试官所问的问题都没有标准答案。开放性的问题在这种面试中的应用是非常广泛的。非结构化面试的缺点是，由于其结构化和标准化程度低，应聘者之间的可比性不强，从而影响面试的信度和效度。

在实际运用中，我一般会和应聘者聊很多看上去跟工作不相关的事。比如说，你平时有什么兴趣爱好？家里情况怎么样？有没有兄弟姐妹？平时周末的时间是怎么安排的？父母都是做什么的？你最近看过什么书？你有哪些朋友？你最好的朋友是什么时候认识的？是大学时，高中时，还是在工作中？在上一家公司，你有没有一个最要好的朋友？什么原因让你跟他比较要好？你去过哪些地方旅游？你喜欢什么样的运动？诸如此类。这些问题和工作本身是没有什么关系的，都属于非结构化的问题。

非结构化面试中有一个很重要的技巧，叫作STAR面试法。STAR是四个英文单词的首字母，代表面试提问的四个步骤：S代表Situation，即情景，问应聘者事情发生的背景和情境是什么；T代表Task，即任务，问应聘者的任务是什么、希望达成什么目标；A代表Action，即行动，问应聘者采取了什么行动；R代表Result，即结果，问应聘者最后取得了什么结果。具体的问法是：描述一个你曾经碰到过的场景，在这个场景下，你有哪些任务？你希望达成什么样的目标？你采取了什么样的行动？最后得到了什么样的结果？这是STAR面试法的基本逻辑。

STAR面试法主要用于了解应聘者的经历。通过这个人曾经做过的事，我们可以推测，如果将来他碰到同类问题会怎么应对。而如果很多事情他从来都没做过，那么我们也可推测，在未来碰到这样的问题时，他未必能够采取正确的行动。所以STAR面试法背后的逻辑其实就是通过应聘者以往的经历来投射他将来可能会做的事情。

使用STAR面试法有一个特别重要的前提，就是千万不要问假设性的问题。什么叫假设性的问题？举个例子：假如你碰到一名员工来投诉你的下属，你该怎么办？这种问题就叫假设性的问题。面对假设性的问题，应聘者也可以用假设性的方式来回答：如果我碰到这样的员工，那么我一定怎样怎样。应聘者说的我一定怎样怎样，也是个假设性的行为，并非他现实中真正做过的。这个回答其实意义不大，因为说到和做到还是有很大差别的。

第二个需要特别注意的是，要避免问一些会被对方套路的问题。比如：你工作中最大的成功或最大的失误是什么？你的缺点是什么？你的优点是什么？很多时候，这类问题会让应聘者产生一种不痛不痒的感觉。应聘者会满怀套路地说：我这人最大的缺点就是不爱惜身体。这种回答其实是没有意义的。我们可以换一个角度来提类似问题：你的上司是怎么评价你的？你的上司有没有给你指出过哪些不足的地方？你的同事如何评价你？这些问题的答案可以用来和背景调查的结果做交叉验证。

除了STAR面试法之外，还有文件筐测试法、行为观察面试法、集体无领导小组讨论（群面）法、宴席测试法等，它们都是非结构化面试可以采用的方法。

总 结

1. STAR 面试法就是通过描述情境、任务、行动、结果来验证应聘者做事的方式和能力的面试方式。
2. 在 STAR 面试法中，提问的时候，面试官一定要问应聘者曾经自己做过的事情，而不要去问假设性的问题。
3. 在 STAR 面试法中，面试官要问一些能够被交叉验证的问题。

1.2

识人识心

相比对外观的识别，对一个人内在驱动的识别更为重要。如果说外在是内在的反映，那么如何从一个人的穿戴看出他内心的选择呢？如何从声音和语言的表达上看出其内在的思想呢？

现代管理学提供了很多心理学工具以帮助大家了解一个人内在的驱动要素。不同的人格特征带来不同的外在表现，不同的经历也会让个体产生不同的内在驱动。而了解一个人的内在驱动是看准一个人的关键，也会为随后管理好这个人打下重要的基础。

本节将从穿戴、声音、心理、语言、逻辑等角度来教你识别一个人的内在心理。

穿戴心理学

如果你的对面走来一个身穿黑色上衣、脚穿系带皮鞋、左手的小指上戴着戒指、右手腕上戴着机械表的人，那么你能看出他是一个什么样的人吗？你能看出他内心的世界吗？事实上，人们在出生的时候都是赤裸裸的，而为了掩盖自己的庐山真面目，为了抵御寒冷，人们才穿上了衣服。所以衣服和配饰在本质上可以反映穿衣者的内在心理。

穿戴对于人的心理有一定的暗示作用，我们可以从以下七个方面来讨论。

穿衣风格

- 喜欢穿简单朴素衣服的人，性格往往沉着稳重、正直刚强，为人比较真诚，理性思维要优于感性思维。腾讯的马化腾就属于这样的人。
- 喜欢穿深色衣服的人，性格比较稳重，也比较沉默，做事一般深谋远虑。
- 穿戴的式样和花色与众不同的人，一般虚荣心比较强，喜欢表现自己、炫耀自己。有的还比较任性，甚至飞扬跋扈。
- 喜欢穿同一款式衣服的人，性格比较直率和爽朗。他们有着比较强的自信心，而且爱憎分明，行事比较果断。Facebook（脸书）的扎克伯格和苹果的乔布斯都是这种风格的人。

色　彩

- 喜欢白色衣服搭配其他颜色衣服的人，在色彩感觉上、装扮上都非常优秀，但有点缺乏主动性和判断力。
- 喜欢穿蓝色衣服的人一般缺乏决断力和执行力，说话比较啰唆，比较缺乏责任感，不善于表达自己的情感，而且自尊心很强。

- 喜欢穿黑色衣服的人大多比较坚强、独立，遇事比较理智，不会轻易表露自己的心情，经常给人一种冷酷的感觉。
- 喜欢穿红色衣服的人是易冲动的、精神性的、很坚强的生活者。史玉柱最喜欢穿红色衣服。
- 喜欢穿紫色衣服的人往往比较神秘，具有自我满足的艺术家气质，而且喜欢别出心裁。
- 喜欢穿灰色衣服的人往往缺乏主动性。
- 喜欢穿绿色衣服的人往往喜欢自由，有宽大的胸怀。
- 喜欢穿橙色衣服的人对生活的欲望强烈，拥有雄辩能力，比较开朗。
- 喜欢穿黄色衣服的人有纯粹高洁的心灵，能够给人一种智慧的感觉。

T恤和帽子

- 喜欢穿没有花样的白T恤的人，往往比较独立，他们不会轻易向世俗和潮流低头，具有一定程度的叛逆性，但表现形式往往不是特别明显和恰当。
- 喜欢穿没有花样的彩色T恤的人，自我表现欲望不是十分强烈，有的甚至甘于平庸并做一个默默无闻的人。他们多数比较内向，不喜欢张扬，但富有同情心。硅谷的工程师标配就是各种简单款式的T恤。
- 喜欢在T恤上印一段幽默标语的人，大多具有一定的幽默感，而且很聪慧，有很强的表现欲，希望引起别人的注意。
- 喜欢戴旅游帽的人，有的喜欢掩饰一些自认为不理想或者有缺陷的东西，有的喜欢折射某种气质和形象。

- 爱戴彩色帽子的人，对流行比较敏锐，害怕寂寞，精力比较旺盛，懂得享受生活。英国女王伊丽莎白二世是典型的喜欢戴彩色帽子的人。

穿鞋风格

- 喜欢穿没有鞋带的鞋子的人，往往比较传统和保守，中规中矩，追求整洁，表现欲不强；而喜欢穿有鞋带的鞋子的人则恰恰相反。
- 喜欢穿细高跟鞋的女性表现欲很强，她们希望能吸引他人尤其是异性的注意力。
- 喜欢穿靴子的人，可能自信心不是很强，但他们很有安全意识。
- 喜欢穿露脚指头的鞋子的人，性格比较外向，思想意识比较前卫，乐于与人交往。

眼　镜

- 戴黑胶边框眼镜的人一般具有成熟稳重的风格，表现得比较热爱传统，通常自视甚高。丁磊就是典型的这种人。
- 戴金丝边眼镜的人往往喜欢追赶潮流，给人一种很现代的感觉，而且比较注重自己的外表。吴亦凡就很擅长利用金丝边眼镜来装扮自己的外表。
- 戴无框眼镜的人往往看问题比较客观，能够从大局着想，不会因为一些细节影响大局。马化腾、徐小平都是对无框眼镜情有独钟的人。
- 有的人只戴镜框，这纯粹是为了把偏长的脸修饰一下，所以这类人很在意自己的形象。

手　表

- 大部分人都将手表戴在左手腕上，戴在右手腕上的人比较少。将手表戴在右手腕的人喜欢追赶潮流。

- 不戴手表的人往往比较独立，他们不会轻而易举地被人支配，只喜欢做自己想做并且愿意做的事情，这样的人随机应变能力通常比较强。

小饰品

- 喜欢戴手镯的人精力充沛，充满朝气和活力。
- 喜欢戴胸针的人比较重视自己在他人心中的形象，这样的人在为人处世方面比较小心谨慎。
- 喜欢用珠宝做装饰的人往往都是完美主义者，做事追求完美。
- 喜欢戴体积大、吊坠多、璀璨夺目的珠宝的人一般比较招摇，为人热情，积极乐观，同时喜欢幻想。

用这些穿戴心理学的理论再来回答本节开头的问题就容易多了：那个身穿黑色上衣、脚穿系带皮鞋、左手的小指戴着戒指、右手腕上戴着机械表的人是一个怎样的人呢？他就是一个深谋远虑的、表现欲强的、追赶潮流的完美主义者！

总　结

1. 穿戴方式往往会在不经意间透露出个人的偏好和性格。
2. 男人的穿戴和女人的穿戴各有特点，平淡和喧嚣代表了不同的内心追求和回应世界的方式。
3. 偶尔的一次穿戴也许并不能反映什么，但综合来看，穿戴是个人内心世界的真实反映。

闻声识人

声和音其实是两个东西。声是在发声器官张开的时候产生的，而音则是在发声器官闭合的时候产生的，两者是完全不一样的。通过声音，我们不仅可以辨别一个人的心事，而且可以辨别一个人的职业、志向、心胸等。一般来说，在内心清顺畅达的时候，声音比较洪亮、和畅；在内心比较平静的时候，声音比较平和；在内心逐渐变得兴奋的时候，语言会变得比较偏激，声音也比较激昂。

声音有三个重要的特性：声调、语速和音量。

声　调

声调有很多种，不同的声调反映不同的性格。

- 细声细气的人一般为人处世小心谨慎，警惕性很强，性格比较内向。
- 声音沙哑的人，如果是男性，那么往往具有比较强的行动能力和耐力，富于冒险精神；如果是女性，那么往往外柔内刚，有很高的艺术天赋，对色彩很敏感，对服饰的搭配非常在行。
- 声音温和而沉稳的人往往具有长者风度，考虑问题比较深刻，做事慢条斯理、按部就班。
- 声音刚毅坚强的人一般胸怀坦荡，做事光明磊落，比较讲原则，是非分明。
- 声音娇滴滴的人希望得到众人的爱护，这样的人往往生活得很幸福。

语　速

- 语速快的人往往性格外向，思维敏捷，应变能力强，能说会道，缺点是心里藏不住事儿。

- 说话平缓的人大都比较温柔善良，为人宽厚仁慈，富有同情心，能够关心和体谅他人。
- 不停转变语速的人可能对外界怀有敌意，也可能正在撒谎。

音　量

声音的高低与性格特点也是有关系的。

- 说话声音高的人通常支配欲比较强，喜欢单方面贯彻自己的意志，以自我为中心。
- 说话声音小的人多半性格比较内向，他们说话的时候往往会压抑自己。

闻声识人的最佳时机应该是人的语言和表情不一致时。因为当一个人的语言和表情不一致的时候，我们往往可以发现很多问题。什么叫语言和表情不一致？比如，一个人的语言很悲伤，但表情却没有表现出悲伤来，这其实就是所谓的表里不一。

表里不一的人有以下几种表现：

第一种是经常说错话。这样的人常常会以自己不小心说错话来对他人表示歉意，但实际上不小心说错的话通常是他们真正想说的。

第二种是喜欢辩论。辩论者通常都气势凌人，得理不饶人，总想把对方打倒，总认为真理掌握在自己手里。从另一个角度来看，辩论者的这种天性恰恰说明了他们内心的懦弱。

第三种是粗话连篇。这样的人一般是欲望得不到满足的人。

在闻声识人的时候，对于表里不一的人，我们要结合他们的表情来做判断。

关于表情，有以下几个方面值得注意。

第一，从嘴唇可以判断一个人是否真的在生气。当一个人生气的时候，他的腔调是升级的。那怎么判断他是真生气还是假生气呢？我们可以看他的嘴唇是不是变薄了，也就是看他嘴唇红色的部分是不是在减少或者嘴唇有没有萎缩或压紧。真生气的人的嘴唇是不会变薄的，只有假装生气的人的嘴唇才会变薄，因为那是他故意压紧嘴唇导致的。

第二，从面颊可以判断一个人的情绪状态。众所周知，随着情绪的变化，人的脸会变红或者变白。而脸色变化是自然反应（科学地讲，是由人的自主神经系统控制的，不是由大脑神经系统控制的），是不能人为控制的。脸色变红表示人的内心感到害羞、惭愧、尴尬，不过也有可能是愤怒的表现。不同的是，人在害羞、惭愧、尴尬的时候的脸色变红是由面颊中心慢慢扩散开来的，而愤怒时候的脸色则瞬间变得通红。不过，如果愤怒的人极力控制自己的情绪，他的脸色就会变得苍白。此外，在人们受到惊吓时，脸色也会变白。总之，面色变化是自主神经系统控制的，不是人为能够控制和掩饰的。根据面色的变化，我们可以判断人的情绪和心理状态。

声音和表情相结合可以帮助我们判断一个人的真实面目。那么，如何利用这二者来判断一个人是否在说谎呢？我们可以从以下几个方面来判断：

第一，视线。眼睛斜视被认为是说谎的最常见标志，因为回避对方的视线通常表明不想自己的心理活动被看穿。当一个人眼睛斜视的时候，他的内心很可能是心虚的、害臊的、厌恶的或者拒绝的。

第二，瞳孔。瞳孔的变化可以反映人的情绪变化，当人情绪激动的时候，瞳孔一定会扩大。这种情形是说谎者无法控制的。同时，眨眼的频率也会反映人的情绪变化。如果一个人眨眼的频率明显比平时多，那说明他正犹豫不决或者他目前的考虑不成熟。不过，这也可能是他想控制自己的某些意志的结果。

第三，表情持续的时间长短。如果一个人的同一个表情的持续时间较长（5～10秒），那么他很可能在说谎。

第四，口误。说谎者经常会出现口误的情况，因为言不由衷往往会导致紧张的状态。

第五，语速。对于语速正常的人，我们无从对他进行判断，但当他的语速变得和平时明显不一样的时候，就肯定有问题了。如果一个平时少言寡语的人突然高谈阔论，那么我们可以推测这个人一定是受了什么刺激或者遇到了什么特别的事情；而如果一个平时快言快语的人突然变得很沉默，那么我们也可以推测这个人可能是因为对正在讨论的话题有些反感而试图回避这个话题。

总　结

1. 声音是人的情感表达的一部分，是内在精神的反映。
2. 一个人的声调、语速、音量一般是固定的，一旦改变，说明有异常情况。
3. 如果声音和表情表现出不一致，那么说明这个人很可能在撒谎。

心理密码

招聘和应聘的过程，本质上是双方的心理较量的过程。我们在面试别人的时候，了解对方的心理活动是非常必要的。而要对对方的心理活动了如指掌，我们需要具备解读人的心理密码的能力。科学地解读心理密码，有利于我们在心理较量中占据主动地位。只要用心揣摩，掌握心理密码并巧妙地加以运用，我们就能获得社交的主动权，从而提高自己的社交能力。

面试中的心理策略

要在第一印象中获得优势地位，我们不仅要在气势上压倒对手，还要在心理上略胜一筹。作为面试官，我们当然希望求职者来我们的办公室参加面试，因为这是我们的地盘，是我们可以做主的地方。但应聘者则希望去楼下的咖啡馆之类的比较轻松的地方。作为应聘者，我们可以早到一点，占据一个有利的地形（比如角落里面向门的位置），这样我们就会占据一定的优势。

座次也是有讲究的。在面试中，我们要尽量避免面对面的座次，因为这会带来一种对抗意味很浓的心理暗示。当然，作为面试官，我们可以把椅子调高一点，这样会暗示我们更有权威。而作为应聘者，我们就要尽量避免这样的场景出现。

此外，不断发问有利于占据上风。因此无论是哪一方，都应恪守少说多问的技巧。作为应聘者，关键的信息要先讲；而作为面试官，则正好相反。

如何让对方说出自己的心里话

首先，建立信任关系。没有信任作为沟通的基础，就无法听到对方的真心话。建立信任关系的方式有很多种，其中一个很好的方式就是寻找双方的共同点。比如，来自同一个地区、毕业于同一个学校、看过同一本书、认识同一个人等，都是能有效拉近相互关系的共同点。

其次，让对方感受到被尊重。表达对对方的尊重的方式有很多，比如可以在交谈中适当示弱而让对方占上风。

再次，运用同理心技巧来拉近彼此的距离。同理心的含义可以用一个小实验来解释。找一个人，让他用两个食指摆一个“人”字给你看。你会发现，你看到的大多是一个“人”字，而不是“人”字。那些能摆出“人”字的人就是具有同理心的人。

最后，做一名认真的听众。无论是面试官还是应聘者，都应做一名认真的听众。同时，在倾听对方讲话的时候，我们要观察其动作和表情，因为对方所说的话只是他的意思表达的一小部分，真正反映他内心状况的其实是他的动作和表情。

如何打破对方的心理防线

很多谈话本身就是攻防双方的心理较量。在这种较量中，如何打破对方的心理防线是非常重要的。打破对方的心理防线有以下几种策略：

首先要抓住重点，即清楚对方最关切的事情是什么，并在此基础上恰当地展开话题，慢慢地把对话内容引到对自己有利的方向。在这期间，耐心比较重要，同时可以有适当的示威，因为示威通常能让对手感到畏惧。

其次是转移话题，让对方遵循我方的思路而不按对方的套路出牌，这样我们就可以在交谈中占据主动地位。

再次是适当沉默。沉默可以打乱对方精心准备的谈话内容。我们如果想终止对方的谈话，那么可以将目光从对方身上稍微移向别处，但不要看手表，因为看手表的意图太明显了。

最后是一些比较细节的策略，如反驳的时候我们可以利用某些破绽或者将错就错，从而打乱对方的思路。

如何赢得合作

首先，最重要的是拥有利他思维。只有双赢的合作才能持久，即合作的前提是双方通过合作都能得到好处，舍此无他。

其次，要让对方说“是”而不给对方说“不”的机会——通过让对方说一系列的“是”，最终达成我们的目的。《战国策》中有个很精彩的例子，即触龙游说赵太后的故事。

秦国要攻打赵国，赵国求救于齐国。齐国要求赵太后把她的小儿子长安君作为人质送过去才肯发兵。赵太后不答应，没有人可以说服她。在满朝大臣一筹莫展的时候，触龙站了出来。他通过一系列让人无法说“不”的提问来游说赵太后。触龙先问赵太后：“你是不是爱你的儿子？”赵太后说是。触龙又问：“你想不想让你的儿子取得更大的成功？”赵太后说想。最后触龙说：“为了你儿子以后的成功，你要深谋远虑啊！长安君现在如果不为百姓付出，那么在成为国君后又将如何赢得百姓的爱戴呢？”赵太后一想，触龙说得对，于是就把小儿子送给齐国当人质，从而挽救了赵国。

可见，触龙就是用一系列让赵太后无法说“不”的提问从而说服了赵太后。这个例子对于我们谈合作非常有启发。

最后，在交谈中说“我们”比说“我”更重要。“我们”意味着利益共同体，多说“我们”更容易达成合作。“我们”表面上是囊括合作双方的虚名，但它能调动对方的积极性，并能让对方恰如其分、顺其自然地显示自己的才能。我们如果再利用权威效应引导对方的态度和行为，那么离达成合作的目标就不远了。

在面试别人或者谈合作的时候，能否识别对方的心理活动远比听对方口头表达更重要。掌握了以上心理密码，懂得如何通过语言和行为揣测对方的心理活动，我们就能看准人。

总 结

1. 所有的行为和语言背后都有心理密码。
2. 从赢得好感到赢得合作，我们都需要听到对方的心里话，打破对方的心理防线。
3. 人性的弱点和同理心对于理解心理密码很重要。

真实的谎言

在和别人交流的时候，你觉得是说话所用的语言最重要，还是语气语调最重要？抑或是肢体语言最重要？古人所说的“听其言、观其行”是什么意思呢？还有人说“行胜于言”，又有什么道理呢？艾伦特博士提出，在口头语言、语气语调、肢体语言这三种表达方式中，口头语言所传达的信息只占7%，语气语调占到38%，肢体语言占比达到55%。那么，为什么肢体语言的比重最高呢？因为肢体语言是一个人的下意识的举动，很少具有欺骗性，而口头语言是可以进行各种伪造的。一个人的口头语言可能会欺骗你，但他的下意识动作是不会欺骗你的。因此我们在识人的时候，要着重研究人的非语言行为——肢体语言。

一个小孩如果撒谎，那么会不自觉地用手捂住嘴，这是他撒谎的肢体反应。而如果是一个十几岁的少年撒谎，那么他一般不会捂嘴，而会把手指放在嘴边轻轻地摩擦嘴唇。成年人撒谎，一般会下意识地举手——本意是想捂住嘴，可是当意识到这会暴露他撒谎的本相时，又会用手指轻轻碰一下鼻尖，然后放下来。从这个例子中我们可以发现，其实人类的肢体语言会透露很多信息。

当我们在研究肢体语言的时候，有三个原则很重要。

第一个原则是要有连贯的理解

单一的动作说明不了什么问题，但一系列的动作有助于我们了解它们背后的含义。比如，在你做演讲的时候，如果听众用手支撑着下巴，双腿交叉着，头不时地往下看，目光没有投向你而是抛向其他方向，那么这说明你的演讲已经不能够激起听众的兴趣了，甚至听众已经对你不满意了。

第二个原则是寻找一致性

所谓的一致性是指人的行为和语言的一致性。比如，弗洛伊德曾经碰到过一位病人，他告诉弗洛伊德他的婚姻生活十分幸福。但是在和弗洛伊德的谈话当中，这位病人不时地把手指上的戒指取下来，然后又戴上。弗洛伊德注意到了这个无意识的小动作，很清楚地知道这个动作意味着什么。一段时间之后，有消息传来，这个人的婚姻出了问题。弗洛伊德丝毫不惊讶，因为他早就从病人那个无意识的小动作中发现他的婚姻生活并不像他自己讲的那样美满，一切都在弗洛伊德的意料之中。再比如微笑，发自内心的微笑才是真实的。但如果你发现一个人在微笑时，左脸和右脸的肌肉运动的幅度不一样，那就说明这个微笑是不真实的。当然，这也可能是生理上的原因，但那是特殊情况，在这里不做讨论。

第三个原则是分析情境

情境是研究肢体语言的关键所在。比如，在一个寒冷的冬天，公交车上的一名乘客双臂紧紧地环抱在胸前，双腿紧紧地夹在一起。摆出这个动作，不是因为他想保护自己，而是因为很冷。在这种情况下紧抱双臂，没有抗拒的意思。但如果你是一名推销员，发现坐在对面的人摆出这样的动作，那么很明显，他对你的推销很排斥。情境不同，肢体语言所表达的含义就不同。再比如，在跟一个男人握手时，你感觉他的手软绵绵的，那么可不可以认定他是个懦弱的人呢？其实不一定。可能是他当时手指患有关节炎，只能用这种温柔的方式握手；也可能他是一名艺术家、外科医生或音乐家——从事这些职业，需要他保护好自己的手；抑或他不大想和别人握手，即便握手也是蜻蜓点水式的。

肢体语言会告诉你很多真实的东西。

关于手势。掌心向上是妥协服从和善意的表达，表示顺从和认同对方；而掌心向下表示处于强势地位，是一种权威的体现。还有一种手势是把手握成一个拳头，露出一个指头，这样可能会让人不舒服。我们可以把这种手势改成一个OK的形状，这样就会让我们看起来更加温和而不会影响我们的权威。

如果说双臂环抱的姿势往往表明这个人处于一种防御性的状态、对事物持否定态度的话，那么当他处于这种不同意的状态、不愿打开心扉的时候，我们要怎么办呢？其实，我们可以给他一支笔或者一杯水，让他手里拿个东西，这样就能巧妙地化解这种状态了。

与人沟通时，正面注视对方（注视对方的眼睛和鼻尖所构成的三角区域），是一种起码的礼仪。而如果要向对方施压，那么我们可以把视线抬高到对方眼睛和额头中心所组成的三角区域。

腿和脚是肢体语言当中最诚实的部位，原因是腿和脚离大脑比较远。当人们撒谎的时候，腿部的动作会大量增加。如果是双腿交叉，就表示这个人比较封闭，不大愿意开放自己。如果是四字腿——把一只脚的脚踝放在另外一个腿的膝盖上，就表示这个人比较强势。他用这种方式故意向别人施压——表明这是我的领地的意思，或者营造一种自己很轻松自如的假象来麻痹对方的感官。如果一个人坐在椅子的边缘，就表示这个人处事小心谨慎。如果一个人双手抱在后脑勺，就表明这个人胸有成竹，这也是施压的一种方式。如果在谈话中，一方把双手放在膝盖上，就表明他想早点结束这个谈话。注意到这些肢体语言，我们就能发现其背后的真实含义。

从表面来看，面试就是双方通过口头上的提问与回答来相互了解的过程。但其实双方的真实意图往往都不是口头语言所能表达的。口头语言在某种程度上就是一种真实的谎言，而暴露我们真正意图的是我们的肢体语言。面试官如果利用这一点来观察应聘者，对方的真面目也就难逃你的法眼了。

总　结

1. 肢体语言在表达效果上比口头语言和语气语调更加重要。
2. 口头语言可以撒谎，但肢体语言不会。
3. 连贯理解、寻找一致性、分析不同的情境，这三点是理解肢体语言的关键。

归因偏差

我们在职场中经常会遇到下列场景。有一名员工小张迟到了，老板问他迟到的原因。他回答说，不好意思，今天路上堵车了或者今天地铁出了故障。如果我们问一名销售员最近业绩下滑的原因，那么一般的回答都是这样的：老板，不好意思，最近市场环境不太好（或者最近我们的产品不太给力）。

事实证明，人们在碰到问题的时候都倾向于找一个原因或者一个理由，这就是归因偏差。在通常情况下，人们的归因都是有偏差的，因为人们归结的原因一定是对其有利的。哲学里有一个概念叫作因果律，解释了一个客观存在的现象，即这个世界上发生的任何事情一定都是有原因的。有因必有果、有果必有因，因和果总是一起出现的。根据因果律，我们不难理解人们为什么要归因。总之，人们遇事总会去找一个对自己相对有利的原因，公司的员工也不例外。

了解了归因偏差，我们再来看前文提到的两个例子。对于员工迟到和销售业绩下滑的问题，如果你是管理者，那么你会如何问他们迟到或者业绩下滑的原因呢？

我们以迟到为例子，预设了一些可能的问答。

你：小张，你为什么今天上班迟到？

小张：老板，不好意思，今天路上太堵了，真不知道会有这么堵，所以迟到了。

你：因为今天堵车，所以你迟到了，我很理解。的确，这个城市每天早上都很堵。如果你明天想不迟到，那么你觉得该怎么办？

小张：我一定早点出门。

你：很好，那说明今天迟到的原因是什么呢？

小张：不好意思，今天是因为出门晚了，所以迟到。

仔细思考一下，我们可以发现，出门的早晚其实是小张自己可以控制的，但堵车是他不能控制的。也就是说，堵车只是他找的一个借口，而真正的原因是他出门晚了。

我们再来预设一下销售业绩不好的问答情况。

你：为什么最近销售业绩下滑？

小张：老板，我们的产品实在不行，最近市场环境也不好，所以业绩有所下滑。

你：小张，同样的产品，在同样的市场环境下，有没有比你的销售业绩好一点点的呢？

我们会发现，这种问法与对前一个问题的问法采用了同样的思路。小张接下来就会回答那倒也有销售业绩更好的。那接下来的逻辑就是，只要有任何一个人的销售业绩比他好，就意味着他的业绩下滑跟产品和市场是没有太大关系的，而是和他个人有着莫大的关系。

可见，这两个案例说明了一个问题：在职场中，所有的员工都倾向于找一个对自己有利的理由来作为事情没做好的原因。而管理学则认为，这种为了推卸责任找来的原因不是真正的原因，而是借口，真正的原因一定是跟员工自身有关系的。因果律中的每一个结果都是有一个或多个原因的，只有人们自身能改变的原因才是人为可控的原因，也就是真正有意义的原因。否则，所有的原因都是借口。那么，在职场中，作为一名管理者，当你的员工告诉你一个不可能的理由或一个不具有真正意义的理由时，你怎么让他知道这个不是真实的原因而是借口呢？或者说，你如何避免归因偏差带来的影响呢？解决此类问题要用到一些很基本的技巧，包括运用一些教练技巧来帮助员工厘清认知上的误区。

消除归因偏差有三个有效的教练技巧。

第一，放弃惯性思维。所谓的惯性思维，就是认为这个世界是连续的——如果一个人以前做过这样的事，那么他未来还会这么做。有惯性思维的人往往会沿着惯性来考虑问题，每当事情没有做好的时候，他们会去找现成的、容易的理由，而不去思考其他的可能。例如，如果你认为“某人过去是个无赖（有很多证据可以证明这一点），那么他永远是个无赖”的逻辑是对的，你就犯了思维连续性的错误，即你的思维是惯性思维。然而，事实上，现实世界并不是连续性的。现实世界是一个概率的世界，所以用惯性思维来考虑问题往往会掩盖事情的真相。所以，要消除归因偏差，首先就要放弃惯性思维。

第二，学会先跟后带。所谓的先跟后带，就是当你在交谈中有不同的意见或者遇到对你不利的观点的时候，你首先不要去反驳，而是先跟随对方的逻辑，然后把话题逐渐引到你想要谈的方面。另外，先跟后带技巧的一个核心概念叫作“永远不要说不”。在说“不”的时候，你其实已经关上了任何可能改变的大门，而只有说“是”，你才能去思考问题的症结所在并做出改变。

第三，学会向内看。向内看其实是一切优秀的人都具备的一个重要的特质。乔布斯生前就说过一句特别有名的话，他说：我特别喜欢和聪明的人一起工作，因为这样做最大的好处是不用考虑他们的尊严。这是不是说聪明的人就没有尊严呢？其实不是。聪明的人为了更快地成长，为了成就更好的自己，很少会遇到有损尊严和丢面子的问题，这是因为他们懂得如何去找自己的问题，懂得向内看而不是向外看。向外看本质上是去找借口，而向内看才意味着找寻不能进步的原因和可以改变的方法。也就是说，只有向内看，我们才不会犯归因偏差的错误。

总　结

1. 人们习惯于在归因的时候找一些对自己有利的理由，但其实找到的大多不是理由，而是借口。
2. 因果律用来说明任何事情的发生都是有原因的，但真正有意义的原因是那些我们能控制的原因。
3. 解决归因偏差有三个教练技巧：放弃惯性思维，先跟后带，向内看。

1.3
知己知彼

冰山模型

很多人都看过《泰坦尼克号》这部电影。众所周知，泰坦尼克号是被冰山撞沉的。那么请问，这个冰山是水面的冰山还是水下的冰山呢？答案是水下的冰山。当时，泰坦尼克号的舵手已经看见了冰山，他也尽力转向了，让船没有正面撞上冰山。但是他没想到的是，水下的冰山把船底的一个船舱撞破了，从而导致了沉船事故。

水面上的冰山和水下的冰山的体积比是多少呢？答案出乎很多人的意料：水面上的部分只是整座冰山的1/10，而剩下的9/10全部在水下。美国著名心理学家麦克利兰于1973年据此提出了冰山模型，以此说明人也有两个部分——看得到的部分和看不到的部分。人的外在的部分能轻易地被看到，包括人的外表、行为、语言、知识和技能，但还有90%是别人看不到的，比如人的角色、态度、价值观、使命、愿景、动机、喜好、目的、逻辑、本质、感受、理想、情怀、思维等。而对于一个人来说，看不到的部分决定了看得到的部分。人的外表可能会有一定的欺骗性，因为那不一定是真实的，就像冰山一样，水下的部分才是它的主体。

作为管理者，我们如何利用冰山模型来管理自己的团队呢？

众所周知，每一名职场人都有自己工作的动机，而在管理的时候，管理者知道员工的动机所在非常重要。如果我们无法知道员工的动机，那么我们是无法管理好员工的。关于员工工作的动机，我曾在上海交大的课堂上做过一个实验。我问来自同一家企业的中层管理者：一份好工作的5个标准是什么？他们给了我很多答案，这些答案包括高收入的工作、能平衡生活的工作、独立的工作、能做决定的工作、受人尊敬的工作、能回报社会的工作、高级的工作、安全有保障的工作、稳定无变化的工作、获得新知识的工作等。答案有很多，但我从未见过有任何两名中层管理者给出一模一样的答案。后来，我让他们减掉4个标准，只留下最后一个标准。我惊讶地发现，在10名中层管理者中，他们给出的答案竟有八九种。

有人说，高收入的工作一定是大多数人的答案，其实不是。有两个原因可以解释这种情况：一个是对于中层管理者来说，钱已经不是最重要的了，而健康、受人尊敬等方面更重要；另一个原因是，收入永远是实现目的的手段，不是目的本身。他们知道，能做决定的工作带来的收入一定不会太低。

上述实验就是冰山模型的一个有力印证——你见到的永远只是问题的1/10。为什么会这样呢？其实这背后隐藏着一个很重要的概念：你见到的世界不是真实的，而只是你以为的世界（叔本华语）。人们习惯于从自己的视角去看这个世界，用自己的经验去诠释这个世界，但其实真实的世界不是这样的。比如，我们以为的年轻人需要的东西其实和他们真正需要的是不一样的。因为我们只是在以我们的生活经历和个人动机来下结论，而对方未必会如我们所料。由于生活背景、经历、环境都不一样，我们喜欢的流行歌曲在他们听来简直俗不可耐。同样，他们喜欢的歌曲在我们看来完全是噪声的代名词。关于90后找工作，现在有一句话很流行，他们说：此处不留爷，自有留爷处，处处不留爷，爷当个体户！所以我们再拿传统的方法来管理他们，其实是不靠谱的，也是不能奏效的。

那么，怎样来解决管理上的“冰山模型”呢？办法其实很简单，就是去洞察人性的弱点。关于人性的弱点，东方和西方都有很精确的描述。老子的《道德经》说："天之道，损有余而补不足；人之道，损不足以奉有余。"意思是说，自然规律提倡减少有余的补给不足的；而社会的法则却要求减少不足的来奉献给有余的。换句话说，人是趋利避害的，只愿意做对自己有利的事情。

卡内基写过一本书，叫作《人性的弱点》。整本书围绕着一句话而展开，那就是"所有人都有当重要人物的欲望"。所以，人性的弱点就是每个人都有获得尊重的需要。正因为如此，西方的管理者更愿意表扬别人，正面管教理论也比东方多。

总之，综合东西方关于人性的弱点的观点来看，人的内在驱动主要有两点，即人性的弱点主要有两个方面。第一，人人都有当重要人物的欲望，所以人们都希望被尊重，希望得到赞美。第二，人们往往都是趋利避害的，人总是做对自己有利的事情。所谓"天下熙熙，皆为利来，天下攘攘，皆为利往"。

冰山模型给我们的启示就是：我们见到的未必是真实的，而知道人们内在的驱动才是最关键的；有效驱动有两种基本途径——东方是趋利避害，西方是获得尊重。

总　结

1. 水面上的冰山代表一个人的知识、技能、行为等看得见的部分，水面下的冰山代表一个人的态度、动机、价值观、角色、身份等看不见的部分。
2. 不理解水面下的冰山部分，就等于管理无效，因为每个人的内在驱动是不一样的。
3. 对人性弱点的理解可以帮助我们找到冰山下的部分：东方称之为趋利避害，西方称之为获得尊重。

九宫格

贝尔阿尔卡特的公司总部有一个研究机构，叫作贝尔实验室（在中国被称作研创中心）。当上海贝尔阿尔卡特研创中心的负责人退休时，公司想提拔一个人来做研创中心新的负责人。公司当时提拔了研创中心里专利最多的人，也就是研发做得最好的那个人。公司认为，这个人的研发能力最强，他应该能带好这个团队。可事实上，在这个人被提拔到领导岗位以后，噩梦开始了——自从他上任之后，研创中心的离职率成倍增长。为什么呢？原来我们提拔的是一个并不怎么善于管理的人。虽然他的科研做得很好，可是在管理方面却没有章法。

这说明我们看错了这个人，需要对此进行反思。经过反思，我们发现，有一个叫作九宫格的工具特别适用于员工的职位安排。九宫格告诉我们看人要看两个维度，一个是业绩，一个是潜力。业绩是工作的成效和结果，潜力则是能够做好将来工作的能力，而不是做好当前事情的能力。业绩和潜力在很多时候其实并不是完全一致的，而且潜力往往很难被发现。我们在提拔人的时候，最好要提拔一个业绩和潜力都很好的人。但如果这样的人已经被提拔完了，剩下的人要么是潜力大但业绩一般的，要么是没潜力但业绩出色的，要么是业绩和潜力都很一般的，那么我们应该提拔谁呢？

众所周知，业绩好，证明这个人过去做得很好，现在做得很好，但不能保证将来做得很好，而真正反映将来能否做得好的是潜力。所以，如果我们面前有两个人—— 一个人目前业绩很好但潜力不大，另一个人目前业绩不怎么样但潜力很大，那我们应该提拔谁呢？理论上，我们应该提拔那种目前业绩一般但潜力很大的人。潜力要怎么来识别呢？如果我们问别人“平时工作忙不忙？”，那么一般人都会回答“忙”。从汉字结构来讲，“忙”字是竖心旁加一个亡，但它的含义不是“心死了”，而是心“停止思考”了。所有忙碌的人都有一个特点，那就是“只有时间埋头做事，没有时间抬头看路”。而“没有时间抬头看路”就意味着这个人有可能是在盲目地做事情。所以自称自己很忙碌的人其实很有可能是在盲目做事。久而久之，盲目做事的人就会发现前途渺茫，内心茫然。而当一个人对前途茫然不知所措的时候，他就离“亡”不远了，因为他很可能会误入歧途。

当然，忙碌的另外一个原因也可能是这个人没有让别人做他想做的事情，而是自己在做自己想做的事情。对于忙碌的人，我们基本可以断定他的潜力是有限的。因为他如果连目前的工作都没有办法做得很好，那么他怎么会有潜力做更多的事情呢？众所周知，忙的反义词是闲。古代闲的写法是繁体的门字里面有一个月字，意思是靠着门框看月亮（这是闲的标志）。

忙碌是否可以作为识别一个人的潜力的外在标准？西方管理学认为，潜力来自三个方面。第一个方面是抱负（Ambition）。所谓“一个不想当元帅的士兵不是好士兵”，因此抱负是一个人有没有潜力的第一个标志。第二个方面是学习能力（Ability）。人都是有巨大潜力的，关键在于能不能把潜力挖掘出来。而挖掘潜力的一个重要条件就是学习能力，比如我们对新鲜事物的掌握能力和接受能力。第三个方面是敬业度（Attitude）。管理学把以上三个方面总结为“三个A决定了一个人的潜力”。其实，这三个方面都是可以被测出来的：职业锚[①]可以测试抱负，学习敏锐度可以测试学习能力，盖洛普的Q12测评法可以测试敬业度。

比如，战斗、战役和战争的规模不同，对指挥员的能力的要求也

① 职业锚又称职业系留点，是指在一个不得不做出选择的时候，人们无论如何都不会放弃的那种至关重要的职业价值。——编者注

不同：能打好一场战斗，不代表一定能打好一个战役；能指挥好一个战役，不代表一定能打赢一场战争；反之亦然。这就是能力和潜力的关系。

比如，刘邦带兵是不行的，但他的潜力表现在管理将士方面，所以他适合当元帅；而韩信的潜力则体现在带兵上，韩信将兵，多多益善。可见，潜力不同，带来的结果就不一样。如果让刘邦去指挥一场战斗，那显然是不行的。同样，让韩信带领一堆大将去指挥一场战争，那也是不现实的。因此九宫格告诉我们，用人之道，除了看业绩之外，还要看潜力；一个人在当前岗位干得不怎么样不代表他没有潜力，也许他适合做更高级的工作。

总　结

1. 业绩说明过去和现在，而潜力决定将来。
2. 提拔一个人的主要决定因素是潜力，而非业绩。
3. 潜力来自三个方面：第一个是抱负，第二个是学习能力，第三个是敬业度。

DISC风格

针对如何识别人，美国的心理学家马斯顿博士出版了一本书。这本书研究了人类的行为语言，并把人的类型按照两个维度进行了划分：外向或内向，专注于工作或专注于人际关系。这两个维度进而被划分成四个区间：外向且专注于工作的被称为D型人（Dominance），象征物是老虎；外向且专注于人际关系的被称为I型人（Influence），象征物是孔雀；

内向且专注于人际关系的叫作S型人（Steadiness），象征物是考拉；最后一个是内向且专注于工作的C型人（Compliance），象征物是猫头鹰。这四种行为风格加在一起被称为DISC风格，代表着人的四种基本行为风格。

老虎型人的特点是有魄力，很自信；喜欢冒险，喜欢竞争，喜欢自我激励；行事果断，执行力强，直接大胆。

孔雀型人的特点是很有魅力，擅长鼓舞人心；乐观、热情，很喜欢交际，也很受欢迎。

考拉型人的特点是友善、亲切、有耐心；比较放松，比较稳定；是很好的倾听者和团队的合作者。

猫头鹰型人的特点是，非常有分析力和判断力；很谦虚，很严谨；强调规则，做事很有耐心。

这四种类型的人没有任何的好坏之分，每种类型的人都在团队里面有着不同的作用。所以，一个好的团队应该包含每种类型的人。

有人问我，你是什么类型的人呢？其实我做过三次DISC风格测试。第一次测试显示，我是一个很标准的老虎型人。其实很多老板都喜欢老虎型人，所以职场上的老虎型人一般升职较快，我也是如此——我在上海贝尔阿尔卡特，大概用了5年时间就从一个网管晋升到了总监。当坐到人力资源运营总监的位置的时候，我还不到30岁，算是整个阿尔卡特集团里面最年轻的总监了。

等升到总监之后，我发现世界变得不一样了。按照史蒂芬·柯维的解释，人生有三个阶段，分别是依赖阶段、独立阶段和互赖阶段。当我带领团队之后（互赖阶段），我发现我的成功不取决于我自己，而取决于我的团队；同样，团队的成功不仅仅取决于团队成员，还取决于我能否给他们指明方向。此时，因为我知道我要发动大家，让大家快乐地工作，所以我的风格肯定要变。第二次测试表明，我变成了一个孔雀型的人了。

就在这个时候，我加入了渣打银行。渣打银行的老板是一个在南非出生的中国香港人。他在渣打银行待了25年，是一个猫头鹰型的人。我当时是个孔雀型的人，而孔雀型和猫头鹰型在DISC象限中处于对角线位置（按照中国的说法，这叫八字相克）。所以我们在相处的过程中就经常会起冲突。我还记得当时他给我定了一个规矩，要求我每周一早晨9点到10点向他汇报工作，而且要用英文汇报。然而他不知道，像我这样的上班族大多都有“周一综合征”。他问得很细，而我特别不在乎细节。我认为具体怎么做是我下面人的事，但他却认为我得知道下面人是怎么行事的。那一段时间是我在渣打银行特别痛苦的阶段。

在前三个月，我们的关系一直非常糟糕。有一次谈话的时候，我提到了我的上一任［我这个岗位的前任是个新加坡人，名字叫Michael（迈克尔），彼时已经调回总部了］。在我第一次讲到Michael时，老板没有吱声；第二次讲到Michael的时候，他说如果你再讲Michael，我就请Michael回来，你走人。我几乎在渣打银行待不下去了。我终于领会到了人们所说的：渣打银行的存活期是6个月，你如果能够熬过6个月，就可以熬过6年。鉴于与老板糟糕的关系，我想与其被老板干掉，不如自己把自己干掉，所以我打算辞职。但后来一想，不对啊，管理学上有一句很重要的话：“你不能改变世界，但你可以改变你的世界观。”于是我便放弃了辞职的打算，开始思考能不能改变自己。

第一个改变：我把每周一向老板汇报工作的事当成一个免费练口语的机会。当有这样的想法的时候，我就会很开心，很愿意去汇报。

第二个改变：因为老板是猫头鹰型的人，强调严谨性，所以我就投其所好，在每周五下班的时候给他发邮件，在邮件中列出下周一要谈的内容。我一般列三点，而且只列我熟悉的话题。这么一来，他就很开心了，因为他知道我们要讲什么，他感受到了我的严谨。

因为这两个改变，我跟老板的关系变得不一样了，我们的关系急速升温。三个月后，他来到上海与我进行绩效面谈。在那天晚上9点钟吃完晚饭以后，我们就开始谈，一直聊到次日凌晨2点。最终，他给我的打分从合格变成了良好，而我自己给自己打的只是合格。在老板走了之后，我又做了一次DISC风格测试，我发现我已经不是孔雀型的人了。当然我也没有变成考拉型或者猫头鹰型，而是变成了DISC象限中十字交叉的中间部分，即变色龙型——全世界有2%的人拥有这种行为风格。

总　结

1. 不同的人具有不同的行为风格，风格本身没有好坏之分。
2. 人的风格是会随着时间的推移而改变的。
3. 与其改变别人，不如改变自己。

圣人愚人

在企业管理的过程中，如果一个人很有才能，我们就该重用吗？其实不一定。在用人的时候，除了才能，我们还应从另一个角度来考量——员工对公司价值观的认同度，即员工的职业道德水准和公司是否一致。

司马光在《资治通鉴》中对于这个问题有过很好的描述。他把人分为两个维度，一个是道德，另一个是才能。德才兼备，称为圣人；有德无才，称为君子；有才无德，称为小人；德才皆无，称为愚人。

司马光对人的分类于我们管理者有什么指导意义呢？最好选用圣人，但圣人很少；比圣人低一级的是君子，君子也不错，但是现在的君子也已经很少了。作为一名管理者，如果只有一个小人和一个愚人，那么我们该选谁呢？很多人可能会选择小人，因为小人具有一定的才能，而愚人什么都没有。小人可能会帮我们办事，但小人更容易坏事，而且一旦坏事后果非常严重。所以从这种意义来讲，其实我们应该选愚人。因为道德是很难培养的，而才能是可以培养的。如果员工没有才能，那么我们可以培养他们的才能；如果职业道德败坏，那么我们便很难扭转。

在我刚加入渣打银行的时候，老板曾给我讲过一个规则，他说："你是我们行的一个高管，你一年有22天年假，按照规定，至少得有一次假要连续休两周。在休假的两周内，你不用看公司的邮件，也不用回公司的电话，不用做任何跟工作有关的事。"我当时很激动："老板，你这是在为员工谋福利啊。"结果老板说："不，我是在为银行谋福利。"后来我才知道，这在银行叫作强制休假，休假期间的员工不能接触工作，而员工的工作会由别人来做。为什么会有强制休假呢？这是因为如果员工一直不休假，天天上班，老板就会担心他是不是在做坏事。而为了查明员工有没有在做坏事，老板就会让员工强制休假，让别人来做他的工作。这样的话，如果员工做了坏事，那么别人就会发现。这其实是国外银行推行的一种做法，目的就是检查银行员工是否具有良好的职业道德。

乾隆有两个很有名的大臣，一个是和珅，另一个是纪晓岚。按照刚才这个分类标准，和珅应该属于才能很好但道德比较低下的人（小人）；而纪晓岚则属于职业道德操守很好但治国才能不是很好的人（君子）。按理说，皇帝应该重用纪晓岚，但其实在皇帝看来，他们两个人都有可用之处。因为当年皇帝派纪晓岚去赈灾，纪晓岚总是不能很好地完成任务，导致灾民经常吃不到国家赈灾的粮食。后来和珅去了，他想出了一个妙招，很好地完成了赈灾的任务，从而解决了皇帝的困扰。

可见，在选人的时候，我们应根据任务的类型来考虑量一个人，或者说在不同的阶段选择不同的人。从这个角度来看，其实小人在某些时候也是可用的，比如在公司初创阶段。但到了成熟阶段的公司，显然更宜选用君子或愚人。

总　结

1. 根据价值观和能力的组合，我们可以将人分为圣人、君子、小人、愚人。
2. 在选人的时候，我们要知道愚人通常比小人更好。
3. 不同阶段的公司需要不同的人，但能走得远的人一定是与公司价值观一致的人。

从众效应

培训界有这么一个现象：很多老师喜欢上大课，比如上1 000人、2 000人以上的大课，而且这种课程的效果还不差——课后，很多人会排着队去购买老师的培训课程（无论是线上的还是线下的）。尽管这些人事后可能会后悔莫及，但上课的时候就跟打了鸡血一样。为什么会有这种现象呢？

法国有一名社会心理学家，名字叫勒庞（Gustave Le Bon）。他写了一本书叫《乌合之众》，书里讲了一个很有名的理论：个体都是很理性的，但当处于群体中时，就会陷入一种无意识的状态，即集体无意识。把个体放到群体当中，他的智商会就会急剧下降。这背后的原理是什么呢？勒庞提到，在群体当中能够累加的是愚蠢而不是天资。所以“整个世界比伏尔泰更有智慧”这个说法是不对的，正确的说法应该是“伏尔泰比整个世界更有智慧”。

关于个体在群体中的行为，勒庞总结了四个特点：

第一：比较冲动多变。在群体当中，人们容易冲动，容易随大溜。由于法不责众，所以群体中的每个人都比平时大胆很多。

第二：容易受到暗示。别人激动，他也会跟着激动，别人开心，他也会跟着开心。似乎有了旁人的佐证，他就可以不用思考了。

第三，情绪比较夸张，也比较单纯。群体行为比较统一，而个体行为会受到群体行为的影响，最终会被群体行为同化。

第四，比较偏执，也比较专横。情绪一旦受到感染，只会朝着一个方向前进，不会中途逆转，所以群体中的个体往往表现得很专横，甚至失去理性。

为什么会有这四个特点呢？从心理学角度来讲，主要有三个原因，分别是心理趋同、情绪感染以及心理暗示。在群体当中，具备足够强大的能力来抵挡情绪感染的人寥寥无几，绝大部分人都容易在心理趋同的洪流中迷失自己。很多培训老师都会利用这一点来营造群体氛围。怎么营造呢？从语言学角度来讲，它有三种方法：第一种是断言法，就是抛出一些比较清楚、简单的结论性东西；第二种是重复法，不断地重复，造成学员的认知偏差，谎言重复一千遍就会成为真理；第三种是传染法，群体是最容易被传染的，语言和行为都有传染的功能。勒庞的理论指出，个体具有自己鲜明的特点，但在融入一个群体之后，他的所有个性都会被这个群体淹没，他的思想会立刻被群体的思想取代。

和勒庞同时代的还有一个社会心理学家叫塔尔德。他认为，当一个人处于孤立状态时，他往往只考虑自己；而当他和其他人对话的时候，他往往能够走出以自我为中心的封闭状态，从而能考虑他人的感受。

从勒庞和塔尔德的理论中，我们可以看出，单单通过面试很难了解一个人。你只有把应聘者放到群体当中去，才能够看到这个人全面的表现。具体的方式是运用一种在现代面试中广泛流传的技巧，即集体无领导小组讨论。

集体无领导小组讨论就是让六七个应聘者围坐在一张圆桌边讨论某一主题的面试方式。在这个过程当中，没有领导和员工之分，小组成员的身份都是平等的。在讨论中，成员就同一个主题发表看法，可以互相提问，但不能向面试官提问。面试官只负责观察，不可以回答应聘者的问题。面试官观察整个过程中每一个人的表现，比如谁是话题发动者，谁在积极充当协调者，或者谁是打破沉默的人，等等。集体无领导小组讨论其实是通过观察一个群体中的个体的表现（是被别人影响，还是在影响这个群体）来反映个体的某些特征。

集体无领导小组讨论在面试中得到了广泛运用，它可以用来很好地考察一个人。如果一个人表面特别完美，但是在群体中永远没有自己的观点，那么这样的人其实是很糟糕的。有人问：在这个场合第一个发言和最后一个发言有没有区别？第一个发言会不会占得先机？最后一个发言会不会发现想说的都被别人说完了？事实上，发言的先后次序并不是重点，重点在于个体在群体中如何展现自己。个体的领导力、思想的深度、影响他人的能力将会决定结果。

把一个人放在群体中来考察，有诸多好处：第一，只有在群体当中，他才能走出以自我为中心的封闭状态，才会考虑他人的感受，而考察者才能够更好地看出他的本质特征；第二，在实际工作中，人是处在群体当中的，所以在群体中考察个体才更接近实际情况；第三，通过这种方式，考察者还能看出个体的智商在群体中的发展情况。

总 结

1. 个体在群体中会处于一种集体无意识状态，此时个体会表现出四个特点：冲动多变、容易受到暗示、情绪夸张、比较偏执。
2. 集体无意识的情况是由心理趋同、情绪感染以及心理暗示共同导致的，断言法、重复法、传染法是其主要传播手段。
3. 集体无领导小组讨论是通过观察群体中的个体表现来考察应聘者的，它比较符合实际场景，能有效检验一个人的影响力和感知他人的能力等。

1.4 团队组建

木桶原理

有一句话我们都很熟悉，即“不怕神一样的对手，就怕猪一样的队友”。这句话的意思是说，一个团队能取得的成就大小取决于团队里最弱的那个人。这句话来源于管理学的短板理论。短板理论讲的是一个木桶能装多少水取决于最短的那块板。言下之意就是，一个好的木桶，必须每块板都一样长；一旦发现一块短板，我们一定要想办法将其加长。这种没有短板的木桶，其实在管理学上叫作全面发展的人才，简称全才。从字的结构来看，全是人下面一个王，即人中之王，所以全才是很难找到的。

管理理论认为，解决"木桶问题"有两种方法：一种方法是弥补短板，还有一种方法是用木桶来装固体物质。如果一个木桶是用来装大块固体的，那么存在一块短板并不影响它的使用。此时，长板可不可以再长一点成了能否解决问题的关键。相比让短板变长（找短板），让长板变长（发挥他人优势）更加容易。西方就把这种发挥他人长处的理论叫作优势理论，而把找短板的那种理论叫作病态心理学——找短板就是去找别人不足的地方，而找长板才是成功的关键。

我们熟知的游泳名将菲尔普斯，曾在4届奥运会上拿了23块金牌，这在整个奥运史上是前无古人的。在一次记者招待会上，记者问他：拿那么多金牌，你是不是天才？他说：不是的，我只是做了我喜欢做的事情而已。"做喜欢做的事情"便是菲尔普斯的长板所在。

这让我想起我在上海贝尔阿尔卡特的一段工作经历。在我当上人力资源运营总监时，我手下有6名经理。这6名经理各有特点：第一名经理只会埋头做事，不会抬头看路；第二名经理会埋头做事，也会抬头看路，可是不善沟通；第三名经理会埋头做事，也会抬头看路，也会沟通，可是英语不好；第四名经理会埋头做事，会抬头看路，会沟通，英语也不错，可是只会一对一沟通，不能一对多沟通；第五名经理，人前一套背后一套；第六名经理想法很多，可是大多不能落地。

我向老板汇报了这6名经理的情况，想为我下一步的行动——换掉几个人打下伏笔。但我的老板很厉害，他一下子就看穿了我的想法。他说："你知道吗？用人所长，天下无不用之人；用人所短，天下无可用之人。所以你在用人的时候，不要在乎他们的短板，而要想清楚你要什么。很会埋头做事却不会抬头看路的人，你就让他埋头做事不就好了吗？”从那以后，我完全改变了方向，致力于发挥每一个人的优势。后来，由这6名经理组成的团队成了我所带领过的战斗力极强的一支团队。

所以在选人的时候，你需要什么样的人才是最核心的，而找到完美的人是不可能的，因为人无完人。如果你原来发现的都是别人的缺点，那么现在你可以试着去发现别人的优点。因为只有发挥别人的优点，你才能把一个人的作用发挥到极致；而如果你把重心放在了发现缺点上，那么你会发现永远没有人是可以用的。

总　结

1. 木桶原理告诉我们，每个人都有优点和缺点。在用人的时候，关键是如何发挥他们的长处，而不是弥补他们的短板。
2. 对于个体来说，弥补短板和发挥长处是两种不同路径。显然，发挥长处更容易让人成功，而弥补短板则容易让人变得平凡甚至平庸。
3. 每个人都是有优点的，重要的是，管理者如何发现这些优点并让员工把这些优点充分发挥出来。

二八定律

意大利的一位经济学家帕累托发现，在任何一组东西中，最重要的只占其中一小部分，约20%；剩下的80%虽然占大多数，但它们却是次要的。帕累托的这个发现被称作二八定律。这个定律存在于生活中的方方面面。比如，20%的人拥有世界上80%的财富，20%的客户贡献80%

的公司利润。工作中也存在二八定律。在公司每年年底评估时，你会发现最冒尖的一般只有20%的员工，他们创造了整个公司80%的业绩。管理学上把这20%的员工称为核心员工，他们一般都是很敬业的员工，而这些人是应该被关注最多的人。

组建一个团队，首要任务就是找到团队中的核心员工。为了找到核心员工，我们需要不断地筛选。复星集团的老板有一句名言："我们只赛马，不相马。因为面试很难真正了解一个人，所以我们就索性让愿意进来的人都进来，把他们都拉到跑道上去赛一赛，最终让结果和数字来说话，优秀的人自然会留下，不行的人终将被淘汰。"这种思路很好，至少不用纠结于如何找到这些优秀的人。但在具体实施过程中，这种思路也免不了遇到以下问题：第一，如何吸引这些优秀员工加入进来？第二，如何留住核心员工？第三，如何激励这些员工？

对于核心员工来说，他们看待问题的视角和一般员工是不一样的。从如何吸引他们来看，薪酬很重要，但绝对不是有薪酬就够了。首先，他们在乎工作的同事是谁，他们可不愿意和猪一样的队友合作。如果团队里充斥着混日子的人，那他们是不会加入进来的。其次，他们在乎老板是谁。他们会思考：这个老板能否让我得到成长？老板是谁对他们来说是很关键的，因为他们明白重要的不是赚钱，而是赚钱的能力。最后，他们还在乎发展的前途：这个公司是否有前途？这个行业是否有前途？自己在这家公司是否有前途？这些问题基本上属于雇主品牌的问题，回答好了这三个问题，我们就有很大可能吸引优秀员工加入了。

要把核心员工留住，有以下四种方法：第一要淘汰不合格的员工，否则一定会出现劣币驱逐良币现象。因为核心员工是不愿意和一些不优秀的人在一起工作的，当发现与一些不优秀的员工在一起工作时，他们会认为这是在浪费自己的时间和生命。第二要给予核心员工成长的空间和支持。优秀的人都会自我驱动，他们对能力成长的需求很大，基本上不是为了赚钱而赚钱，而是为了成长。有很多人离开外企，一个很重要的原因就是玻璃天花板（成长空间受限）。第三要给予核心员工充分的信任和授权，这将极大地影响管理的成效。第四要关注核心员工的个人需求，因为建立良好的心灵契约关系是很重要的。我们在管人时经常研究离职率，但其实一般的离职率是没有意义的，而核心员工的离职率才是关键。

对核心员工来说，物质奖励也许不是最有效的激励方式。在激励他们的过程中，有几个原则很重要。第一，给你想给的不如给他们想要的。你要研究他们的期望是什么，这很重要，因为不理解核心员工的期望而实施的激励可能会适得其反。比如，对于一个只想做专家的人，你非得把他提到领导岗位上，这其实不是激励，而是失策。第二，把奖励给他们不如给他们在乎的人，尤其是当你能给予的东西比较少的时候。第三，给他们帮助不如给他们挑战。优秀的人都喜欢挑战，只要是基于信任的挑战都是有效的激励方式。当然，除此以外，良好的企业文化、合理的股权方案也是留存核心员工的重要手段。

用好核心员工，关键在于他们的直接主管。因为在一般情况下，一个人加入一家公司是因为公司的品牌，但离开一家公司却大多数是因为他的直接主管。因此能否留住人，能否激励人，在很大程度上取决于管理者自身。

还有一个和二八定律相对应的理论叫作长尾理论。工业化是由二八定律来解释的，而长尾理论解释的则是互联网商业模式。比如，市场上第一名的市场占有率往往是第二名的3倍以上，排名靠前的20%的品牌拥有80%的市场份额。长尾理论的逻辑却恰恰与此相反。长尾理论认为，我们所依赖的不应该是“头部”的20%，而应该是长长的“尾巴”，也就是剩下的80%。原因是，虽然这80%的谈判能力（话语权）非常有限，但它们往往会因为数量的巨大而带来更好的规模。按照这个逻辑，虽然我们要极力关注核心员工，但是也不可完全忽视普通员工。两个原因：一个是普通员工会成长和进化为核心员工；另一个是他们数量众多，规模效应不可小觑。

总　结

1. 二八定律告诉我们，任何组织和企业中只有大约20%的员工可以被称为核心员工。
2. 关于核心员工的三大问题：如何吸引他们，如何留住他们，如何激励他们。这三点是管理工作的重点。
3. 和二八定律相对应的是长尾理论，这是互联网时代最重要的逻辑之一。在团队组建中，我们要适当应用长尾理论。

选择障碍

你有没有过这样一种经历：在商场买衣服的时候，你发现特别合乎你要求的衣服好像不多——款式好看的似乎面料不好，质量上佳的好像裁剪又不合适，什么都好的价格又特别贵？完全能满足你要求的微乎其微，所以你必须放弃某些东西。而在放弃的时候，你又觉得很难抉择。到底是放弃款式还是价格，是品质还是牌子呢？然而因为你知道这个世界上十全十美的东西是没有的，所以你只能放弃某些细节。于是在纠结半天之后，你终于下定决心买了一件衣服。但回家之后，你又后悔没有买另外一件，而且你还会不停地问别人这件衣服好不好看。为什么你会如此纠结呢？这都是选择障碍惹的祸。选择障碍的根源在于，鱼和熊掌不可兼得。

鱼和熊掌不可兼得的情况在生活中是很常见的，而我们在招聘员工的时候也会碰到同样的难题。我们总希望招到一个完美的人——这个人既能够做事，又听话，工资要求不高，还愿意在公司长期发展，然而这样的人基本上是找不到的。面对选择障碍，我们该怎么办呢？

在招聘员工的时候，我们要把握好下面三个原则。

第一个原则是明确我们最关注的地方，也就是说我们需要的是什么。很多公司在招聘时会提出明确要求，如985毕业的、211毕业的，35岁以下的男性，等等。但事实上，这些东西其实跟工作本身是没有太大关系的。所以我们如果只关注这些东西，很可能会得不到我们真正想要的东西。如果我们想要的是工作能力很强的员工，可是我们却附加了一些其他条件（如性别），那么我们可能会因为这个附加条件而错过合适的人。

第二个原则是底线思维。底线思维指的是，我们在员工中设置一些底线，明确要求什么是不可以妥协的。底线思维要求我们要知道什么是我们不能放弃且要好好把握的（比如做人的底线、价值观以及诚实的品格）。

第三个原则是选择顺序。在招聘员工的时候，我们在乎的一般是知识、技能和态度。知识和技能可以从简历上看出来，但态度很难被直接感知。事实上，这三个方面是有顺序的，也就是知识不如技能重要，技能不如态度重要。

历史上，米卢曾经带领中国国家男子足球队打入世界杯。在米卢担任国家队主教练的时候，他讲了一句很经典的话："态度决定一切。"当时我非常不理解：踢足球应该是能力决定一切，为什么态度决定一切？后来我发现，米卢说的是对的。

大多数公司在招聘的时候，一般首先看的是求职者的知识，比如是否是名校毕业、学校绩点排名如何；其次看求职者的工作经验，因为工作经验代表技能。但我们很少去考察求职者的态度。态度是什么？态度是动机。所以在招聘员工的时候，我们其实应该先看态度，再看技能，最后看知识。

态度就是求职者的动机——他来工作的动机或内在驱动是什么？工作是一个职业，是谋生手段，还是事业的基础，抑或是他迈向未来成功的垫脚石？把工作定位成谋生的手段和定位为事业的基础，二者存在本质区别。如果一个人把工作当作谋生手段，那么只要有人工资出得高，他就会跳槽。而如果一个人把工作当作事业的基础，那么这种态度显然会受到用人单位的青睐。

关于如何考察一个人的态度，有一个重要的手段，叫作背调——曾经和他共事过的人对他的评价如果是客观的，就有利于我们了解这个人的动机。

总　结

1. 选择障碍是普遍存在的，因为鱼和熊掌不可兼得。
2. 解决选择障碍的办法是：第一，把我们真正关注的核心放在第一位；第二，明确我们不能放弃的底线是什么；第三，设置好选择顺序。
3. 传统的选择顺序是先知识，后技能，再态度。但我们在招聘员工的时候应该把这个顺序倒过来，因为真正重要的其实是求职者的态度，即他的价值观是否跟公司保持一致。

贝尔宾团队

如果一个团队的全部成员都是一流的人，那么这个团队能不能取得一流的业绩呢？英国剑桥产业培训研究部前主任贝尔宾博士曾做过一个研究，他把所有聪明的人放在一起，组成一个团队——阿波罗团队，让该团队与别的团队一同竞争。按理说这个团队应该是最优秀的，但结果却出乎意料，阿波罗团队在跟别的小组竞争中一直处于劣势。据此，贝尔宾博士提出一个很有名的理论，即贝尔宾团队角色理论。该理论强调高效的团队工作有赖于队员的默契协作；团队成员必须清楚自己和其他人所扮演的角色，懂得如何相互弥补不足，发挥优势；团队协作可以鼓舞士气，提高效率，促进创新。贝尔宾团队角色理论还提出了一个很重要的概念：世界上没有完美的个人，但是有完美的团队。事实上，很多团队领导总希望招到完美的人，但其实真正完美的人是完全不存在的。我们只能利用个人的行为优势创造一个和谐的团队，从而极大地提升团队和个人的绩效。

团队的角色很重要。角色就是个体在群体中的行为贡献以及人际互动的倾向性。团队中一般有以下九种角色：

- 智多星：创造力强，充当创新者和发明者的角色。他们是独立的、聪明的、充满原创思想的，但是他们可能不善于与那些气场不同的人交流。
- 外交家：热情的、行动力强的、外向的人。他们为人随和，好奇心强，乐于在新事物中寻找潜在的可能性。然而，如果没有他人的持续激励，他们的热情会很快消退。
- 审议员：态度严肃的、谨慎理智的人。他们有着与生俱来的对过分热情的免疫力，所做出的决定基本上是不会错的。
- 协调者：他们最突出的特征就是能够凝聚团队，使团队成员向着共同的目标努力。他们虽然不是团队中最聪明的成员，但是拥有远见卓识，并且能够获得团队成员的尊重。
- 鞭策者：充满干劲的、精力充沛的、渴望成就的人。他们好争辩，往往缺少对人际关系的理解。他们是团队中最具竞争性的角色。

- 凝聚者：在团队中给予团队最大支持的成员。作为最佳倾听者的他们通常在团队中备受欢迎，但是在面对危机时，他们往往优柔寡断。
- 执行者：实用主义者，有强烈的自我控制力及纪律意识，是典型的将自身利益、忠诚度与团队紧密相连且较少关注个人诉求的角色。然而，执行者或许会因缺乏主动性而略显呆板。
- 完成者：坚持不懈的、注重细节的人。他们由内部焦虑所激励，但表面看起来很从容。他们无法容忍那些态度随意的人。完成者并不喜欢委派他人，而是更偏好由自己来完成所有的任务。
- 专业师：只对专一领域有贡献的专家，他们会为自己获得专业技能和知识而感到骄傲。但是很少有人能够一心一意地钻研，也很少有人具有成为一流专家的才能。

贝尔宾博士认为，如果一个团队聚齐了这九种角色，那么它就是一个很好的团队。这个团队有优秀的团队主管、出色的管理制度，团队的各个角色都能够发挥自己的优势，人岗是匹配的，同时队员具有较好的自我认知能力。如果一定要总结一下优秀团队有哪些特征，那么我们可以总结出如下4C特征。

第一个C是共同目标（Common Goal）。《西游记》中的师徒四人之所以能取得成功，就是因为唐僧和他的徒弟们有一个共同的目标——去西天取经。共同的目标能激励人心，比如刘备是靠光复汉室的宏伟目标把大家聚拢在一起的。目标再高一点，就叫作愿景或使命，或者叫作梦想，它们都是可以把大家凝聚在一起的原动力。所以在优秀的团队中，它的成员的水平可能参差不齐，但他们一定有着一个共同的目标。

第二个C是良好沟通（Communication）。良好沟通在团队当中是必不可少的。沟通的成本和效率决定了一个团队的战斗力，《原则》[①]里面提到了极度透明的沟通的重要性。如果一个棒球队想要取得成功，那么内部的沟通以及沟通方式的建构是必需的，甚至某些沟通的方式只能在球队内部共享。

第三个C是彼此承诺（Commitment）。有一句话叫作：胜则举杯相庆，败则拼死相救。电影《拯救大兵瑞恩》就很好地诠释了彼此承诺的含义——拯救小组之间信守承诺，不离不弃。当然彼此承诺是建立在团队成员互相信任和认同的基础上的。有了彼此的信任，才会有彼此的承诺。此外，彼此承诺也可能建立在大家一起经历过的一些难忘的事情上，比如一起同过窗、一起扛过枪。

第四个C是相互合作（Cooperation）。相互合作意味着一定会有分工，所以分工合作也是一个很重要的成功团队的标志。优秀的团队需要有不同的角色——协调者、整合资源者、执行者、激励者、关注细节者。就像足球队一样，一支优秀的足球队之所以能够取得佳绩，并不在于它有一两名球星，因为即使你把所有的球星放在一起，也未必能够踢得过一个配合默契的没有球星的球队。

贝尔宾团队角色理论告诉了我们一些很重要的道理：在实际工作中，虽然我们永远无法找到一个十全十美的人，但我们可以打造一个完美的团队；而如果我们把一个团队的成功寄托在某个人身上，那么这种方式一定是不可持续的；只有当一个团队脱离了具体的个人，形成了自己的文化、自己的目标，这个团队才是充满生命力的团队；真正优秀的团队需要的是个性差异很大但能够相互配合的队员，因为团队的真正内

① 《原则》是全球知名对冲基金——桥水基金创始人瑞·达利欧的一部畅销作品。——编者注

涵是宽容、理解、包容和多元化。

总　结

1. 没有完美的个人，但是可以有完美的团队。
2. 完美团队里有九种角色，每个角色都有自己的作用，也有自己的不足。
3. 完美的团队具有4C特征，即共同目标、良好沟通、彼此承诺、相互合作。

土库曼模型

在《水浒传》里，梁山团队在经历了几个发展阶段后，形成了108将的规模。其实，梁山的发展反映了有关团队组建的一个理论模型，即土库曼模型。土库曼模型认为，团队组建一共有四个阶段，分别叫作形成阶段、震荡阶段、规范阶段、成熟阶段。

形成阶段：团队刚刚组建，团队成员之间大多互不相识且都在试探对方，所以成员都高度依赖领导。震荡阶段：团队成员之间会发生冲突，因为他们的兴趣不一样，偏好不一样，或者存在利益纠葛。规范阶段：团队成员终于就团队的行为规范达成一致，知道团队的核心价值观是什么，知道团队应该遵循的基本逻辑和基本规则是什么。成熟阶段：团队开始有了产出，团队中的矛盾和冲突能够得到自我修复。

这四个阶段对我们进行团队管理有什么指导意义呢？它给了我们有关团队的两个很重要的启示。

第一个重要的启示是，团队一旦形成，冲突不可避免。也就是说，作为团队的管理者，我们不要指望着把冲突避免掉，因为这是不可能的。我们唯一能做的是缩短冲突时间。有了冲突才能形成规范，否则制定出来的规范都不能够被深入认同；有了规范才会有产出，否则团队的生产要么毫无章法，要么效率极低。

我在工作中便碰到过类似的情况。在我组建的一个新团队中，有一名成员的表现让人反感——当我在办公室的时候，他的表现很好，可是当我不在办公室的时候，他的表现就有点糟糕了。一开始就有部分人向我反馈过这种情况，但起初我认为这是他们的偏见，就没有过多在意这件事。以至后来所有的成员都来跟我这么说，我才意识到这名成员和团队已经不能融为一体了。考虑到团队精神的重要性，我劝退了这名员工。那时我的想法是，既然团队所有人都不喜欢他，那么他离开了，大家就会安心工作了。可是事与愿违，当第一个员工离开之后，团队里很快出现了两个互相对立的人，而且渐渐发展为一个人被孤立在外的形势。这一次，我没有劝退其中一个，而是让两个人同时离开。在我同时劝退两个人之后，我发现这个举措起到了非常好的效果。什么效果呢？所有的人终于明白了一个道理，原来这个团队的老板最在乎的是团队精神。凡是破坏团队精神的人，不管你曾经做出什么样的贡献，都没有存在的必要。这样的结论是靠三个人的离开来证明的。

有些管理者害怕冲突，认为最好的团队是和谐的团队，是没有冲突的团队。其实这个想法是错误的。在达成和谐团队之前，适度的冲突是有益的。因为团队成员只有在彼此试探后才能知道对方的底线，才能知道在以后的工作中该怎么处理关键问题。但如果一味讲究一团和气，只会掩盖冲突和矛盾，那么这样形成的和气只是表面的和气，这样的团队也不可能是一支和谐的团队。

冲突虽然是不可避免的，但冲突周期却是可以缩短的。缩短冲突周期的办法之一就是让冲突早点发生，比如直言不讳就是一个很好的策略，因此建立能够畅所欲言的通道很有必要。另外，对事不对人、不上升到人格层面等原则，既可以实现冲突最小化，又能够让冲突得到解决。

土库曼模型的第二个很重要的启示就是，团队存在的意义是让整体成就大于个体成就之和。因为既然是带领团队，那么我们的成功便不取决于我们自己，而取决于我们的团队。团队的成功不仅仅取决于团队成员，还取决于管理者。关于团队，有个特别重要的概念，叫作Together Everyone Achieves More，它们的首字母便组成了英文单词TEAM。Together Everyone Achieves More的含义就是，在团队当中，每个人都能获得比自己更大的成就。所以团队的存在对于每一名团队成员来说都很重要。这个时候，所谓的规范（我们经常讲的团队精神）就成了一个重要的内核。团队精神一旦形成，便有了自己的生命力，可以同化新进来的成员，能够减少沟通的成本，有利于提升团队的战斗力。

如果一个团队不能让成员得到成长，不能让成员获得更大的成就，那么团队存在的意义就不大了。团队内部的学习、互相的帮助、及时的反馈、密切的合作等都是团队取得成功的重要因素。要树立一个团队的灵魂，就要把这些因素作为建设的标准，这样才能让每一名成员都能得到提升，从而建立起一支优秀的团队。

总　结

1. 土库曼模型重点描述了团队组建的四个阶段：形成阶段、震荡阶段、规范阶段、成熟阶段。
2. 四个阶段是缺一不可的，而震荡阶段的团队冲突是不可避免的，适度的冲突有益于规范的形成。
3. 团队存在的意义是让整体成就大于个体成就之和，规范（团队精神）在这里起到非常重要的作用。

第二篇 用好人

管理者水平的高低，很多时候体现在用人水平上。曾国藩有一句名言：扬善于公庭，规过于私室。这是曾国藩管理下属的一种方式：在公开的场合表扬下属，在私下里规劝他们的过错。这其实就是西方管理学所推崇的表扬哲学和反馈技巧。

想让一个人鞍前马后地为我们效劳，远不是金钱所能做到的。用好人需要管理者做好如下几件事：

首先要转变自己的观念。作为管理者，我们要做的最重要的事情是什么？一定不是自己去做我们想做的事情，而是要思考如何让别人去做我们想做的事情。管理的本质是挖掘人的善意。彼得·德鲁克曾说过：管理是让每一个人按照与生俱来的善意和潜能，自由地选择自己愿意在这个社会或社区所承担的责任，自由地发挥才智并创造出对别人有用的价值。

其次，用好人的关键在于如何激励他人，而激励的关键在于激励手段是否有效。考虑到每个个体的不同，激励也是一个千人千面的事情。而且，最好的激励往往和金钱关系不大，对于解决了基本物质需要的人而言更是如此。激励需要满足对方的期望，这个期望就决定了激励的有效性。

虽然激励很重要，但是最终决定用人水平的不是下属的满意度，而是结果的交付，用好人一定是以结果为导向的。管理的另一个本质就是在有限资源约束下的效用最大化，这个最大化就体现在结果导向上，而衡量有没有用好人的关键也在于此。

这里的用好人，包括对新员工的使用、人际冲突的处理、核心员工的管理、“空降部队”的管理等。

2.1 管理思维

所谓思路决定出路，指的是管理思维决定了我们采用的管理模式。思维和认知是有关系的，所以近年来关于拓展认知边界的课程很受欢迎。

管理者必须做的五件事

彼得·德鲁克曾经给管理下过定义，他说管理就是“让别人做你想做的事”。对于这个定义，很多人会提出疑问：如果我是管理者，让别人做我想做的事，那么我该做什么，是不是我就没事干了？彼得·德鲁克说：我们有五件事是一定要自己做的，这五件事非常关键。

第一件事：设定目标。我们想让别人做我们想做的事，那么我们想做的事是什么呢？这个事应该由我们自己来定义，即设定目标。管理者的首要任务其实就是设定目标，有无目标也是区分团队和群体的重要标志。

第二件事：分配任务。在设定好目标之后，我们接下来要思考的是该怎么分配任务。我们可能有好几个手下，因此我们要安排合适的人去做合适的事。知人善用说的就是管理者懂得让正确的人做正确的事，所以了解下属是管理者的另一项任务。

第三件事：沟通激励。为什么别人会做我们想做的事情？彼得·德鲁克说，让别人做我们想做的事情，这是不简单的。例如，用职务权力去压迫别人做事，就是一种不可取的方式。因为一旦压力消失，别人就会回到原来的状态。这种管理要持续不断地给别人施压，这将导致管理者很累，被管理者也很累。最成功的管理者一定是把他的思想、他的目标告知下属，并获得下属的认同，然后让下属去完成任务。换句话说，如果我们想把“要我做”的事变成“我要做”的事，我们就要把下属的压力变成他们的动力（压力是由外而内生成的，动力是由内而外生成的）。让别人由内而外地发生转变，管理者需要什么样的核心能力呢？这就是管理者要做的第三件事：沟通激励。这也是衡量管理者水平高低的一个非常重要的指标。

第四件事：评估绩效。知道该让别人做什么，这叫设定目标；让谁去做，这叫分派任务；如何让他们去做，这叫沟通激励。接下来我们要做的是评价别人做得怎么样，有没有做到我们希望的程度，这在管理学上被称为评估绩效。评估绩效能确保被管理者做的事情没有脱离我们的轨道，而能按照我们的预期完成任务。

第五件事：培育人才。我们发现，总有那么几件事是别人做不了的。当我们无法分配任务的时候，我们应该思考是什么原因无法交代下去。是因为别人的能力不行吗，还是我们不相信他们能做好？解决这个问题的关键在于培养接班人，即培育人才。也就是说，我们之所以无法把事情让别人去做，或者之所以我们很忙，是因为别人做不了我们想做的事。而他们做不了的原因是他们不够厉害，不够有能力——这依然是我们自己的责任。

这五件事看起来并不复杂，有人说这不正是人力资源部的事吗？但其实这是所有管理者的事情。真正的管理一定依赖于我们的管理者，而不依赖于人力资源部。

很多公司的管理没有成效，其本质原因之一是管理者大多没有专注于自己的五件事。他们认为这五件事不是管理者该做的——他们是管业务的，不是管人的。恰恰相反，管理者的真正使命其实是管人。杰克·韦尔奇当年在通用电气公司（GE）做了20年CEO（首席执行官）。在退休后，他被评为全美最佳CEO。当时有记者采访他："杰克，你为什么会被评为最佳CEO，你做了什么不一样的事情？"韦尔奇回答说："其实我没做什么，我只是花了85%的时间与我的下属进行沟通。"杰克·韦尔奇花了85%的时间不是去谈业务，不是去见客户，而是与自己的下属沟通，因为他深深地知道一名管理者最重要的使命其实是与下属相处，管理好下属。

总　结

1. 作为管理者，我们的核心任务是让别人做我们想做的事情。
2. 管理者有五件事是一定要亲自去做的，这五件事分别是设定目标、分配任务、沟通激励、评估绩效、培育人才。

晕轮效应

大家在电视里经常会看到明星代言的广告，明星的代言费往往高达几千万元。为什么厂家一定要找明星代言广告呢？另外，为什么生活中的大多数夫妻在结婚之前都彼此欣赏，可是在结婚之后却矛盾不断呢？这些现象是怎么产生的？在管理学中，我们可以用晕轮效应来解释这些现象。

晕轮效应指的是当认知者对一个人的某种特征形成了好的或者坏的印象之后，就倾向于用这种印象来推测这个人其他方面的特征。所以本质上，这是一种以偏概全的认知上的误解。厂家找明星代言的核心逻辑就是晕轮效应，因为消费者很喜欢这个明星，所以他们就会喜欢这个明星说的所有话和他用过的所有东西。同样，当我们决定和另外一个人谈恋爱的时候，我们会因为对方有某种优点而把这种优点无限放大。可是在结婚后，我们会发现，原来对方还有那么多的缺点，于是我们又将他（她）的缺点无限放大了。

在职场中，晕轮效应也十分常见。当看到一个执行力很强的人时，我们可能会放大这一点，而忽视了他在战略思维和客户导向方面的问题；当看到一个很热爱公司的人时，我们可能会很喜欢他，而忘了绩效才是一个企业生存的根本；当一名员工当面顶撞我们时，我们会恼羞成怒，而忘了对方可能是看到了问题本质的人；我们看到了一个人的闪光点，然后就忘了其他，我们甚至会忘了我们真正需要的是什么；一听说这个人的性格偏激，我们可能就否定了一个本可以做出杰出业绩的人；看到这个人毕业于常青藤名校，我们就认为他一定可以胜任工作……

我是2016年年底出来创业的。在创业初期，有一名员工主动要给我投资。他对我说："老板，你需不需要钱？我手头有一些钱，想给你投资。我不在乎占多少股份，也不在乎分红，我就是觉得你创业不容易，想支持你，而且我很看好你的事业。"面对这样的一名员工，我非常感动，以至我认为他是一名优秀的员工。但事与愿违，我因为欣赏他，而忽略了其他问题，那就是他在能力和业绩方面是否符合公司要求。事实证明，他的能力和兴趣其实不在教育培训方面，他对团队协作的认知同样也存在一些偏差。能力、兴趣、协作意识是考察员工的重要方面，可是因为晕轮效应，我完全没有考虑这些。最后，他还是离开了公司。

那么怎么才能克服晕轮效应呢？有三个办法。

第一个办法是克服投射倾向。什么叫投射倾向？就是人们倾向于把自己的一些东西投射到别人身上。当我们看到一个人和我们一样很热爱公司时，我们就认为这个人在其他方面也和我们一样，比如执行力、动机、思考力等等。我们可能不知道的是，他除了和我们一样热爱公司外，其他方面和我们大多是不一样的！想要解决投射倾向，我们就要多问、交叉验证，以及想清楚我们需要的是什么、哪些是我们不能放弃的，然后对员工进行全面考核。

第二个办法是消除第一印象的禁锢。第一印象也叫作先入为主。虽然我们不可避免地存在首因效应，但如果我们刻意去避免，还是可以重构自己的认知的。比如多挖掘对方的未知领域，如工作之外的生活领域、运动领域、艺术领域、社交领域、文学领域等等。也许对于某一领域的了解，会彻底改变我们对对方的认知。曾经我对一个人非常反感，但是当我得知他曾在西部挂过三年职时，我立马改变了对他的看法。所以，我们要更深入更全面地考察一个人，以消除第一印象的影响。

第三个方法是避免循环论证。如果我们认为一个人是好人，那么我们会从好的角度去思考这个人的行为，从而更加证明他是一个好人。我们如果认为他是一个坏人，就会从坏的角度去思考他做的每一件事情（从动机到行为），从而更加证明他是个坏人。这就是循环论证。我们一旦陷入这个误区，是很难走出来的。想要解决循环论证，我们不要预设任何立场，而要就事论事。要知道，大多数人做事都有两种以上的动机，所以我们不可以只用一种动机来解释所有的行为。

总　结

1. 晕轮效应普遍存在，人们习惯于放大对方的某个闪光点或缺点。
2. 晕轮效应会让我们忽视一个人的其他特质，从而影响我们的判断。
3. 解决晕轮效应的三个办法：第一，克服投射倾向；第二，消除第一印象的禁锢；第三，避免循环论证。

尽人之智

不知道你有没有发现，你喊崔永元为“小崔”会觉得很自在，其实崔永元已经50多岁了，已经属于“老崔”的级别了。但你的印象始终停留在第一次喊小崔的那个地方，所以你会用这个小崔来取代他的名字。这个现象在职场上也有类似的对应，比如你的一个工作伙伴虽然和你工作了10年，但你的潜意识里还是10年前的那个他在和你一起工作。因为有这个初始印象的存在，所以我们的管理者都有一种担忧——担心下属把事情办糟了。或者在他们的眼中，下属是一个永远都长不大的小青年。尤其是大学一毕业就加入了公司的员工，往往在很多年以后，仍然得不到老板的眷顾。收入上也是一样的，比如同样有5年工作经验的人，一个是大学一毕业就加入公司的员工，另一个在外面工作了5年然后跳槽到公司的员工，你觉得谁的薪水会高一点？

不言而喻，外来的和尚好念经！为什么会有这种现象？其实这种现象本质上是由管理者不同的用人策略导致的。一个人成为管理者，往往是因为他做事的能力和业绩比较突出。所以当一个业绩好的人成为管理者以后，他天然地觉得自己应该继续比下属更厉害。久而久之，管理者的能力总是首屈一指，团队中没有人能超越他。于是从此以后，他就一直是团队里面最忙碌的那个人，而这也最终决定了团队的高度。

那么怎样才能让我们的下属脱颖而出呢？怎么才能让我们自己闲下来去做更重要的事情呢？如何成为古代的刘邦、曹操、刘备这样的用人高手呢？如何让所有优秀人才都发挥出他们的才能呢？这里面是有一些学问的。

中国古代的韩非讲了一句很经典的话：下君尽己之能，中君尽人之力，上君尽人之智。在管理学中，这句话对应着管理者的三个境界。第一个境界是尽自己的能力做事情从而成为一名业绩突出的非常忙碌的管理者。第二个境界是尽人之力成为一名好的管理者。而真正好的管理者其实不仅能尽人之力，还能尽人之智。也就是说，最好的管理者不只能让别人发挥能力，还能把别人自己都意识不到的智慧开发出来。这就是管理者的第三个境界。

第一个境界的管理者，尽己之能，所以自己很忙。很忙会带来盲目，带来茫然，最后带来死亡。第二个境界的管理者能让别人做他想做的事情，这个非常符合彼得·德鲁克的说法——懂得如何激励别人，懂得如何驱动别人。而真正厉害的管理者，是第三个境界的管理者。他们能够找到连对方都不知道的潜能，并且把这个潜能开发出来。我们怎么才能达到这种最高境界呢？

尽人之智有三种很重要的方法。

第一，给方向而不是给方法，也就是说给下属一个目标。这个目标一定是下属认同的目标，而且能引发下属的激情。至于下属怎样去追求目标，我们不要去干涉，留给下属自己思考即可。

第二，授人以渔而不是授人以鱼。我们可以协助下属，但一定不能取代他们。也就是说，当下属不会做也不懂得怎么做的时候，我们可以协助他们，但一定不能越俎代庖。

第三，我们要相信下属的潜力永远大于他们的能力。也就是说，下属当下表现出来的能力一定不是他们的极限，他们还有很多潜能是可以开发出来的。对于任何问题，下属都可以找到答案，前提是他们自己愿意去寻找。所以真正的管理者要关心的其实是如何激发下属的善意和潜能，如何给下属赋能，如何让下属与其产生共鸣。

作为管理者，我们大多习惯于指导，习惯于被依赖，习惯于给予，习惯于发号施令。我们太容易给别人答案，而且是直接给结论。在这种情况下，我们没有办法发挥下属的聪明才智，也无法让我们的团队走得更远，因为是我们决定了团队的高度。然而，一名优秀的管理者一定能够找到比自己更厉害的人，一定能够把自己团队成员的才智都充分发挥出来。

总　结

1. 管理者有三种境界：下君尽己之能，中君尽人之力，上君尽人之智。
2. 尽人之智的三种方法：给方向而不是给方法，授人以渔而不是授人以鱼，相信下属的潜力永远大于他们的能力。

南风法则

在职场中，我们大多数人都愿意并乐于听一些赞美的话。为什么呢？法国作家拉封丹写过的一则寓言可以用来解释这个现象。

南风和北风互相不服气。有一次，它们俩在路上相遇，就互相打赌，看谁能把路上行人的外衣脱掉。北风说我先来。北风一吹，路上行人就把衣服裹得很紧。北风越吹越大，行人将衣服裹得越来越紧，最后行人干脆找个墙角躲起来了。北风无能为力。这个时候南风说：看我的。南风一吹，行人就感觉很温暖，南风再吹，行人就感觉到热了。当热得受不了的时候，行人纷纷脱掉了外衣。

这个寓言告诉我们一个基本道理：当我们想改变一个人的行为

时，赞美比批评更有效。这就是所谓的南风法则（北风的行为类似于批评，南风的行为类似于赞美）。人类本性中最深刻的渴望之一就是得到赞美，事实上现在很多管理者也都懂得这一点。西方还有个很有名的法则叫作汉堡包法则，讲的道理其实和南风法则是一样的。当批评一个人的时候，我们最好不要直接批评他，因为这样做的效果会很差，没有人愿意接受这样的批评。比较好的方法是，我们先表扬他一下，然后批评，最后提出希望。汉堡包法则有三个层次：第一层表扬（汉堡包的上层），说他最近很努力；第二层批评（汉堡包的中层），说他有一件事做得不够好；第三层鼓励（汉堡包的下层），说他将来一定要避免再犯这种错误。相对于汉堡包法则，中国人更习惯运用南风法则。南风法则在实际管理中是很有用处的。

官渡之战是三国时期的三大战役之一。这一战奠定了曹操的地位和统一北方的基础。在官渡之战之后，有人从袁绍的大营抬出一箱信件，其中有许多是曹操手下大将和袁绍私下来往的书信。曹操没有看任何一封，而是当着大家的面把整个箱子烧掉了。他为什么要这样做呢？其实从管理的本质来讲，这个时候，他完全可以批评下属，可以指责他们。但曹操知道，在敌强我弱的时候，人难免心生杂念，所以他既往不咎。他反而表扬下属，说他们在这次战争中立了很大的功劳。得人心者得天下，曹操的这种行为赢得了下属对他的追随。在管理工作中，我们也经常碰到类似的场景，所以我们要学会运用南风法则。有一句话说：你会发脾气那是本能，能控制脾气那才是本事。

南风法则要求我们在平时的管理当中，更多地运用赞美的方式表扬我们的下属，尽量不用批评和指责的方式。有人可能会问：我看不到下属的优点，我该怎么赞美他们？记住，世界上不缺美的东西，缺的是发现美的眼光。一名管理者应该善于发现下属的优点，善于鼓励下属。如果下属得到的反馈是一种正反馈，那么不断强化的正反馈会让他们的行为变得更加优秀。南风法则在管理下属、改变下属行为方面起着巨大的作用。

如何使用南风法则呢？我们可以参考以下三条重要的基本原则。

第一，我们永远只赞美行为，而不赞美动机。比如，下属今天上班来得很早，我们不能说他今天上班很积极，因为上班很积极只是个动机，而应该说他今天表现很不错，到办公室整整早了半个小时。为什么要表扬行为而非动机呢？因为任何行为的背后都有两种动机，你很难描述哪种动机是对的。

第二,一定要及时表扬，而不要事后表扬。很多管理者对于下属的积极表现没有及时表扬，一方面是因为他们觉得没必要及时表扬，另一方面是因为他们想把这种行为留到以后再表扬。殊不知事后表扬下属，其威力和效用一定会大打折扣。所以我们要及时表扬下属，一旦发现下属出色的行为，我们就应该立即表扬他们。

第三，公开表扬而不是私下表扬。因为所有的人都希望别人知道自己的优点，而没有人希望别人知道自己的缺点。

作为一名好的管理者，在使用南风法则的同时，我们还要注意一点，即一旦下属犯了原则上的错误，决不能纵容。也就是说，原则性错误是决不能容忍的，否则就不能达到管理上的刚柔并济的效果。

总　结

1. 南风法则表明，在改变他人行为的时候，表扬比批评更能起到作用。

2. 运用南风法则的三个注意事项：第一，表扬的是行为而不是动机；第二，表扬要及时而不要在事后；第三，要公开表扬而不要私下表扬。
3. 南风法则可以用在员工的培养上，但是原则性错误是不能纵容的。

能愿矩阵

在工作中，你有没有碰到过所谓的“老油条”？有没有碰到过很有意愿但能力有所欠缺的新员工？对于公司骨干，你该采取哪些管理措施？另外，对于那些打算跳槽的员工，你又该如何管理？管理学上经常把这些人分为四类，该分类法基于两个维度：能力和意愿。能力和意愿的有无，可以组合出四种人：第一种是无能力也无意愿的人，比如“老油条”；第二种是无能力但有意愿的人，比如新员工；第三种是有能力也有意愿的人，比如公司骨干；第四种是有能力但没有意愿的人，比如打算跳槽的员工。

这么区分四种人的方式对不对呢？我认为不太妥当。本质上，这种方式是贴标签的方式。为什么不能给别人贴标签呢？因为一个人的能力是多方面的，对于某件事他可能没有能力和意愿，可是换一件事他也许就很有意愿和能力了。比如，一个对于演讲没有能力又不情愿的人，可能在编程方面的能力很强且意愿强烈。所以，我们很难在能力和意愿方面给一个人贴一个固定的标签。

另外，无论一个人处于什么样的状态，他都是可以被管理的。管理的重点在于有没有效，而不在于对不对。按照这个逻辑，如果一名员工没有被管理好，那一定是我们的方法出了问题，而不是这个人出了问题。到底该怎样才能管理好这些不同类别的员工呢？西方管理学针对这个问题提出了一种管理方法，它把管理者的行为做了两种区分：一种叫作工作行为，一种叫作关系行为。

工作行为就是帮员工提升工作能力的那种行为，比如说教员工怎么写报告，教他们怎么开展工作。你可以跟员工说：市场调查报告应该分为三个部分，第一部分总结市场的现状，第二部分分析市场的痛点，第三部分提供解决方案。这种教员工写报告的行为就是一种工作行为。工作行为，其本质上是由管理者的职权驱动的。

与工作行为相对应的一种行为叫作关系行为，它是由管理者的人格驱动而产生的。比如你问员工：我看你最近比较忙，有没有什么需要帮助的？你最近工作很投入，热情很高，表现很不错，有没有遇到什么困难？这种和具体工作无关但是关乎员工意愿的行为，我们称之为关系行为。

这两种行为都存在程度的差异。根据程度的差异，我们可以将工作行为和关系行为划分为高工作、低工作、高关系和低关系四种行为。这里的高和低指的是一种行为出现频率的高低。比如说高工作就是管理者给了员工很多工作指导，而不是员工分担了更多工作；高关系就是管理者给了员工很多的鼓励、表扬。

这样一来，工作行为和关系行为就有了四种组合，分别是高工作高关系、高工作低关系、低工作高关系以及低工作低关系。那么对于这四种行为组合，我们该如何运用呢？美国的保罗·赫塞博士研究了一种情景领导的理论，提出了把这四种行为组合运用到上述四类人身上的具体方法。

对于第一种无能力也无意愿的人，该怎么管理呢？是不是直接采用低工作低关系行为？在管理学中，我们要求不放弃、不抛弃任何一个人，所以这种方式不可取。那么按照缺什么补什么的策略，用高工作高关系来管理可以吗？也不可以。保罗·赫塞博士认为，在管理团队中的某个人的时候，管理者一定要考虑到一个因素，即我们对A的管理是否会对B产生重要的影响。如果会产生重要影响，显然我们就要注意对A的管理。在整个团队当中，无能力也无意愿的人是最差的人，我们如果去表扬和赞美这类人，就会伤害到那些表现好的人。对于这类人，关系行为是最不能有的，所以我们可以采用高工作低关系行为来管理他们，即直接告诉他们该怎么做，无须在乎他们的感受。

第二种人是无能力但有意愿的人，比如我们非常熟悉的新员工。对于这样的员工，我们一定要采用高工作高关系行为，因为没有能力的意愿是非常容易消退的。所以对于大部分新员工，管理者要提供无微不至的关怀和指导。

对于第三种人，即有能力也有意愿的人，我们只需要采用低工作低关系行为就好了。有人说这些骨干也需要鼓励和表扬，其实不然。因为他们更需要机会和舞台，而我们只要给他们更大的授权就好了。

对于第四种人，即有能力但没有意愿的人，办法很简单，只要采用低工作高关系行为就好了。

这四种行为组合对应的领导在管理学上分别有相应的别称：高工作低关系的被称为独裁型领导，高工作高关系的被称为保姆型领导，低工作低关系的被称为授权型领导，低工作高关系的则被称为民主型领导。从这四个名字中我们可以看出，每一种风格都有它的可用之处。独裁型领导雷厉风行，办事效率高；保姆型领导对员工无微不至，有利于员工的成长；授权型领导经常向员工提供展示自我的机会和舞台；而那些有能力但没有意愿的人，则应该归入民主型领导的麾下，这样他们才能获得更大的发展空间。所以说管理风格是什么并不重要，重要的是被管理者需要什么样的管理风格。这也是保罗·赫塞在管理层面给我们最重要的启示。

总　结

1. 根据能力和意愿的有无，我们可以把员工分为四种类型。
2. 管理者行为可以分为工作行为和关系行为，它们的程度有高低之分。
3. 管理不同的员工需要不同的管理风格。管理风格有四种，分别是独裁型、保姆型、授权型和民主型。管理者的风格是什么并不重要，重要的是被管理者需要什么样的管理风格。

2.2
员工关系

皮格马利翁效应

不知道你有没有过这样的一种经历：早上起来穿了一件很漂亮的衣服去上班，结果好几个同事都说不好看。当第一个同事说的时候，你可能不在乎，可是说的人多了，你便会怀疑自己的判断力和审美眼光了。于是你下班回家做的第一件事就是把它脱下来。你再也不会穿它去上班了。这是什么原因呢？其实这是心理暗示起的作用。

关于心理暗示，古希腊有个神话。

塞浦路斯的一个国王叫皮格马利翁，他是一位很有名的雕塑家。一次，他精心地用象牙雕塑了一个美女。雕刻完之后，他深深地爱上了这个美女。他日日夜夜的思念和凝望感动了爱神，于是爱神决定把这个雕塑变成活人。果然，在皮格马利翁凝望雕塑的某一天，这个雕塑变成了一个真人。后来，这个美女与皮格马利翁结为夫妻，皮格马利翁还给他的妻子取名为伽拉忒亚。

这个故事说明了什么问题呢？说明暗示的力量会带来意想不到的结果，这种暗示的力量被称作皮格马利翁效应。在我的职业生涯中，我也曾遇到过一些类似的事情。2000年，中国市场上刚刚出现家庭轿车。第一个打出家庭轿车旗号的合资品牌车型是赛欧，是上海通用汽车公司生产的。就在那一年，我接待了一个上海通用汽车公司来我们公司的参观团。参观完之后，参观团给我们每个人送了一个车模。该车模是当时最新款的别克新世纪（别克君威的前身）的模型。拿到这个车模的那一刻，我想：这么漂亮的汽车，比赛欧漂亮多了！如果哪天我买车，就买这样的。但我马上就打消了这个念头，我认为这是一个妄想，因为买车在当时看来几乎是一件不可能的事情——那时候的月薪只有几千元，可是一部汽车要20万元。过了5年之后，当我真的去买车的时候，我只看中了别克君威。买完车之后，我发现原来我要买这个车的念头早在5年前就种下了。而5年后，当我真的做决定的时候，这个念头就变成了我真正采取行动的标杆。这就是心理暗示的作用。

心理暗示其实是管理中的一个很重要的手段。杰克·韦尔奇就是使用皮格马利翁效应的高手。他认为，团队管理的最佳方式不是通过施加压力来实现目标，而是确保每个人都知道最重要的东西是构想，并且激励他们完成构想。杰克·韦尔奇在他的自传中用了很多理论来描绘那个理想的团队，比如无边界理论、4E理论［带领团队需要Energy（活力）、

Energize（激励）、Edge（胆识和决断）、Execute（执行力）]。他用这些理论来暗示团队成员：只有敢于构想，才能取得突破。这是杰克·韦尔奇当年做的事情，即使用皮格马利翁效应。为什么要这样做？因为这样做每次都能给团队成员带来很好的心理暗示——老板非常重视他们。

松下幸之助也是一个善用皮格马利翁效应来管理员工的高手，而且他是第一个使用电话来管理员工的人。他经常给他的下属（包括新招的员工）打电话：你最近怎么样啊？当下属回答说还不错、还比较顺利的时候，松下幸之助说：好，希望你好好加油！这样，下属每次接到电话都会感谢总裁对自己的关怀和信任，备受鼓舞。就是用这样的方式，松下幸之助唤醒了员工大约70%的潜能。

这种管理方式有什么好处呢？管理理论认为，人性的本质渴望之一是获得赞美。管理者如果能够经常赞美员工，那么对员工潜能的激发有着非常大的作用——所有人都期待自己被肯定，期待自己被老板认可。我们该怎么来利用皮格马利翁效应呢？这里有三条路径。

第一条是心理暗示。赞美、信任和期待具有一种能量，它们能改变人的行为。当一个人获得另一个人的信任、赞美时，他便能感觉到社会的支持，并能获得一种积极向上的动力，从而增强对自我价值的认同，变得自信、自尊，还会想方设法地满足对方的期待，以避免对方失望，从而维持这种社会支持的连续性。

第二条是积极期待。你期待什么，就会得到什么；你得到的不是你想要的，而是你期待的。只要充满自信地期待，只要真的相信事情会顺利进行，事情才会顺利进行。相反，如果你相信事情会不断地受到阻碍，那么阻力便会产生。成功的人都会培养出充满自信的态度，相信好的事情一定会发生。

第三条是大胆授权。在管理学中，大胆授权要求领导对下属投入感情，给予下属希望和特别诱导，使下属得以发挥自身的主动性、积极性和创造性。如果你正在交办一项任务，不妨对下属说“我相信你一定能办好”“你一定会有办法的”，那么下属会朝着你期待的方向发展，人才便会在期待之中产生。如果一个人的能力不是很强，但是具备发展的潜力，那么你要给予他适当的激励，从而让他的潜能得到最大限度的发挥。

总 结

1. 皮格马利翁效应是心理学的一个应用——人会受到下意识的影响。
2. 不同的暗示带来的效果是不一样的。
3. 使用皮格马利翁效应的三种方法：心理暗示、积极期待、大胆授权。

冲突管理

2018年10月28日，重庆万州发生了公交坠江惨案。本质上，这是因为一个小小的冲突没有被管理好而酿造的悲剧。类似的事件还有武汉火车站的惨剧、云南大学的校园惨案。这些事件都引起了全国范围的震惊和思考。其实这些事情完全是可以避免的，因为它们都是由于小的冲突没有被管理好而引起的。只要有人的地方，就有江湖；只要有江湖的地方，就有冲突。

同样，在管理团队的过程中，冲突是必须面对的问题。土库曼模型强调，冲突无可避免，如何管理冲突对于团队管理者来说是至关重要的。冲突是在团队成员之间、成员与组织之间以及团队与组织之间，由于目标、观念、价值观、情感和利益等方面的对立或分歧而引发的。冲突的类型有很多种，按照性质的不同可以分为任务冲突和关系冲突。任务冲突就是以任务为导向的冲突，关系冲突则是以人际关系为导向的冲突。

关于如何处理冲突，历来有三种观点。

古典观点。20世纪40年代之前的观点认为，所有的冲突都是不良的、消极的，是破坏性的，必须避免或尽量减少。因为冲突意味着分歧或对抗，势必造成组织、团队、个体之间的不和，所以它会破坏良好关系，最终影响团队目标或组织目标的实现。古典观点认为，管理者要做的是尽量避免一切冲突，从而建立一个和谐的项目团队。

人际关系观点。从20世纪40年代末到70年代中期，人际关系观点非常流行。该观点认为，对于所有团队或组织来说，冲突都是与生俱来的、无法避免的。既然是自然发生且不可避免的，那么处理冲突的正确方法是承认冲突的存在，尽快解决冲突，缩短冲突时间。因此，我们应该接纳冲突，发挥其对团队或组织的有利作用。

互动观点。从20世纪70年代末至今，冲突的互动观点成为主流观点，适当的冲突反而被认为有利于组织的健康发展。这种观点认为，冲突是客观存在的且具有一定的积极意义，是提升绩效不可或缺的，所以我们需要在团队里制造一定的冲突因子。“鲇鱼效应”①很好地证明了这种观点。

今天，托马斯–基尔曼冲突模型已经成为世界领先的冲突解决方案。这个模型包含两个维度，分别是决断性和合作性。决断性指的是满足自身的意愿，合作性是指满足对方的意愿。从这两个维度出发，我们可以得到五种应对策略，分别是妥协、回避、竞争、双赢、折中。

① 鲇鱼效应是指鲇鱼在搅动沙丁鱼生存环境的同时，也激活了沙丁鱼的求生本能。鲇鱼效应作为企业激发员工活力的有效手段之一，已在企业人力资源管理中得到了广泛的应用。——编者注

妥协是以不自信但愿意合作的态度来牺牲自我并满足他人的办法。不重要但紧急的事情可以采用这种方式来处理。使用条件：合作对另一方更为重要，你愿意放弃某些利益而从另一方获取一定的未来收益，你处于弱势，维持双方的关系对你而言非常重要。在这种情况下，妥协是必要的。如果合作对你更重要，你处于强势，而另一方处于弱势，那么此策略无效。

回避是以不自信且不合作的态度绕道而行或拖延问题的办法。不重要也不紧急的事情适合采用这种方式。使用条件：与另一方进行对抗的潜在破坏性超出了问题得到解决的收益，需要一定的“冷处理”时间。如果做出决策是你的责任，双方都不愿意拖延，问题必须马上解决，那么你便要换其他策略了。

竞争是以非常自信但不合作的态度来求得胜利的方法，不达目的决不罢休。重要而不紧急的事情比较适合采用这种方法。使用条件：你必须尽快做出决策，另一方做出的不受欢迎的决策成本太高。如果双方实力相当，一定要立即做出决策，就不适合采用这种策略。

双赢是以自信且合作的态度来寻找能满足双方需求的解决办法，有利于学习对方的先进之处。重要且紧急的事情适宜采用这种方式。使用条件：为了得到更好的解决办法，双方的结合是有必要的；为了成功达成双赢，双方必须承担一定的义务；双方不可能单独解决问题。注意：当问题或任务很简单、要求迅速做出决策、另一方不关心最终的结果且没有解决问题的技巧的时候，双赢是不可能达成的。

折中是以适度的自信与合作态度来寻找令双方得到部分满足且相互都能接受的解决方法。使用条件：双方的目标都是排他的，双方的实力相当且不可能达成一致，结合方式或强迫方式都不可能成功，需要一种解决问题的临时方案。折中和妥协的区别在于：妥协需要完全放弃自己，而折中需要双方部分放弃自己。

以上几种策略各有长处和弱点。企业管理者应在不同的场合，以不违背企业管理目标、根本利益及相关政策制度为原则，对不同类型的冲突采取最有效的方法。解决冲突的方式必须符合所在环境的特殊性和差异性，即具体问题具体对待。

总 结

1. 冲突是必然会产生的，冲突并非都是坏事。
2. 托马斯–基尔曼冲突模型中的五种处理冲突的策略：妥协、回避、竞争、双赢、折中。
3. 每种策略都有自己的使用场景和使用边界。

管理新生代

最近一个小朋友跟我说：他水逆得厉害，帮别人打call[①]也不行，友谊的小船翻了好几个，刚过完剁手节，目前在吃土，谁找他他让谁狗带。在这段话里，你有几个词没有看懂？如果超过两个，那么恭喜你，你已经和新生代员工不在一个频道上了。职场的铁律之一就是：长江后浪推前浪，前浪死在沙滩上。在一般情况下，管理者都是前浪，因此经常会出现管理者困境。两个群体互相不理解，互相不认同，就会产生很大的管理成本——管理无效甚至失效是家常便饭。人们往往把这种现象称为新生代管理。

事实上，管理新生代员工是所有的管理者都会面临的问题和挑战。

① 打 call 是网络用语，泛指对某人的喜爱与支持。——编者注

一年夏天，有一个股份制银行的支行行长前来找我。他说："叶总，最近我们行新来了一名员工，是个富二代。他家里特有钱，他父亲是开公司的，人脉资源很广。这名员工在我行做客户经理，其业绩指标是每个月拉来一个日均存款50万元的客户。如果每个月能拉来两个这样的客户，他就可以拿到不错的奖金。可他的业绩非常差，客户基本为零。按照我的理解，他家里有那么多的资源，这点业务量对他来说不是难事。事实上，这名员工进来已经三个多月了，却没有一个月的业绩能够达标，他也从来没拿到奖金。他还因为上班迟到早退被扣了工资，然而他却无动于衷。"行长非常沮丧，不知道该怎么管理这类员工，于是来征求我的意见。

我问了他一个问题："你知道这名员工家里最不缺的是什么吗？"他说："他家里最不缺的是钱。""所以你想想看，你用钱来管理他有用吗？其实是没用的。"我接着说，"你知道这名员工为什么来你们银行工作吗？"他想了想说："应该是想来学习点金融知识吧？"行长摇了摇头。从这名员工的表现来看，他显然对金融知识不感兴趣。行长又说："他是来积累客户为自己将来接班做准备？"行长再次否定了自己的看法。"他想有份正当的职业来打发时间""大概是他老爸强迫他来上班的"，这些理由都不成立。为了帮助行长找到原因，我约谈了这名员工。经过一个小时的交流，我发现这名员工到银行工作的主要目的是找个女朋友。

于是我跟行长说："你管理他的办法其实很简单，把你们行里面最漂亮的女孩和他编在同一个小组。在这个小组里面，只要任何一个人不能完成业绩，整个小组的业绩都不算完成。"从此以后，这名员工的业绩开始飙升。为什么会这样呢？我们对新生代员工的管理，其实有个特别重要的前提条件，那就是知道他们的诉求是什么。

管理新生代员工有四个重要的方法：

第一，改变观念。以前，我们生活在前喻文明时代；如今，我们已逐步迈进了后喻文明时代。在前喻文明时代，我们向前辈学习，向长辈学习，文化是一代一代传承的。而在后喻文明时代，我们要向后学习，未来的东西才是值得学习的。在后喻文明时代，我们所拥有的一切经验，可能都是负资产。尼康在苏州关了两个厂，是因为尼康的镜头做得不好吗？不是，很少有别家的镜头做得比尼康好。它之所以关厂，是因为市场上的手机拍照功能太厉害了，相机逐渐被淘汰了。康师傅的方便面卖不动了，是它的方便面市场被别家抢占了吗？不是，是因为“饿了么”来了。所以颠覆这个时代的一定不是这个时代里面的竞争对手，而是门口的“野蛮人”。

第二，要学会放弃自传式回应方式。自传式回应方式为“我当年……”——管理者以自己的经历来教育员工。这种方式运用在新生代员工身上其实是非常不合适的。社交网络、人工智能、云计算是新生代的标志，而管理者的经历跟它们可能毫无关联。因此，自传式回应方式可能早已过时。

第三，要建立信任的基础。新生代员工之所以很难管理，一个重要的原因是管理者缺乏对他们的信任。因此，管理者要尽力建立信任机制，从根上解除对新生代员工的信任危机。

第四，加强沟通。管理者要建立定期沟通机制，打造更多的沟通渠道，学会听懂新生代员工的语言。没有共同语言是沟通无效的最主要原因，因此管理者要尽量与新生代员工保持步调一致。

总　结

1. 新生代员工是一直存在的。管理者不理解新生代员工，就等于管理无效。

2. 如今，我们已逐步迈进后喻文明时代，所以必须向新生代员工学习。
3. 管理新生代员工有四个重要方法：第一，改变观念，以往的经验可能都是负资产；第二，放弃自传式回应方式；第三，建立信任的基础；第四，加强沟通。

空降部队

大多数职场人都曾经跳过槽。随着你的职位越来越高，你就越来越会陷入一种叫作空降部队的陷阱——满怀热情地加入一个团队，结果发现所有人都与你为敌；尽管老板很喜欢你，可是你最终还是会黯然离开。在这个过程中，似乎谁都没有错，但结果却是不欢而散。

企业的发展总会有一些变量得不到满足，其中典型的就是人才的厚度与广度。因此，人才的流动有了原动力和必要性，而选择从外部引进职业经理人，就成为许多高速成长型企业必然的选择。人们把这种新加入公司的高级管理人员称为空降部队。据统计，二战中的空降兵的伤亡率超过60%，而加入公司的高管阵亡率也绝对不低。

如何才能在一家新公司站住脚，如何才能获得同事们的认可？我根据仅有的三次跳槽经历总结了如下几点（简称“两要两不要”），供大家参考。

第一，要忘掉自己，这是空降兵生存的起点。你在上一家公司积累的成功经验，在新公司里有可能完全不适用。我曾经工作过的贝尔阿尔卡特公司，有个贝尔实验室，该实验室是公司创新的基地（公司鼓励创新)。结果到了渣打银行，我老板跟我说：创新不重要，重要的是合规，即对规则的敬畏和遵守。而当我到了复星集团，新的老板再次否定了过往。他说：规则是用来打破的，不要跟我说规则不允许，但凡拿规则说事就是为自己的不作为找借口。所以在了解清楚情况之前，你不要太把自己的能力和经验当回事儿。否则，你根本静不下心来了解别人，也就无法发现别人的优点和长处，也找不到和别人合作共事的契合点。

第二，不要急于建功立业。很多人都是在这种急于立功的过程中犯了错误——为了立功，急于挑战现状，可能连公司的基本状况都没有摸清楚，就开始大刀阔斧地改革。改革的出发点是好的，可是在改革的过程中，你可能会踩到很多雷，以致改革不久就会阵亡。很多企业之所以请外面的高管进来，一定是因为内部有解决不了的矛盾，而新任高管也希望在短期内建功立业。但问题是，一个老大难的悬而未决的问题为什么新任高管一来就可以解决？英文中有个Quick Win的说法，意思是说，要做能够快速成功的事情，不要一开始就去啃硬骨头，否则有可能硬骨头没啃下来，牙齿倒是磕坏了好几颗。快速成功的事情指的是投入不多但见效比较快的事情，它可以让我们快速地在公司里站住脚。

第三，要获得认可——先融入，再改变；先做人，再做事。在新公司，你要先赢得认可，特别是赢得同事、上司、下属的认可。原因很简单，作为管理者，你必须依靠别人的协作、配合、努力和支持才能创造自己的业绩。也许，在不同的空降背景下，赢得认可需要的能力会有所不同，但整体而言，业绩和人品是赢得认可的两大关键。业绩就是你能把事情做出来，在给定的期限内证明自己。而人品则不那么容易被证明，但它更加重要。他人的尊重、真诚、与人沟通的方式都是衡量人品的重要方面。

在所有人的认可中，重要程度是这样排序的：老板>客户>同事>下属。首先，失去老板的认可，你就可以走人了。其次，客户是你创造价值的根本所在，并能影响到老板对你的认可。再次，同事的认可也很重要。同事们不待见你，久而久之，你将不得不黯然离场。最后，也是很重要的，就是下属的认可。

第四，不要试图同时挑战所有人。一个公司的新人，不受惯性思维的影响，一定会发现公司有许多可以改变的地方，或者是可以大有作为的地方，但是你千万不要轻易挑战已有的利益团体，更不要试图同时挑战所有人。事实上，公司员工都有基于身份认同的结伙倾向，对于空降部队，他们往往都会比较排斥。所以聪明的空降兵应该要学会淡化这种倾向，不断培养和建立真正有助于企业发展的所有管理者的“新同盟”。

因此，公司中的空降部队如果想获得成功，就要做到以下方面：忘掉自己，虚心向别人学习，从容易的地方入手，勿以善小而不为，努力获得老板的支持和认同，从老板的角度来思考问题，站在公司的利益层面处理事情，不要轻易动别人的奶酪（除非这是老板希望你做的）。其实，成功没有捷径可走。因此，我们要扎扎实实地提升自己的职业修养，不断实践、不断训练、不断听取反馈、不断修正和提高自己。只有这样，我们才能把成功和命运牢牢地掌握在自己手中。

总　结

1. 空降部队的阵亡率非常高，这是普遍现象。
2. 提高空降部队生存率的方法是“两要两不要”——要忘掉自己，不要急于建功立业，要获得认同，不要试图挑战所有人。

盖洛普路径

乔治·盖洛普是美国的一位数学家，也是抽样调查法的创始人、民意调查法的鼻祖。他虽然是数学家，但在管理学界却贡献了三大工具，分别是盖洛普路径、优势识别器和Q12。下面，我们来谈谈这三个工具，重点谈第一个管理工具。

盖洛普路径

盖洛普路径是盖洛普对健康企业成功要素的相互关系进行深入研究后建立的一个模型，用来描述员工个人表现与公司最终经营业绩之间的路径。这个路径一共分为八个步骤。

路径的第一步：发现优势。关于个人表现，我们提到过，不同的假设可以带来不同的结果。发现优势是指发现员工的独特优势。盖洛普所谓的“优势”（也称为才干）首先是指一个人的思维、感知或行为的模式，其次才是后天学得的技能和知识。然而，受木桶原理的影响，我们一般擅长发现别人的不足之处，这样就与这个路径背道而驰了，而这第一步的走向会直接决定后续的走法。

路径的第二步：因材施用。在确定了一个人的优势后，管理者就可以实施下一步——必须将这名员工派去做能发挥其优势的工作。如果第一步和第二步走错，那么无论后来如何鼓动和培训员工都将无济于事。盖洛普认为，在选拔员工时，公司往往花费太多的时间来考核员工的技能和知识，而忽视他们的内在优势。

路径的第三步：培养优秀经理。前两步的正确执行，都有赖于优秀经理。与公司的整体政策和宏观举措相比，员工每天的工作更受每个经理日常行为的影响。在一个好的工作环境中，每名员工的才干都将得到充分发挥。无法营造这种环境的公司将偏离路径。它们将大量失去优秀员工，并且错派、错提、低估和滥用留下的员工。能否营造良好的工作环境，取决于我们是否有足够多的优秀经理。

路径的第四步：培养敬业员工。优秀经理可以确保员工在路径的关键岔口不会犯错误，这个关键岔口指的是管理者能否在这些有才干的员工身上培养敬业精神。培养员工敬业精神的短期奏效的方法有很多，例如多付薪金或提供优厚的福利。但是研究表明，这些都不是长期方案。使有才干的员工敬业的唯一途径是选拔其为优秀经理，而如果缺乏这一途径，那么公司将很难培养出敬业的员工。

路径的第五步：扩大忠实客户群。有效的促销和营销宣传固然能够说服客户尝试某种产品和服务，但是只有通过敬业的员工向客户提供高水平的产品和服务，才能培养客户的忠诚度，才能不断地增加公司的忠实客户群。更为理想的是，这些忠实客户成了公司的义务宣传员，使得忠实客户群不断扩大，这个忠实客户群又会引领着我们走向下一步。

路径的第六步：开辟可持续发展之路。唯有忠实的客户，才能带来企业的可持续发展。可持续发展与“买来的发展”截然不同。一家公司可以通过各种技术手段来买发展，比如通过收购另一家公司来发展，通过大幅度削价来扩大销量，或在尽可能短的时间内开设尽可能多的分店。这些手段有可能会使收益突然膨胀，但对如何维持公司的可持续发展却毫无用处。

路径的第七步：实现实际利润增长。唯有可持续发展才能驱动实际利润的增长。之所以强调“实际”，是因为一家公司可以采取许多行动来提高短期利润（如资产变卖、减少计提、会计调整等手段），但真正有意义的是实际利润增长。

路径的第八步：实现公司增值。有许多因素会影响一个公司的市值，其中包括不受公司控制的外部因素，但是也有公司能够控制的因素——实际利润增长是驱动股票增值的最重要的变量。对上市公司而言，公司增值的最佳评测标准无疑是股票增值情况。

在盖洛普路径的入口，最初的几步必须走得近乎完美，否则后续的培养敬业员工、扩大忠实客户群、开辟可持续发展之路等就无从谈起。盖洛普认为，只要前面五个路径达到国际先进水平，后三个路径的业绩就一定会改进。

优势识别器

盖洛普非常重视对企业人性密码的破译和对企业各种“权力人”权力的尊重。经过对200万以上人次的个别访谈及对400多个工作岗位的研究，盖洛普创立了独特的优势心理学理论，对人本管理理念做了全新的诠释。在大量案例研究的基础上，盖洛普相继创立了34个主题的优势识别体系，发明并完善了专有的识别工具，也就是由180对问题组成的网上“优势识别器”。

盖洛普提出，对员工最大的激励不是告诉他们也不是指导他们如何去发现和弥补自己的弱点，而是帮助员工认识到自己的长处和不足，进而帮助他们扬长避短。盖洛普创立的优势理论指出：人们如果根据自身优势发展事业，就能最大限度地提高生产力，继而增强组织的整体竞争力。这一充满革命性的人本管理新论断，以强大的冲击力颠覆和取代了原有管理理论中不合时代特征的规则。

Q12

根据盖洛普的定义，一个“完全敬业”的员工对盖洛普工作环境监测调查的12个核心问题——Q12[①]会做出完全肯定的回答。Q12指的是从12个维度测量一个企业的工作环境、企业文化和员工敬业度。这12个问题是盖洛普通过广泛研究得出的，旨在将员工的态度与公司基层的4个

---

① 这12个问题是：我知道公司对我的工作要求吗？我有做好我的工作所需要的材料和设备吗？在工作中，我每天都有机会做我最擅长的事吗？在过去的7天里，我因工作出色而受到过表扬吗？我的主管或同事关心我的个人情况吗？工作单位有人鼓励我的发展吗？在工作中，我的意见受到重视了吗？公司的使命和目标使我觉得我的工作重要吗？我的同事们致力于高质量的工作吗？我在工作单位有一个最要好的朋友吗？在过去的6个月中，工作单位有人和我谈及我的进步吗？过去一年里，我在工作中有机会学习和成长吗？——编者注

经营业绩指标相联系。这4个业绩指标是员工保留、生产效率、顾客满意度和利润率。事实上，敬业员工的增加与利润增长往往有着十分直接的联系——唯有生产效率提高和员工流失率降低，利润才能增长。

盖洛普的管理实践不是空谈理论，而是强调管理和测量的结合，其体系既有前瞻性指导思想，又有科学的测量研究模型。在这里，有三本书值得推荐:《首先，打破一切常规》《现在，发现你的优势》《由此，踏上成功之路》。

总　结

1. 盖洛普路径揭示了从员工个体到公司整体价值提升之间的路线图，一共有8个步骤，前面5个步骤驱动了后面3个步骤。
2. 盖洛普路径的第一步取决于管理者能否发现员工的优势，而优势识别器可以帮助管理者识别员工具备哪些优势。
3. Q12是测量员工敬业度的12个维度，包括工作场所、企业文化、管理水平等内容。

2.3 员工激励

马斯洛需求层次理论

在工作中，我们经常会碰到一种情况，那就是无论如何都不能激发员工的斗志和积极性。这其中出现了什么问题呢？从管理学的角度来看，这可能是因为我们给的东西未必是员工想要的东西。美国社会心理学家亚伯拉罕·马斯洛提出一个很有名的理论叫作马斯洛需求层次理论，该理论把一个人的需求分为五个层次。

最底层需求叫作生理需求，是最原始的需求。如果这个需求得不到满足，那么人们的思考能力、道德观都会变得很脆弱。因为这种需求是最基本的需求，只有在这种需求得到满足后，人们才会追求下一个需求。

第二层需求叫作安全需求，它包括对人身安全、生活的稳定、免遭痛苦和疾病等威胁的需求。缺乏安全感的人会觉得世界是不公平的或者是危险的，他是紧张的、彷徨不安的，认为一切都是恶的。

第三层需求叫作社交需求，也被称为归属感需求，这个算是比较高层次的需求了。比如对友谊、对爱情、对归属感的渴望，这些都是社交需求。一个缺乏社交需求的人，是缺乏社会安全感的。人是群居性的，所以从这一层开始的需求，都算是人们的精神追求。

第四层需求叫作被尊重的需求，也是一种比较高层次的需求。微信之所以成功，并非是它满足了人们的所有生理需求，而是它满足了人们被尊重的需求。显然，被尊重的需求比生理需求更能打动人。

最高层次的需求是自我实现的需求，比如成就感、名誉、地位等需求。

这五个层次有什么联系呢？我们以一个例子来说明一下。比如有一个乞丐，在生理需求得不到满足的前提下，他对其他需求都是不在乎的——他不会在乎食品是否安全，不会在乎是否有归属感，不会在乎是否被尊重，等等。他可以做出一些很卑微的动作，可以吃一些不安全的食品，因为生理需求是第一位的。当他吃饱之后，他的需求就会上升到第二层——安全需求，所以他得找个容身之所——桥洞。他找个桥洞是为了保证安全。等确保安全之后，他的需求就会上升到第三层——社交需求，所以他选择加入了丐帮。在他实现了第三层需求后，他的需求就会上升到第四层——被尊重的需求。这个时候，他要去竞选帮主。在当上帮主之后，他便有了第五层需求——自我实现的需求。为了满足自我实现的需求，他选择了揭竿起义。等到起义成功了，他就完成了自我实现。其实这个乞丐就是朱元璋。朱元璋一生的经历恰好代表了马斯洛需求层次的五个阶段。那么，朱元璋在当上皇帝之后有没有第一层的生理需求呢？当然有。这说明马斯洛五个层次的需求其实在人的身上是同时存在的，只不过在不同时期各个层次的需求程度不同而已。

在管理学上，我们经常把马斯洛需求的前面两层需求称为物质需求，把后面三层需求称为精神需求。举一个很简单的例子：如果你有2 000块钱，你是给一个刚毕业的大学生好，还是给一个部门的负责人好？答案显然是给刚毕业的大学生，因为他的需求处在马斯洛需求的前面两层，他需要物质激励。而那个部门负责人的需求已经处在精神需求的层次，所以对他来讲2 000块钱可能并不那么重要。这说明我们在运用马斯洛需求层次理论的时候，要注意以下三点：

第一,五个层次的需求在人的身上是同时存在的，只不过不同时期的需求不一样而已。对于一个需求处在比较低层级的人而言，他可能更加在乎物质需求；而对于一个需求处在比较高层级的人来讲，他可能更在乎精神需求。需求的不同，取决于物质基础的不同。

第二,五个层次之间的关系是不断推进的。也就是说，如果底层需求没有得到满足，那么上层需求便不会显得那么强烈。当然，如果人们发现上层需求无法获得满足时，他们就会回到低一级的需求。

第三，不同的人拥有不同的需求，就算处在同一层级，大家的偏好也是不一样的。“汝之蜜糖，彼之砒霜”，说的是你喜欢某个东西不代表别人也喜欢；对于生理需求之一的食物，有人喜欢川菜，有人喜欢淮扬菜。所以马斯洛需求层次理论告诉我们，每个人都有自己的追求，而追求其实跟两个因素有关：第一是一个人处于什么样的阶段，第二是他处于什么样的环境中。他所处的阶段决定了他的需求层次，而他所处的环境决定了他的需求偏好，即决定了他喜欢的具体内容。所以真正的激励一定是从这两个维度来开展的，这就是马斯洛需求层次理论带给我们的认知。

总 结

1. 马斯洛需求层次理论告诉我们，五个需求层次是不一样的。从生理需求、安全需求、社交需求、被尊重的需求到自我实现需求，不同时期，人们的需求重点是不一样的。
2. 不同层级的需求之间是递进的关系，在底层需求没有满足之前，上一层需求往往是不会表现出来的。
3. 就算处在同一层级，人们的偏好也是不一样的。

期望理论

在工作中，当你要给下属某种奖励时，你觉得是让他有选择的好还是没有选择的好？你打算请某人吃饭，你是提前三天告诉他好呢，还是提前三个星期告诉他好？看似简单的问题，背后有着很深的道理。这些问题的答案来自激励理论中的期望理论。根据激励理论，你的激励是否有效取决于你是否满足了一个人的期望——无论你给的是什么样的东西，如果这个东西在这个人的期望范围以内，那说明他认为这是他应得的；但如果你给的东西超越了他的期望，那他一定会很满意。

很多时候，研究某个激励是否有效，本质上是研究这种激励达到了他人的期望还是超越了他人的期望。当我在贝尔阿尔卡特工作的时候，负责移动通信事业部的老板和负责固定电话网络（固网）通信的老板有着不一样的管理风格。负责移动通信的老板是一个非常乐观的人，经常表扬他的下属。负责固网通信的老板是个非常严厉的人，管理风格基本上以老虎型风格为主，每天批评下属，从不讲成绩，只讲不足。

到了年底，移动通信业务做得不错，而固网通信业务做得比较差。固网通信老板只完成了业绩的80%，而移动通信老板则完成了业绩的120%。所以奖金的分配情况是，固网通信部门只获得目标奖金的80%，而移动通信部门获得目标奖金的120%。可是令我特别诧异的是，固网通信部门的员工特别开心，而移动通信部门的员工特别很不开心。

为什么拿得多的反而不开心呢？关键原因是移动通信部门的员工每天都被表扬，所以他们认为自己可以拿到目标奖金的150%以上，可事实上他们只拿了目标奖金的120%。而固网通信部门的员工每天都被骂，认为自己做得不够好，所以他们以为最多可以拿到目标奖金的60%，没想到实际拿了目标奖金的80%。看来，你给员工多少奖金并不重要，重要的是你所给予的东西是在他们的期望范围之内还是在期望范围之外。

所以真正的期望理论倒不是讨论如何给予超越期望的内容，而是如何管理员工的期望。当你把员工的期望点降低了以后，你会发现，超越期望是个很容易的事情。

三个分厂的厂长去总部为各自分厂争取年终利益。A厂长在出发前就和员工说，等我的好消息；B厂长说，不知道此行结果如何，一有消息我会及时告诉大家；C厂长说，这次不一定有什么好消息，大家别抱太大希望。三个人到了总部后得知，由于整体业绩不好，总部决定今年不发年终奖。三个厂长只好回去和员工沟通。A厂长回去后，员工一片埋怨。B厂长回去后，员工比较平静，没有太大意见。C厂长回去后和员工沟通："由于整体效益太差，总部决定今年不发年终奖，但大家的其他福利待遇保持不变。"员工们竟然拍手叫好。

在实际工作中，还有一点也很重要，就是如果一个人有了期望，那么他在等待期是最幸福的。我有个朋友，是运用这个技巧的高手。他说如果公司要提拔某个人，他一般提前半年向这个即将被提拔的人的同事放风，说这个人要被提拔了，但就是不和这个人明说。周围的同事纷纷向他表示祝贺。他觉得自己要被提拔了，于是起早贪黑地干活，工作特别积极。果然，在努力工作半年以后，他被提拔了。在提拔大会上，他得知还有一份奖励等着他——两个月以后去人力资源部领取。得知两个月之后还有一份奖励是一件很开心的事。两个月后，他来到人力资源部，拿到了一个很大的信封。打开这个信封之后，他发现里面还有一个小信封。小信封里面有两张当地五星级酒店的烛光晚餐券，但要在两个月以后才能使用。这个人异常兴奋，开始思考将邀请谁和他一起共进晚餐。

我的朋友竟然让一种激励的效用达到了10个月的时间。期望理论关注的是管理期望的过程，而产生期望、等待期望被满足的过程是最激励人心的。作为一名管理者，你要制造期望，然后让员工的期望得到满足。在这个过程中，你当然要把这个满足的期限尽可能拉长，因为它的期限越长，激励效果就会越好。

回到前面的问题：给员工有选择的奖励好，还是没有选择的奖励好呢？答案显然是没有选择的奖励更好。有选择就会产生期待，如果期待不能得到满足，员工就会很失望。

另外一个问题：请人吃饭是提前三天，还是提前三个星期好？当然是提前三个星期。因为三天的时间很短，对方的期望很快就会得到满足，很难享受到等待期的幸福感，而三个星期的等待则会让对方更开心。

总　结

1. 给多少激励不重要，重要的是要超越对方的期望。
2. 期望理论的重点是管理期望，尤其是降低对方的期望。
3. 期望一旦得到满足就会失去激励的意义，所以拉长等待期是一种不错的激励手段。

公平理论

如果有人让你在2万元和5 000元两种激励之间选择，你会选择哪一种？很多人说肯定选择2万元啊。事实真的如此吗？如果当你知道你拿2万元的时候，你周围的人都拿了5万元，而当你拿5 000元的时候，你周围的人只拿了2 000元，那么在哪种情况下你会更开心？有人说，那当然是我拿5 000元，别人拿2 000元啊。这种现象可以用公平理论来解释。中国有一句话叫作“人不患寡而患不均”，意思是说，你拿多少其实并不重要，重要的是在跟别人的对比当中，你拿的是不是比别人多。你拿的比别人少，你可能会不开心，但如果你拿的比别人多，那你肯定会很开心。

这个理论的背后有一个逻辑，叫收支比率，即收到和付出的比例。最佳状况是你的收支比率和别人的收支比率是一致的，这才是公平的。如果你的收支比率比人家小，也就是说别人的回报比你大，那你当然不开心了。如果你的收支比率大于别人的，那么是不是更好呢？表面上看是比较好的，但也有可能是不好的。因为当你拿到的比别人更多的时候，你可能会心有不安：为什么会比别人拿得多，别人知道了会怎么想？未来是可持续的吗？另外，你可能会说，原来标准不一样啊，会不会有人比我的收支比率更高呢？

收支比率对于公平感起到一定的作用。公平感来自两个方向。一个是横向的，叫社会比较，也就是你和你周围的人进行比较。这个时候，你比的是你周围的人。比如，作为经理，你只会跟经理去比；作为总监，你不会和总裁去比。另一个是和以前的自己比，这是纵向的，也叫作历史比较。也就是说，将你今天的收支比率和你以前的收支比率进行比较，如果收支比率有所提高，那么你当然会满意；如果收支比率不如以前，那么你一定会抱怨。这就是公平理论背后的两个逻辑。

基于这样的逻辑，我总结了导致不公平现象的四个因素。

第一个因素是信息不对称。人们总是过高地估计自己的投入，同时过低地估计别人的投入；人们总是夸大自己的付出，而缩小别人的付出。其原因之一可能是别人的付出很多是我们不知道的，而我们对自己的付出却是非常清楚的。所以在用非常清楚的付出去比较那个看不到的付出时，我们显然会认为自己的付出更多。

第二个因素是评价标准不一致。每个人所认为的公平的标准是不一样的。有人认为公平应该根据能力来衡量，有人认为应该根据资历来衡量，有人认为应该根据职位来衡量，而不同的标准会带来不同的公平感。

第三个因素是对回报的不同定义。当付出同样的努力时，人们期望的回报有可能是不一样的。这点又和人的需求有关——有人努力工作是为了晋升，有人是为了拿到更多的钱。如果在给予回报的时候没有考虑到期望，不公平感可能就会应运而生。

第四个因素是评价的人不同。对于同伴的评价，如果是老板做出的，我们可能会欣然接受；可是如果是直接主管做出的，那么我们可能会不屑一顾。基于对评估人的信任，我们相信评估会是公平的。同理，当我们不信任对方时，无论对方做什么我们都会觉得不公平。

那么，我们该如何避免不公平现象的产生呢？有三个办法。

第一要用客观数据，不要用一些主观数据。这意味着我们要先制定标准，然后再具体到人，不要先有人再来找标准。我们往往习惯于用感受而非事实来说话，这可能会导致不公平现象。所以我们要学会把感受转化为事实，最简单的办法就是问这样的问题：能不能举个例子？

第二要效率优先，兼顾公平。也就是说，公平并非是绝对的。举个例子，我有1 000元要奖励给两个人，每人给500元算不算公平？理论上是公平的，但肯定不是真正的公平。真正公平的做法是根据他们的贡献来分配奖金。比如一个人贡献了6 000元利润，一个人贡献了4 000元利润，那么应该分配的奖金分别为600元和400元，这样分才是合理的。这种分配方式是相对公平的。不过，我们如果只分析数字，那么也得不到真正公平。贡献了6 000元和4 000元利润的两个人，他们可能所在的地域是不一样的，比如在江苏赚6 000元和在青海赚4 000元，可能在青海的这4 000元更难赚。

第三要物质和精神同步实施。我们的公平感和不公平感，除了很多时候是由物质造成的之外，有的时候还是由精神造成的。这就牵涉一个专业名词——认同感。什么叫认同感呢？例如，你们家有三个孩子，在第一个孩子上学的时候，家里还很穷，所以他高中没念完就辍学了；在第二个孩子上学的时候，家里条件好一点了，因此家里供他上完了普通大学；而到了第三个孩子，家里条件更好了，家里供他出国留学了。在这个例子中，这三个孩子对家庭情况的认同是一样的，他们不会产生不公平的感觉。

总 结

1. 公平与否是一种感受，来自收支比率的差异。
2. 不公平的原因有四点：信息不对称、标准不一致、回报错位、评价人的差异。
3. 解决不公平现象有三个手段：多用客观数据；效率优先，兼顾公平；物质和精神同步实施。

强化理论

曾经有一名科学家做了一个实验，他在一个房间里关了七只猴子，然后在房间的天花板下面吊了一串香蕉，香蕉上面连着机关——只要猴子碰到香蕉，这个机关就会被触发，然后提前布置在房间里的喷头就会喷冰水下来。猴子很聪明，所以很快就明白了不能碰香蕉。如果有哪只猴子违反了这一点，其他猴子就会打那只不遵守规则的猴子。逐渐地，所有猴子都不会去碰那串香蕉。一个星期之后，科学家把机关撤了。可是猴子并不知道，所以它们依然不敢去碰香蕉。这个时候，科学家从房间里带走一只老猴，放进去一只新的猴子。新来的猴子看见香蕉就去拿，结果还没碰到，就被其他猴子揍了一顿。一个星期后，新来的这只猴子乖了，知道不能碰香蕉，一碰就会挨打。至于为什么挨打，它并不知道。这个时候，科学家再带走第二只老猴，换进来第二只新猴。同样，第二只新来的猴子发现香蕉了，赶紧去拿，还没拿到就挨打，而且第一只新猴打得最起劲。它是唯一不知道为什么要打的猴子，但它打得很起劲，因为它进来的时候就是经常被打的。如此重复，每次换一只，直到七只猴子全部被科学家换成了新猴子，它们依然不敢去碰香蕉。

是什么力量让这些新猴子不敢去碰香蕉呢？从管理学角度来讲，这个力量就叫作企业文化。企业文化为什么会在管理中起作用呢？因为这里面涉及管理学中的一个很重要的理论，叫作强化理论。强化理论认为，人的行为是获得激励的一个函数，即人的行为是由激励产生的。

激励有四种作用：正强化、负强化、惩罚、忽视。

正强化就是，只要你的行为符合组织的目标，组织就给你奖励。所以这个刺激是正面的刺激、积极的刺激。正是由于正强化的刺激作用，我们符合组织目标的行为就会越来越多，越来越好。

负强化指的是一种事先的规避，杀鸡儆猴就是这个意思——杀了那只“违规”的鸡给猴看，猴就知道鸡的那个行为不能做。

惩罚指的是，当我们的行为不符合组织目标时，我们就会受到惩罚。一旦做出某个动作就会遭到惩罚，从而该动作就会越来越少，慢慢地这个动作就会消失。比如实验中的猴子慢慢地就不去碰香蕉了，因为一碰香蕉就会被惩罚。

忽视就是对已经出现的不符合要求的行为进行冷处理。也就是说，你如果做了我不喜欢的事情，我就不会给你任何反应。当无意义的行为得不到任何回馈和反应时，你就会慢慢地减少此类行为。

在管理过程中，我们该如何运用强化理论呢？有四个原则需要把握。

- 坚持个性原则。对于不同的对象，激励措施应该是不一样的。有的人适用于正强化，有的人适用于负强化，有的人适用于惩罚，有的人适用于忽视。
- 小步快跑原则。激励应该以一个小小的行为为前提，也就是说，如果是我们鼓励的行为，我们就正强化，如果是我们反对的行为，我们就负强化。在行为很小的时候，我们对其进行反馈会收到良好的效果。一旦这个行为变得很大、变得很复杂，我们再进行干预就来不及了。

- 及时原则。所谓及时就是在行为发生的那一刻进行反馈，无论是正反馈还是负反馈。而事后反馈相当于秋后算账，这是不值得提倡的激励行为。
- 灵活原则。灵活主要反映在反馈的时间和频率间隔上。我们不建议用固定的时间和频率去反馈，因为固定会产生一种依赖，会形成定式。如果对方知道我在哪个时刻、哪个地点会进行反馈，那么他可能会对其他时间、其他地点的反馈视若无睹。

关于强化，正强化永远比负强化好，南风法则讲的就这个道理。强化理论用在管理工作中有什么好处呢？一个企业如果强调企业文化，那么它基本上是用强化理论来管理员工的。

其实企业文化是最好的一种激励手段。通过强化理论而形成的企业文化，它的效果往往是最好的。华为的员工可能会主动加班，甚至不要求加班费。这种加班的原因其实来源于企业文化，这种文化的诱因导致员工认为加班是对的，不加班是不对的。

总　结

1. 激励作用可以分为四种：正强化、负强化、惩罚、忽视。
2. 使用强化理论的四个原则：个性原则、小步快跑原则、及时原则、灵活原则。
3. 企业文化是最好的一种激励手段。

非现金激励

假如你的公司有一名员工创建了一个新的操作流程，这个流程可以让公司的生产效率提高两倍，而你有两种办法来奖励这名员工，一种是给他2 000元现金，还有一种是用他的名字来命名这个流程，然后把这个操作流程在全行业推广，那么你觉得哪种方法的激励效果更好呢？答案显然是用他的名字来命名这个操作流程并在行业内推广。为什么，这可是不花钱的啊？因为这个世界上真正有效的激励往往是不花钱的。

有一部很励志的电影叫作《面对巨人》。在影片中，有一支橄榄球队一开始很没有信心，以为打不过往年的冠军队——巨人队。后来，这支球队的教练让球队做了一个死亡爬行的游戏。在这个游戏当中，球员们充分挑战了他们认为的不可能。在影片中，教练对球队的队长说了这么一句话：上帝给了你领导的才能，不要浪费它。就是这句话让那个队长信心倍增，最终带领球队走向成功。也就是说，对这个队长最有效的激励不是说拿下比赛而获得的奖金，而是教练激起了队长一种发自内心的、一种来自最本能的渴望——上帝给了你领导的才能，不要浪费它。这种激励其实跟钱是没什么关系的，因此我们千万不要认为没钱就无法激励下属。我们把这个不用钱来完成的激励叫作非现金激励。

关于非现金激励，有一个模型叫作GRAPE，它由五个单词构成，代表着五种不同模型。

第一个G代表Grow（成长）。真正的激励其实能够助力员工成长，或者给员工成长的机会。这样的激励有很多种，比如说让他参加同行的峰会、给他外出培训的机会、给他安排挑战性的工作、对他进行单独的指导等等。这些其实都是让员工成长的手段和方式。这样的激励，虽然不花钱，但是很有效果。

第二个R代表Reputation（名誉）。在员工的胸前戴个大红花、向员工颁发荣誉证书、开会表扬员工、用员工的名字来命名会议室、给员工的父母写感谢信等，这些名誉都能够激励员工，而且基本上不花钱。

第三个A代表Appreciation（欣赏）。去员工家里家访、给员工创造展现才能的机会、向员工发放服务周年贺卡、对员工的某项特别才能进行公开表扬等都是欣赏。欣赏也可以带来很好的激励效果。

第四个P代表Power（权力）。比如升职但不加薪、额外的带薪休假、更多的授权、可以弹性工作等，给员工赋予这些权力其实会对他们产生很好的激励效果。

第五个E代表Emotion（情感）。情感激励的方法有很多种，包括和员工一起运动、组建兴趣小组、开展团建活动等。

我在复星集团的时候，参加过一次公司领导的家宴。参加这个家宴就是一种情感激励。家宴其实花不了多少钱，但是带给员工的激励效果却是非常好的。虽说是家宴，但是公司领导却发出了正式的邀请，每年有10名员工获得邀请。邀请函上写道：欢迎你带太太和孩子一起参加。那是我第一次参加家宴，所以我真的带着爱人和儿子去了。结果发现，在10名同事中，只有我和另外两名同事带着孩子和太太去，这让我们略显尴尬。但其实这是一次难得的经历，代表着公司领导对我们的信任和为我们注入了情感。

以上提到的这些激励手段其实都是不花钱的（或者会少花钱），但是效果却非常好，所以我把这些激励手段称为非现金激励。

从管理学的角度来讲，所有非现金激励都能满足人的精神需求，而金钱激励则能满足人的物质需求。我们知道，随着社会的发展，随着人们生活水平的提升，人最终的需求一定是来自内心深处的需求，即一定是精神层次的需求。因此最终的激励手段不是金钱，而是管理者对员工的感情投入。如果我们没有倾注感情因素，没有发自肺腑地助力员工成长、给予员工名誉、欣赏员工、赋权员工、与员工建立情感联系，我们就很难达到激励员工的效果。

总　结

1. 非现金激励其实是比物质激励更本质的激励方法，是有套路可循的。
2. 非现金激励模型——GRAPE模型，分别代表Grow、Reputation、Appreciation、Power、Emotion。人们最本质的需求往往是和情感相关的。

2.4 绩效提升

BOSS模型

我有一个朋友在一家公司上班，公司要求员工都要打卡，很多员工为了偷懒，就让别的员工帮忙代打卡。半年之后，公司要求用指纹考勤，老板以为指纹考勤可以管好员工，结果员工们在淘宝上购买了一种指纹膜，照样有人代打卡。再后来，公司开始用虹膜考勤，从此代打卡现象销声匿迹。由此可见，公司老板对员工的行为是非常在乎的。另外一个例子是关于最近微软的新任CEO的，他叫萨提亚，他的前任是鲍尔默。萨提亚上任之后宣布了一个规定：从今以后禁止给微软的员工打分。

为什么萨提亚不在乎员工的考核结果呢？而前任CEO为什么就对员工行为抓得那么紧呢？因为不同的老板对于绩效的管理有不同的方法。BOSS模型指的就是绩效管理的四种方法，并且不同的方法代表不同的层次。

第一种方法叫作行为层（Behavior）管理。采用行为层管理方法的老板相信一点：只要动作对了，结果一定不会差。所以这样的老板很强调制度，很强调过程管控。中国有很多公司的老板都是这样的，比如长城汽车公司、万达集团的老板。这些公司强调行为层管理，有着非常严格的纪律。这类公司的老板一般都是军队出身，或者对纪律非常在乎。

第二种方法叫作目标层（Objective）管理。采用目标层管理方法的老板只关心结果，不在乎过程，所以给他讲故事没用，给他结果和数字就好了。目标层管理方法涉及KPI（关键绩效指标）、EVA（经济增加值）、OKR（目标与关键成果）等概念。目标层管理方法现在在很多企业里流行，最典型的便是保险公司——老板不管你怎么把保险卖出去，因为你的收入是完全跟销售额挂钩的。

第三个方法叫作战略层（Strategy）管理。采用战略层管理方法的老板相信，只要方向对了，结果就不会差，所以他们更在乎员工是不是在做对的事。战略层管理方法涉及BSC（平衡计分卡）的概念。

某上市公司老板曾经说过：你以为我最在乎的是客户满意度吗？你错了，我更加在乎拥有满意的员工。他说：与其给我50名满意的客户，不如给我5名满意的员工。原因是什么呢？他解释道：如果我有5名满意的员工，那么他们会带来无限个满意的客户。所以他认为员工满意很重要。BSC就是这样的一个逻辑：因为有满意的员工，所以服务客户的流程就会很好；流程很好，能带来满意的客户，客户满意，就能带来很好的财务回报。

第四个方法是寻找拥有同样梦想（Same Dream）的人来工作。倾向于这种方法的老板在绩效的管理中，根本就不会给你定指标，也不考核你的行为。当然他的战略是很清晰的，但他不去考核这个战略。2014年，我在美国与谷歌的一位同人探讨了一个问题。我说："在中国，有很多家庭会请钟点工来家里打扫卫生。你怎么给这个钟点工定指标并评估业绩呢？"这位同人跟我说："你为什么一定要给钟点工定指标呢？你知道吗，最好的办法是找个有洁癖的人来做保洁，他的卫生指标就是你的指标，甚至严于你的指标。"

硅谷的很多企业采用的都是这种方式。它们并不给员工定指标，也不去考核员工的行为，但是它们找的人确实跟它们有同样的梦想。这其实是绩效管理的最高境界。

你会发现在不同的层级，老板做的事情是完全不一样的。在行为层，老板强调的是按他说的做一定错不了，他讲求的是过程管控。在目标层，老板强调不管过程如何，给他结果就好了。战略层的老板强调的是员工要做正确的事情。文化层的老板强调的是找到跟他有同样梦想的人。

总　结

1. 绩效管理有四个层次，分别是行为层强调过程，目标层强调结果，战略层强调方向，文化层强调梦想。
2. BOSS代表四个层次——Behavior、Objective、Strategy、Same Dream的首字母。
3. 每个层次都有适合的场景，不同的企业适合使用不同的管理方法。

KPI与OKR

事实上，在KPI诞生之前，我们尝试过很多绩效管理方法，如员工比较系统、标尺法、行为观察法、目标管理法等。经过不断的更新迭代，目标管理法脱颖而出。

目标管理法最早是彼得·德鲁克提出来的一种管理方法，这个方法诞生之后就带来了一个很有名的工具，叫作KPI——今天很多企业都在用这个工具。与KPI同时诞生的新的方法叫作EVA——中央国资委下属企业大多采用该方法来衡量经济效益。

另外，BSC、PBC（个人业务承诺）、OKR等都是比较流行的管理方法。

接下来，我们重点讨论KPI和OKR。

首先，KPI用一些关键指标来衡量绩效，它关注的是结果而不是过程；其次，它把结果高度抽象到一些关键指标上来，因此它不关注那些次要指标。

基于这样的本质，KPI显然是有弊端的，它最大的弊端就是“把指标当成了目标”。

例如，你要求你的员工下周拿出两份调查报告，他就会为两份调查报告而努力，就会把完成这两份调查报告当成目标。其实这不是目标，只是任务。调查报告的真正目标是什么？是知道你的客户在想什么。还有人力资源部门的员工给自己定了个指标，说他要下周邀约20名候选人来面试。请问邀约20名候选人是不是目标呢？也不是。因为邀约只是任务，而其真正的目标是招到合适的人。

有人问我，年底前卖出去三台设备算不算目标呢？其实也不算，它也是任务，因为卖设备本身不是目标，而赚多少钱才是目标。

考虑到KPI存在的弊端，OKR应运而生，OKR能让我们回归目标本身。OKR最大的好处是它有一个目标，把目标放在首位，比如健身的目标就是保持健康。如果一些事情违背了我们保持健康的目标，那么我们可以不做，这是OKR的本意。

OKR和KPI有什么区别？主要有四个区别。

第一个是使用场景不一样。KPI是为了衡量关键业绩，而OKR很多时候是为了管理一个项目。所以OKR最早的提出者说，我是做项目管理的。

第二个是使用范围不一样。KPI要求你和你的主管直接达成一致就可以了，可是OKR要求你对所有的团队成员开诚布公。

第三个是使用前提不一样。KPI要求你和你的主管有共同的目标就可以了，而OKR要求你们有共同的价值观。

第四个是使用频率不一样。一般来讲，KPI是半年或者一年评估一次，而OKR最多不能超过一个季度就得评估一次。

当然，KPI和OKR还是有相同之处的：都是目标管理的一种方法，都有关键指标，都需要员工和主管达成一致，都希望员工和主管之间能够有效沟通。

总　结

1. KPI与OKR都是时下目标管理的常用工具。
2. KPI看重的是指标，OKR看重的是目标。
3. 无论是KPI还是OKR，有效沟通、达成一致都是不可缺少的。

BSC

BSC是卡普兰和诺顿一起研发的一种管理工具，它本质上是一种战略管理工具。如果你去看原版的BSC图册，那么你会发现图册中间写的是Vision and Strategy，即愿景与战略。

BSC的特点是它把整个战略分解为四个维度。第一个维度叫作财务维度，因为卡普兰和诺顿认为所有的公司战略都应该用财务数据来表明，即希望在什么时间达到什么样的财务结果。这个财务数据一般包含三个指标：第一个是营业收入，代表规模；第二是利润，代表实力；第三个是利润率，代表赢利能力。

BSC的厉害之处在于把财务维度做了延展。那么什么会带来财务回报呢？研究表明，客户能带来财务回报。那为什么客户会使用我的服务呢？研究表明，客户使用你的服务，并非你的产品与众不同，而是你的业务流程不一样，也就是你服务客户的方式不一样。为什么我的流程会不一样呢？研究表明，因为员工的学习和成长方式不一样。所以BSC的四个维度分别是财务、客户、流程和员工。

BSC经历过三个阶段。第一个阶段是最早提出BSC的阶段，这个时期的BSC的主要目的是解决信息滞后的问题。我们知道，财务数据都是滞后的数据，大多在事情发生之后才能算出来。那么如何能够在结果出现之前对它进行干预呢？这就要求我们研究客户是否满意，研究流程是否合理，以及研究员工是否满意。我们曾经讲过盖洛普路径，讲过只有满意的员工才能带来满意的客户。所以如果你想得到满意的客户，就要关注它的前导因素。前导因素其实就是满意的员工，而满意的员工会带来满意的服务，满意的服务会带来满意的客户。

第二个阶段是BSC+战略地图的阶段。为什么战略地图很重要？因为就像管理学上有句话说的那样：如果你不能描述你的战略，你就无法评价你的战略；如果你无法评价你的战略，你就无法管理你的战略。如果你想让你的战略在公司里得到大家的理解，你就需要把公司战略、集团战略、部门战略集合在一张图上，这张图就叫作战略地图。

第三个阶段是BSC+战略地图+战略中心组织的阶段。战略中心组织和一般组织的区别在于，它能够系统地描述、衡量和管理战略。卡普兰和诺顿阐述了构建一个以战略为中心的组织的方法，其中有五个关键原则。第一，将战略转变为业务术语，也就是说战略要能够落地。第二，让组织跟战略保持一致。如果战略是对外扩张，那么组织要有扩张的能力；如果战略是追求盈利，那么组织在赢利能力上要具备相应的组织能力。第三，让战略成为每名员工日常工作中的一部分。第四，让战略成为一个连续的过程，而不是一个割裂的过程。第五，通过果断有效的领导方式来动员员工变革。我们如果能够做到以上五点，就能建立起一个以战略为中心的组织。

你会发现，在做到这五点后，BSC就会从单纯的四个维度的指标变成去关注战略以及战略背后的工具。

BSC的使用是有一些条件的，如下所示：

第一，只有部门负责人及更高级别的公司管理层可以使用BSC。换言之，一般的员工用BSC去衡量绩效是不合适的。

第二，BSC适用于战略清晰且较为稳定的公司。如果你本来就没有战略，或者你的战略本来就不够清晰，那么你用BSC一定是错误的。因为BSC首先要求的就是建立战略。其次，你的战略还要比较稳定，如果你每年换三次战略，就基本用不到BSC。因为每一次战略改变都会带来整个战略地图和组织能力的变革。这时，你需要的是快速反应，而不是如何去衡量你的战略。

第三，组织要具备相应的组织能力。换言之，在使用BSC的时候，你要知道你是如何去管理绩效的——你是从战略层去管理的，而不是从行为层和目标层去管理的。所谓战略层的管理就是，只要方向对了，不管多远我们总能到达目的地。所以当你进入无人区，抑或当你去做一个开创性的工作或非常强调创新的工作时，你适合用BSC。因为结果对你来讲是很难衡量的，而是否做对事将更加容易衡量。

总　结

1. BSC是在战略层对绩效进行管理的工具，有财务、客户、流程、员工四个维度。
2. BSC经历了三个阶段，当下是BSC+战略地图+战略中心组织的时期。
3. BSC有三个使用条件：部门负责人及以上，公司战略清晰稳定，公司具备组织能力。

近期效应

工作中有这么一个场景：有一名员工，他只做辅助性、协助性的工作，他从1月到10月可能每天都迟到早退，工作也不那么用心。可是到了最后两个月，他表现得特别积极，每天加班到很晚。这让老板产生一种错觉，认为他工作很努力。其实老板根本不知道，在前10个月，这名员工的表现有多么糟糕。可是老板的记忆力没那么好，他只记得当下这个人表现很好，于是他在年终考评时给这名员工打了一个很好的分数。这种现象在管理学中叫作近期效应。

为什么会有这个偏差出现呢？我们都听说过，鱼的记忆只有7秒钟。那人的记忆呢？人的记忆肯定超过7秒，但也一定是有时间限制的。三年前的事情你还能回忆起多少来？恐怕寥寥无几。

我们的记忆能力会随着时间的推移而逐渐衰退。大概经过三个月的时间，我们的记忆能力就会衰退得很厉害。因此我们大概率只能记得三个月以内发生的事情。显然这个在绩效评估当中会产生一些很不合理的现象。

那如何解决这个近期效应呢？解决近期效应有四种方法。

第一，用数据来评估，也就是用事实来评估，而不是凭感觉。你怎么让一件事情从感觉变到事实呢？其实有很多技巧，其中一个最简单的技巧就是问一句：你能不能举个例子？举个例子就能把感觉变成事实。比如有人说某某人开车很快，那我们可以让他以开了多快来举个例子。如果他说的快是指在高速上不超过120公里/小时，这就与我们的感觉在高速上超速开到了140公里/小时产生了差距。当你学会了用数据而不是用感觉来评估绩效时，你就基本上可以消除近期效应的一些影响了。

第二，加强数据的采集和整理。很多管理者在评估绩效的时候，也希望用数据而不是凭感觉来说话，但他们没有数据可以借鉴，因为他们平时没有做任何记录。其实，管理者能够采集和整理的数据有很多，比如人力资源经理便可以追踪很多数据，包括每个月的人员变化、每个月的成本变化、人均产出和人均利润的变化等。如果没有数据，那么我们只能凭感觉来评估，所以我们要加强数据的采集和整理。

第三，缩短评估周期。因为人的最佳记忆期限大概是三个月，所以比较好的方法就是每个季度进行评估，当然也有每个月评估一次的。一般来说，周期缩得越短，就越能避免近期效应。因为在一个给定的较短评估周期内，管理者还是能够记住员工说的话和做的事的。

第四，采用360评估。360评估是一种常见的绩效考核方法——通过一个人的上级、下级、同事、客户对这个人的评价来评估这个人的表现。我们说一个人可以欺骗另一个人或一群人，但是他骗不了全世界；一个人就算能骗得了全世界，也只能骗得了一时而骗不了一世。基于这样的逻辑，运用360评估可以很好地解决近期效应的问题。

近期效应虽有诸多的不足，但也有其有利之处。我们知道，人是动态发展的，所以有时候，如果一个人突然从懒散状态变得勤奋，那么一个可能的原因就是他在利用近期效应，以期获得别人的好感。另一种可能就是，他痛定思痛，突然找到了奋斗的动力和意义了。我们要鼓励别人去做积极的改变，而且要相信人是可以改变自己的。所以近期效应告诉我们，只有近期的行为才能代表一个人当下的想法，而我们要避免用以往的数据来解释他当下的行为。因为人的认知、人的思想是会改变的，尤其是在正确的管理和领导下。这也是近期效应带给我们的一种思考：并非一个人最近的所有好的表现都是有企图的，也有可能是他真的在向好的方向转变。

总　结

1. 人的记忆是有限的，因此近期效应会对人的当下判断产生很大影响。
2. 避免近期效应带来的负面影响需要用事实说话、收集和整理数据、缩短评估周期、采用360评估。
3. 近期效应告诉我们，需要鼓励和支持他人在近期做出的积极改变。

低绩效处理

我在外企工作的时候曾经带过两名下属，这两名下属都是我亲自招聘过来的，能力都非常强。在一次年底评估时，我给他们俩都评了优秀。评完之后，我就收到了老板的电话。老板说，整个人力资源部一共只有三个优秀的名额，而你的部门一下子占用了两个，那别人怎么办呢？所以你要把其中一个人改成良好，不能都是优秀。我想了想，就把其中的小李从优秀改为良好，然后这个优秀的指标就给了隔壁培训部门的小张。我还没来得及跟小李沟通，小李就在信息系统中发现了这个更改。他非常生气地来到我的办公室，把门“砰”的一声关上：“老板，你为什么要把我的考评结果改了？我哪一点不如那个小张，为什么我的优秀要给他？”那其实是我第一次面临这样的挑战。在我的管理生涯中，我还从未碰到过这样的员工，所以还真有点猝不及防。

当时，我脑海里其实浮现了三种应对方式。第一种方式：“老板让改的，有本事找老板去。”我想了想，认为这种回答肯定是不行的——如果这么做，那么老板肯定会恨我。我想的第二种方式：“不好意思，这次名额有限，所以不能给你优秀。要不今年你就别拿优秀，明年我再给你个优秀，好不好？”这个方法也不行，因为明年他未必优秀。我还想到第三个方法：“不好意思，这次优秀不能给你，但是奖金我按照优秀发给你，好不好？”但是他的考评结果是良好，怎么能拿优秀的奖金呢？于是这个方法也被否掉。所以我当时没有任何可行的应对方法，我只能说：“噢，那你坐下来，我们慢慢谈。”

他坐在我的办公室里整整讲了一个小时，我只管做笔记。一小时之后，他脸不红了，气也不喘了，因为他已经发泄得差不多了。于是换到我来讲，我一共问了三个问题。第一个问题：“你还记得年初我们谈的指标是什么吗？”他说：“记得，我都带过来了。”他就把年度指标拿过来。对于那六条年度指标，我们每一条都过了一遍。结果表明，在六条指标当中，他有两条完全做到了，有两条没有完全做到，还有两条基本做到。我说：“根据指标来评估，你顶多算合格，我给你评良好已经不错了。”他说：“不对，我比那个小张厉害，为什么小张还拿优秀，我没有优秀呢？”这个时候我就开始问他第二个问题。我说：“其实你知道的只是表面现象，别人在背地里的付出你又知道多少？”接着，我问了他第三个问题："你知道我对你的期望是什么吗？你知不知道我对你的期望是希望你两年之后能够接我的班？你为什么要跟小张去比呢？他的前途根本不如你。"当我讲到这一点的时候，小李脸色开始缓和："老板对不起，我可能理解错了。"然后我们又聊了一个多小时。那次谈话一共进行了三个小时。三个小时之后，他很开心地离开了我的办公室。

其实我问的问题涉及了三个重要的方面：第一，我们的目标是什么；第二，对方说的不一定是正确的，有很多信息他是不知道的；第三，不要跟那个小张比，因为他俩的定位是不一样的。

这次绩效谈话反映了绩效处理的几个关键，这几个关键用在低绩效处理上也是很有必要的。

第一，永远不要让你的员工去跟别人做横向比较，而要让他们跟自己的目标相比，这是绩效处理的第一个原则。

第二，用事实说话。因为人们知道的未必是真实的，而且人们往往倾向于夸大自己的贡献而忽视别人的贡献。

第三，心要慈、刀要快。如果一名员工的能力有所欠缺，那么我们要尽力去帮助他，给他机会。但是一旦发现团队中有人不适合这份工作，我们就要把不合格的人及时淘汰，避免劣币驱逐良币现象。

对于低绩效的处置，其实还分以下三种情况。第一种情况是针对既没有能力又没有意愿的人。这样的人当然业绩是很差的，我们一定要用比较独裁的方式去管理他们，不能挽救就及时淘汰。第二种情况是针对没有能力但是很有意愿的人。这种员工虽然做得不好，但是他们的意愿很强。对这类员工，我们要大力培养，因为能力一定是可以培养的。第三种情况是针对有能力但是没有意愿的人。这种没有意愿可分为两种情况：一种是这类员工的价值观与管理者是一致的，可是他们缺乏干劲，说明他们的某些期望没有得到满足；另一种是能力强但是在价值观方面与管理者不一致，所以他们缺乏干劲。针对第一种情况，管理者要尽量满足员工的期望；对于第二种情况，我们一定要即时淘汰此类员工。

总　结

1. 低绩效处理的关键：和自己的目标比，用事实说话，心慈刀快。
2. 对于无能力无意愿的员工，不能挽救就淘汰；对于有意愿无能力的员工，要大力培养。
3. 对于有能力无意愿的员工，符合管理者价值观的，我们要激发他们的意愿；不符合管理者价值观的，我们要即时处理。

第三篇 提升人

成为管理高手有很多必要的条件。无论是看准人还是用好人，都是从管理者本身来看待问题的。但我们知道，任何事情都不是单向的，尤其是管理这件事，一定是双向的。对于管理者来说，你需要什么？需要看准人和用好人。那么对于被管理者来说，什么是最重要的？为什么员工要做你想做的事情？其关键原因还不是跟着你有前途。

这个前途就体现在你会给员工带来什么好处。管理不是简单激励的事情，也不是简单的物物交换或者时间换报酬，而是关乎每一个人都关注的个人成长问题。个人的成长有职场的晋升，还有能力的提升，当然也有认知和思维能力的提升。在众多的助力个人成长的方式中，近年来风行于市场上的教练技术颇为有效。

我在复星集团工作的时候，有一个指标是这么来决定是否晋升的：如果你在30岁（大约毕业7年后）还没有做到投资总监，基本上就不会被考虑了；如果你在35岁（大约工作了12年）还没有做到ED（执行总经理，投资领域常用的一种代表等级的头衔），那么也会被认为是没有潜力的；当然，40岁没有做到MD（差不多毕业17年了），基本上也不会在考虑之列。

所以提升人的关键是在恰当的时候将合适的人提拔到合适的岗位，要大胆提拔使用年轻人。很多时候，授人以鱼不如授人以渔，所以给一个人能力的提升远比给他物质激励更加有效和持久。当然，比能力提升更好的是帮助员工进行思维和认知的拓展，即境界和格局的提升——很多时候表现为挖掘了一个人的潜力。

3.1
职业发展

职业发展需要解决好三个问题：我想做什么，我能做什么，让我做什么。想做什么是由兴趣和动机驱动的，能做什么是由能力和素质驱动的，让做什么是由环境和机会决定的。所谓的职业发展就是解决好这三个问题的综合体。

榴梿定律

事实上，所有职场人都是从一个新人开始的，所以培养新人成了管理者的重要职责之一。关于职场新人，有一个定律叫作榴梿定律，它讲的是一种职场的心理定律，它要求职场新人应该主动尝试，而不要被动等待。为什么用榴梿这个词呢？因为吃过榴梿的人都知道，榴梿闻着臭吃着香，不试试怎么知道？

英文中有句话叫“In doing we learn the most”（实践出真知），中国古代也有一句话叫作“坐而言，不如起而行”，讲的都是要敢于尝试的意思。职场新人为什么要先去试而不是等待呢？因为对于职场新人来讲，他们可能出于对环境的考虑或者对自身定位的考虑，往往很难迈出第一步。所以他们总是等待上级给他们指示，而不敢越雷池一步。

这种情况对于人的培养其实是很不利的。我想起我早年在贝尔阿尔卡特的一段经历。在我加入贝尔阿尔卡特之初，我的岗位是人力资源部的一名网管，简单来讲就是帮人力资源部的同事们修电脑。那个时期，电脑是一个比较珍贵的办公工具，所以每个部门都需要配一个IT（信息技术）人员去帮它们修电脑。解决电脑的开机问题、软件安装问题和打印机维修等，这些都是我的工作。

两个月后的一天早上，老板把我叫过去说："你过来帮我看看电脑，为什么邮件发不出去？"我发现老板的电脑是刚买的，软件也是刚装的，而且我用杀毒软件查了好几遍，也没发现有什么病毒。我大概捣鼓了半个小时，一直没有修好，最后发现原来是网线没插，所以邮件发不出去。我觉得如果继续以网管的身份发展下去，那么我的职业生涯估计没什么希望了。所以这个时候我就开始思考，老板给我的定位是让我做网管，但这个网管是不是我真正想做的呢？我觉得这并不是我想做的事。

于是我就跟老板提出了我的想法。我说："老板，我觉得我不是人力资源部门的IT人员，而是一个有IT背景的人力资源主管。"这两种定位其实是完全不一样的。如果定位成人力资源部门的IT人员，那是没有什么前途的；而如果定位自己是有IT背景的人力资源主管，那说明我比一般的人力资源主管更厉害，因为我还懂IT。对于自己想做什么，我非常清楚。当然，光有这个想法还不够，还要主动去做，所以我要去做一件事来证明我是一个懂IT的人力资源主管。

当时我做了一件事——虽然今天看来它是小儿科，但当时的影响很深远——那就是我用我的计算机知识写了一个小程序。这个程序每天早上8：30开始运行，目的是找到当天过生日的公司员工，并给他们发邮件。邮件中这么写道："亲爱的某某某，今天是你的生日，我代表公司全体同人祝你生日快乐，阖家幸福。"落款是老板的名字。这封邮件起到了非常好的作用——当时公司有4 600多人，差不多每天有10个人能收到这封邮件。

这些员工在收到邮件之后非常感动，并对老板表示了感激之情。当时老板很惊讶：我没做过这事，是谁干的呢？一个星期之后，当老板知道是我做的这件事时，他便分配给我一项任务，让我去做公司人力资源的信息系统。那其实是我的职业生涯真正开始的时刻。

我想用这个例子来说明，职场新人一定不要等待老板的指示，而要主动尝试，主动去做自己认为有价值的事情。

作为管理者，我们应该给员工以下三点建议：

第一，职场新人一定要有学习的心态。也就是说，在职场的起步阶段，学到的技能比赚到的钱更重要。很多人在找工作的时候，先不问做什么，而是问工资待遇如何，谁给的钱多，就去谁的公司工作。我非常理解一名职场新人对于高薪的追求，可是你不能为了钱而不在乎做什么，因为学到技能比赚钱更重要。从长远来看，你早期赚的钱一定是职业生涯中最少的。原因很简单，你做什么都是在培养你赚钱的能力，而赚钱的能力比你赚的钱更加有用。如果你因为工资高而从事了一项不适合你的或你不喜欢的工作，那么你终究会觉得不开心，而且最重要的是你的能力的提升受到了限制。

第二，我想跟职场新人说：合理的要求是锻炼，不合理的要求是磨炼。显然磨炼比锻炼效果更好。作为职场新人，你总会发现有很多不合理的地方。比如说，你做了很多工作但拿的钱很少，而一些老员工好像不怎么工作，拿的钱却比你多；再比如说，你觉得老板给了你不合理的任务，让你承受着巨大的压力。记住，在大多数情况下，你是不会看到事情全貌的，所以你会误判。与其埋怨，不如在提升自己方面花更大的力气。合理的是锻炼，不合理的是磨炼，它们对你来说都是一种财富。职场新人具备这样的出发点其实是非常重要的，也是很有必要的。

第三，以终为始。所谓的以终为始是说，你要知道自己要什么。比如说，哪怕在你加入职场的第一年，你也要思考三年之后要成为什么样的人。这样你就会很清楚你所做的一切都是为这个三年目标而服务的。对职场新人来说，当你知道你的目的在哪里时，你做的事情就会完全不一样。以我自己的经历为例，因为我知道我想成为一个什么样的人——一个有IT背景的人力资源主管，所以我要做的事情就是为这个目标而服务。

总　结

1. 榴梿定律讲的是职场新人应该拥有的一种心理状态，那就是要主动尝试，而不要等待别人教你做什么。
2. 给职场新人的三点建议：第一点是保持学习的心态；第二点是“合理的是锻炼，不合理是磨炼”；第三点是以终为始，思考清楚你的目标在哪里。
3. 作为职场新人，你要知道，你自己才是你职场的主宰，不要把未来的发展寄托在他人的安排上，积极行动远比等待指令更重要。

梦露定律

你知道梦露也许是因为她的那些不同寻常的逸事，或者是你看过她演的那些作品。梦露讲过一句很有名的话：如果你不能接受我最糟糕的一面，那么你也不配拥有我最好的那一面。在管理学中，这句话的寓意是，无论什么工作，都不可能是十全十美的；你接受了一份工作的好处，同时也要接受这份工作不好的一面。人们把这种现象称作梦露定律。

世界上没有完美的工作，同样也没有完美的公司。我认为，市场上无论多么好的行业，也有做得很失败的公司；无论多么失败的行业，比如夕阳行业，也有做得很好的公司。所以公司的成功与否和所属行业其实没有太大关系。另外，你会发现，在任何一个成功的公司里，总有人干得不怎么样；同样在一个不成功的公司里面，也总有人做得很成功。所以，一个人做得成功与否和公司其实也没有太大的关系。

如同没有完美的公司一样，完美的工作也是没有的，这是职场上你无法逃脱的一个宿命。经常有人说，找工作的最好标准是：钱多事少离家近，位高权重责任轻，每天睡到自然醒，数钱数到手抽筋！这种工作只会存在于假想当中，在真实环境中是不可能有的。

判断一份工作好不好，你可能要考虑几个问题，比如说薪资水平、工作内容、工作地点、发展通道、工作环境等。不同的人有不同的追求：一个刚毕业的职场新人，可能更加在乎的是成长空间如何，薪资、环境可能就不那么重要；在职场工作一段时间后的职场人，可能更在乎有无上升空间；等等。

既然没有最好的工作，跳槽就变成了人们退而求其次的选择。这也是为什么市场上跳槽的人总是那么多。俗话说“是金子总会发光”，可是你在一个地方不能发光，跳槽到另一个地方就能发光了？

在贝尔阿尔卡特公司，我曾经有一名下属，这名下属在团队里从事员工社保计算和缴纳工作——这是一份非常细致的工作。可是这名员工是一个不太注意细节的人，所以他的工作经常出差错，也经常被其他员工投诉。除了不太注意细节，他的其他方面都可圈可点，他的性格、团队协作能力、与人打交道等都非常出色。他的主管一开始还对他有所关照。后来因为他被投诉的次数太多了，他的主管只好跟他说：“第一，你要想好好干，就改正，不要再犯这些错误。第二，你要不想好好干，你就走吧。”这名员工当时很伤心，就来跟我辞职，说他在这个地方干不下去了。

我问了他一个问题："你觉得你做社保工作犯了那么多错误，是什么原因？"他说："其实也不是我想犯错，我的性格属于大大咧咧型，所以这个不是我喜欢的工作。"我接着问他："那你觉得你适合做什么样的工作？"他说："我觉得我比较擅长与人打交道。"我说："那我如果给你一个与人打交道的工作，你愿不愿意做？"他说："算了吧，我已经干得这么差了，其他方面如果再做不好，那就更丢人了。"

我说："如果你就这么离开公司，那么我觉得你是带着失败离开的，我希望你在哪里跌倒就在哪里爬起来。要不这样，我给你换一个岗位并给你三个月时间。在这三个月时间里，你去做你擅长的与人打交道的工作，证明你其实是可以把工作做好的。"他很开心："好啊，有什么工作可以做？"我说："是这样的，我打算建个呼叫中心来回答员工的提问，需要两个接线员。要不考虑一下？"

他说："这个事情我愿意做，我会回答员工不同的问题，我一个人就够了。"于是他一个人就承担了这项工作。三个月之后，他收到了很多的赞誉。当我问他还想不想离开时，他说："为什么要离开？我非常喜欢这个工作。"后来，他被我们事业部的一个老总看中了，被调过去做助理了。

从这个员工的事迹中我们可以看出，如果你是因为干得不好而跳槽，那么你更应该思考你能不能在同一个地方爬起来，然后再跳槽。当然，如果你觉得这里已经没法给你成长的空间，在这里你也已经得到所有你想得到的东西，再也没有学习的空间了，那么你该跳槽就跳槽吧。不过，针对跳槽的员工，我有以下建议：在一家公司，你的工作时间不能少于两年。因为在少于两年的工作时间里，你很难去了解一家公司或者一个行业的全部情况。

总　结

1. 梦露定律告诉我们：世界上没有完美的工作，你接受了这个工作好的一面，就要容忍它不好的一面。
2. 对于工作而言，在一个地方跌倒，就要在同一个地方爬起来；金子发不发光跟所处的地理位置并无太大的关系。
3. 当你发现一份工作无法给你更多成长的空间或学习空间时，你可以跳槽。

赫尔辛基公交站

在芬兰的首都赫尔辛基，我们会看到这样一个现象：所有的公交车都会和其他路线的公交车有着重复的线路，但重复的线路不会太多，一般都是一两站。你如果在赫尔辛基坐公交，就可以在那些重复的站里不停地换乘。因为你每次换乘都只坐了一两站，所以你根本不能好好地欣赏沿途的风景。但如果你坐上一趟公交车之后就一直不动，你就可以体验一次完整的公交之旅，欣赏很多不同的风景。

管理学上就把这种现象叫作赫尔辛基公交站。它的含义是，你有两种方式来度过你的职场时期：一种是你在不同的企业当中不停地切换，即你在每一家公司都只待一个片段；而第二种是你在某一线路、某一轨道里从一而终。当然这个从一而终未必是一家公司，它也可能是指你忠于的这个事业。在某一个固定的轨迹上坚持走下去，你会欣赏到完全不一样的风景。

赫尔辛基公交站对于职场员工至少有三个指导意义。

第一个意义，如果没有“一专”，你的“多强”就没有任何意义。现在很流行斜杠青年，所谓的斜杠青年是指一个人身上有很多种标签，他可能是职场人士，可能是演说家，可能是自由顾问，还可能是一名画家，等等。在斜杠青年流行的时代，大家都希望给自己增加更多的技能，并且美其名曰：技多不压身。赫尔辛基公交站现象表明，只有在某一个领域做得很专业、很深入，你的“多强”才有意义；如果你没有专业深度，仅有多个标签，那么你的“多强”其实没有太大的意义。

第二个意义，职场要能够坐5年的冷板凳。有个很有名的1万小时定律指出，任何一个在某一领域付出1万个小时的人，他一定会在那个领域做得非同寻常。如果按照工作35年来算，每年工作220个工作日，每天工作8个小时，其实一个人一辈子也就工作6万多个小时。如果你能够拿出1万个小时来做一件事，那么你将在这个领域获得非同寻常的成就。这说明了一点：过于频繁地更换职业跑道其实是一个非常不好的习惯。

第三个意义，在这个VUCA（易变的、不确定的、复杂的、模糊的）时代，人们的注意力其实是很稀缺的。也就是说，你能够让别人记住的机会其实并不多。人们往往只能记住第一或者唯一，大多数人记不住第二是什么。例如，世界最高的山峰是什么？我们都知道是珠穆朗玛峰。世界第二高的山峰是什么呢？恐怕少有人知，其实是乔戈里峰。

如果你问乞力马扎罗是什么山峰，那么很多人都知道那是非洲最高峰。其实，乞力马扎罗峰的海拔只有5 895米，全球山峰海拔前10名都排不进去，那为什么还有那么多人知道它呢？因为它占据了另外一个第一，那就是非洲大陆的最高峰。

这个第一有很多种，它可以是全球最高，也可以是非洲最高，当然也可以是某个国家最高。因此这也说明了一个道理：我们只有在某个领域做到最强，才有可能在职场中游刃有余。

但问题是，要持之以恒地做同一件事，其实是很难的。如今，跳槽已成了一个不可避免的话题。

关于跳槽，笔者有三个“不要”的建议。

第一，不要根据薪水多少来跳槽。这个其实是非常重要的，许多人跳槽就是为了换一份薪水更高的工作。但我们如果只关注薪水而忘掉其他东西，那么大概率会做出错误的选择，因为真正有前途的工作未必就是薪水最高的工作。

第二，不要在当前的企业工作不到两年就跳槽。因为既然你选择这家公司，无论是什么原因，你总有你的初心。所以在你没有完全得到你想得到的东西之前，轻易放弃其实是不好的。

第三，不要因为时髦跟风而跳槽，除非那是趋势。“时髦”和“趋势”是不一样的。怎么区分呢？其实很简单：趋势基本上是大家看不到的东西，是要经过深思熟虑才能发现的；而时髦是大家都能看得见的，大家都喜欢的。时髦是很容易消失的，而趋势才是有真正意义的，所以我们不要跟随时髦去跳槽。

总　结

1. 赫尔辛基公交站说明职场的坚持是有必要的。
2. 坚持的原因有三点：第一，如果没有一专，“多强”就没有意义；第二，成功需要遵循1万小时定律；第三，人们只记得第一，很少有人记得第二。
3. 关于换工作的三个建议：不要只根据薪水来选择工作，不要工作不到两年就跳槽，不要跟随时髦去跳槽。

企业睡人

在管理学上，有一个词叫作企业睡人，这是加拿大著名心理学大师克丽丝汀·马斯勒提出来的一个概念。企业睡人指的是在企业里没什么活力的人，就跟装睡的人一样——我们永远无法叫醒一个装睡的人。企业睡人源于职业倦怠症。职业倦怠症是指职场人因在工作压力下而产生的一种情感态度或行为衰竭的一种状态。简单来讲，职业倦怠症就是在工作中找不到乐趣且无法获得成就感的状态。

为什么一个人会变成企业睡人呢？一般有三个原因。

第一，因为工作的单一性和重复性，所以对工作没有了新鲜感，这是产生企业睡人的最普遍的原因。

第二，因为工作负荷太大，总有做不完的工作，所以完全找不到成就感；或者因为自己和周围的人价值观不一样，与别人总是无法有效沟通，所以从生理到心理都承受着巨大压力，很难产生活力。

第三，因为员工觉得付出和报酬不对等，从而产生了对工作的失望情绪，所以就变成了企业睡人。

我怎么才能发现某个人是企业睡人？他都有哪些表现？其实很简单，企业睡人就是一种破罐子破摔的状态。比如，打不起精神、充满无奈感和无力感、对任何活动都没有参与感、对同事比较冷漠等，这些都有可能是企业睡人的表现形式。企业睡人往往受很多因素的影响，比如工作的环境、企业的文化、管理者的风格、管理者的能力等。

关于如何改变企业睡人的现状，笔者有四点建议。

第一点，创造宣泄的环境。对于员工自身来讲，适当地创造一些机会让自己去宣泄一下是有好处的——可以及时排解掉一些负面的情绪。创造宣泄的环境的方式包括运动、向好友倾诉、寻找工作中的新的兴奋点、创造适度的冲突等。

第二点，改变环境。改变环境有很多种方式，比如休长假、进修、参加培训等。在职场中，改变环境，往小了说，就是换一个办公室；往大了说，就是换一个工作、换一家公司、换一种行业。为什么改变环境可以打破企业睡人现象呢？因为它会打破一种惯性，可以让员工对新的环境产生新鲜感。

第三点，树立一个新的目标。这个新的目标可以是工作上的目标，也可以是其他目标，甚至是生活上的目标。比如说发展一个新的爱好——一些从来不打高尔夫的人，可以去学习打高尔夫；原来从来不打得州扑克的人，可以去学习玩得州扑克；等等。

第四点，从管理者入手。这是一个很重要的方式，也是最值得使用的方式。因为一个员工变成了企业睡人，本质上是缺乏敬业度的表现，而一个员工的敬业度是和他的直接主管密切相关的。如果一个企业出现太多的企业睡人，管理者就要思考是不是自己没有做好管理工作。按照管理的要求，所有员工都要对自己的管理者、对自己的上司负责。如果一个员工不够敬业，那么管理者需要思考的是，自己有没有履行一名管理者的责任，有没有去发现问题、解决问题，以及去激发员工内在的潜能。当然从被管理者的角度来看，他们也是可以做一些事情的。比如说，他们可以去寻求教练的帮助，厘清自己的期望和职业的目标，增加自我认知。这些对于解决企业睡人问题都是有好处的。

当然，如果我们做了上述动作，发现企业睡人仍然存在，那该怎么办？从管理学的角度来看，企业睡人可以分为两种：一种是无意愿无能力的人，另外一种是无意愿有能力的人。

很多管理者认为，自己要做一个好人，要充分相信和授权下属。但是，这种策略只对有能力有意愿的员工有效，而对于无意愿无能力的员工而言，最好的管理办法恰恰是使用独裁式管理。所谓独裁式管理，从情境领导的理论来分析，就是我们应该对这类员工执行高工作低关系的管理。所谓高工作低关系，就是说我们要给员工更多的工作指导，以工作的完成情况来评价一名员工的业绩。

对于无意愿有能力的员工，我们的管理方式要转变为民主式，让员工意识到自己被尊重、被认可，让他们参与到决策中来。所以对于此类员工，管理的关键不是给予工作指导，而是采取更多的激励行为，从而激发他们的工作意愿。只有激发他们的意愿，他们才可以从企业睡人状态中被唤醒。当然，唤醒的关键是找到他们内在最深处的渴望，如果不能找到这一点，那么他们的活力也很难被激发。

总　结

1. 企业睡人是指那些产生了职业倦怠症的员工。
2. 企业睡人产生的原因大致上有工作的单一性和重复性、工作负荷和压力太大、付出和回报不对等。
3. 解决企业睡人的四个关键：提供宣泄的渠道、改变环境、树立新目标、从管理者入手。

乔哈里窗口

管理学上有一个关于沟通的理论，叫作乔哈里窗口。这个理论是由乔瑟夫和哈里提出来的，也被称为自我意识的发现和反馈模型。在职场中，管理最难点在于让员工产生自我觉察。关于自我觉察，乔哈里窗口理论塑造了一个很好的模型。乔哈里窗口通过两个维度把一个人分为四个部分，第一个维度是我知道和不知道的部分，另外一个维度是别人知道和不知道的部分。这两个维度相互交叉就得到四个区间。

第一个是我知道别人也知道的，这个区间叫作公开区，英文叫作Public Area。

第二个是我知道但别人不知道的，这个区间叫作隐私区，英文叫作Private Area。

第三个是我不知道但别人知道的，这个区间指的就是盲区，英文叫作Blind Area。

第四个是我不知道别人也不知道的，这个区间叫作黑暗区，也叫作潜力区，英文叫作Black Area。

在管理学中，盲区+公开区+隐私区占所有区间的比例是多少呢？很多人认为，这三个区间应该能占到70% ~ 80%。研究表明，这三个区间加起来所占比例其实是很小的，大概为20%。也就是说，黑暗区所占比例约为80%。

这个结论让很多人感到吃惊，但仔细探究之后你会发现，我们每个人的潜力都是无限的，而潜力就存在于第四个区——黑暗区。既然潜力是无限的，当然它的比重就会更大一点。这就带来一个很现实的问题：我们该如何开发我们的潜力？

其实，开发潜力有两个最简单的途径。第一个是减少盲区。如何减少盲区？从管理角度来讲，我们要去倾听，听别人给我们的反馈。第二个是减少隐私区，而减少隐私区的最佳办法就是口头表达。

为什么倾听和表达能够让我们的潜力得到开发呢？这是因为当我们倾听的时候，我们的盲区会减少，黑暗区也会随之减少。当减少隐私区的时候，我们的潜力就会被开发出来。所以这就是开发潜力最重要的方式，即通过我们的倾听和表达去缩小我们的盲区和减少我们的隐私区，从而使得潜力区得到很好的开发。

当然，要真正地开发我们的潜力，还有三个很重要的前提。

第一个前提是，找到我们内在的驱动。每个人的潜力都是近乎无限的，但现实世界中并不是每个人都能把潜力表现出来。因为我们的潜力能否有效地被开发和我们的内在驱动是有很大关系的。内在驱动是人格层面的，也就是我们的底层人格。

我们知道，根据冰山理论，人的风格（第一层人格）是会经常改变的，比如我今天是老虎型，一年后可能变成孔雀型，再过两年可能变成考拉型，等等。风格在不同的状态下有不同表现，在自然状态和压力状态下是可以不一样的。而性格是第二层的，性格基本是不会变的，所谓江山易改，本性难移。但性格在某些特殊情况下还是会变的，比如经历了人生的重大变故。但是，那个底层的人格——内在驱动是不会变的。

内在驱动往往分为三种：成就驱动、人际驱动和影响驱动。在这三种驱动中，我们只能同时重点拥有两种驱动，而第三种驱动永远是非重点。比如成就驱动和影响驱动很高、人际驱动较低的人，适合做一个成功的领导。职业锚理论认为，只有当我们找到适合我们自己工作的时候，我们的潜力才能够被开发出来。潜力是无限的，而开发潜力就要找到跟我们内在驱动有关的部分。比如我的内在驱动是做一名销售，那你让我去做一个明星可能就不那么合适了，因为在明星领域我是没有任何潜力的。

第二个前提是，潜力的开发只能是由内而外的。潜力是很大的，也是很容易被找到的，但是潜力的开发一定是由内而外开启的。也就是说，潜力的开发之门是无法从外面打开的。这个开发潜力的钥匙掌握在我们自己手中，而不在别人手中，只有我们自己想开发潜力才可以把潜力释放出来。这就是人们经常说的“你可以把马儿牵到河边，但你不能强迫它喝水”。

第三个前提是，保持良好的学习能力很重要。这里的学习能力其实不是指智商、情商，而是一种心态。如果我们认为自己已经年纪很大了，已经不能学新东西了，那么我们肯定是学不到新东西的；如果我们认为自己还很年轻，还可以学很多东西，那么不管我们的生理年龄如何，我们依然会学到很多东西。所谓活到老、学到老指的就是这个意思。

总　结

1. 乔哈里窗口理论表明，人的潜力几乎是无限的。
2. 倾听和表达是释放潜力的两大关键行为。
3. 开发潜力有三个前提条件：第一，找到内在驱动；第二，潜力的开发只能是由内而外的；第三，保持学习和开放的心态。

3.2
能力提升

波士顿经验曲线

波士顿经验曲线是来自波士顿咨询集团（BCG）的一个概念。随着我们经验的增加，我们的效率会得到提升。也就是说，如果我们重复做一件事，那么我们的效率通常会变得更高。但是到了一定阶段之后，效率提升的幅度就不明显了。这种现象被称作波士顿经验曲线，也有人把它称为S形曲线。

我们发现，公司在招聘的时候，经常会要求求职者有四五年工作经验。因为求职者积累了一定的经验之后，在新的工作中就会达到最佳状态（效率最高）；但是要求的工作经验又不能太长，因为太长的工作经验不利于效率的提升。

根据波士顿经验曲线，一个人在同一个岗位做2～4年，他的经验会达到最佳状态，也就是效率会达到最高。但如果再往后还做同样的事，他的效率就不会再提升了，而只会维持在原来的水平。那么这带给我们的启示是什么呢？一名员工的最佳工作时间是多长呢？是2～4年吗？2～4年之后他一定要换一个地方吗？

以我的个人经验来讲，波士顿经验曲线是非常符合我的晋升逻辑的。我在贝尔阿尔卡特曾经工作了11年。在前5年中，我快速从一名网管晋升到了人力资源总监，差不多一两年会有一次晋升——我先从一名网管晋升到一名人力资源信息系统开发经理，然后从信息系统开发经理晋升到副总监，最后从副总监晋升到总监。

我在总监这个位置待了6年，重点做了两件事。一个是公司和朗讯的合并，这次合并是由我牵头完成的。还有一个就是去读了博士。在这6年当中，我发现每两三年会有一个大的变化。

从我离开贝尔阿尔卡特去了渣打银行之后，我才真正意识到，不同行业对经验的要求是不一样的。

为什么不一样？因为贝尔阿尔卡特非常强调创新，所以我在渣打银行也按照这个思维惯性强调创新，我还跟我的老板谈了很多创新的想法。老板却说："你错了，我们银行其实不需要创新。银行成功的原因是什么？不是创新，而是做好合规风控。"

银行的赢利模式跟贝尔阿尔卡特是不一样的，它只要把钱贷给还得起钱的人，就一定会赢利。因为银行的主要收入来自利差，所以只需要合规经营就够了。因此创新不是它最重要的内容。

波士顿经验曲线表明，在同一个领域里的积累是有意义的，但换了一个行业就不一定管用了。虽然从表面来看，以往的经验不管用了，但这恰恰也反映了我们在原来行业已经积累了足够多的经验。

这对我们进行人才培养有四点启示。

- 横向拓展。横向拓展就是增加员工的工作内容。员工原来的工作内容可能只涉及某个领域，那么在2～4年之后，管理者可以增加他们的工作内容，这个就叫横向拓展（让工作的边界越来越宽）。比如说员工原来做的是社会招聘，那么管理者可以把校园招聘加给他，再把招聘外包、招聘供应商的管理也加给他，最后把雇主品牌的建设加给他。
- 纵向晋升。所谓纵向晋升，指的是员工从一名个人贡献者逐渐晋升为主管、部门经理、总监、高级总监，直到成为公司总经理的过程。
- 平台切换。如果你原来在金融行业从事人力资源管理工作，现在换到了互联网行业从事人力资源管理工作，那么这对你来讲是一次很好的提升。虽然同样是从事人力资源管理工作，但是二者存在明显的区别，你以前积累的经验可能会在新的平台上大有作为。
- 轨道转换。轨道转换指的是你原来从事人力资源管理工作，但现在去做业务。这是一种全新的挑战，有利于打破效率提升的瓶颈。

以上四种切换方式本质上都有助于解决波士顿经验曲线中的成长问题，而解决成长问题是人才培养过程中的核心问题。所以人才的培养，一定要遵循波士顿经验曲线。

总　结

1. 波士顿经验曲线表明，随着经验的增加，人们的效率会得到提升。但到了一定阶段以后，效率提升的幅度就不明显了。
2. 波士顿经验曲线的周期是2～4年，在互联网时代可能更短一点。
3. 波士顿经验曲线告诉我们，人才的培养可以有四种手段：横向拓展、纵向晋升、平台切换、轨道转换。

721法则

721法则是人才培养当中的一个很重要的法则。这个法则由摩根、罗伯特和麦克三人在合著的《构筑生涯发展规划》中正式提出。该法则认为，成人学习的70%来自真实生活经验、工作经验、工作任务与问题解决，20%来自反馈以及与其他角色榜样一起工作并观察和学习他们的做法，10%来自正规培训。现在人们往往把全部学习效果分成三个部分：70%的效果来自实际工作中的锻炼，20%来自向榜样学习和别人给予的反馈，10%来自课堂学习。

721法则强调了四个方面：第一，学习的主体非常重要，你可以向老师学习、向同学学习，还可以向实践学习；第二，学习的根基是实践，因为实践是学习效果的最好源泉；第三，学习的反馈是不可或缺的一个环节（按照乔哈里窗口理论，反馈是让人的潜力发挥出来的关键）；第四，同伴是一个重要的学习资源，尤其是你身边的榜样，因为他们是你最容易学习的对象。

在这个721法则当中，你会发现，只有10%的内容和人力资源有关系。这就打破了我们的一个成见，即人才培养、人才学习是人力资源部的事。721理论认为，人力资源部只能解决10%的学习问题，还有90%的问题其实跟人力资源没有什么关系。这个10%的内容是以讲授者为主体的，学员只是被动的客体。

721理论中的20%来自哪些方面呢？教练、导师、参访、分享、反馈、观摩，以及最近流行的翻转课堂——让学员成为主体，让学员向学员学习。

721理论认为，你吸收和存储知识不重要，也就是说你掌握了多少知识其实并不关键，关键的是你要找到学习知识的方法。

向他人学习是一种很重要的学习方式。向他人学习有一些常规的做法，比如成立一个讨论小组，和不同的人定期会面，去分享最佳实践，去讨论共同面临的问题，以及用头脑风暴、世界咖啡等方法来探索一些新的思路和想法。

721理论中的70%来自哪里？完成工作任务，迎接实际的挑战，甚至挑战没有做过的事情。比如领导一个任务小组，解决一个顾客的需求，反思自己工作中的一个习惯，拜访当地最难缠的一个客户，向一群潜在顾客推销公司的产品，等等。另外，实际体验、能力拓展、任务对抗赛，以及工作舱、文件筐等工作方式，也都属于这个70%的范畴。

721理论对我们进行人才培养有什么指导意义呢？

第一，不要把培养人才的任务仅仅看作是人力资源部的责任，其实培养人才是我们每一名管理者的责任。按照彼得·德鲁克的说法，管理者有五大任务，其中最重要也是最难的部分就是培养人。在这个方面，人力资源部能够起到的作用只有10%。之所以培养人才是管理者的责任之一，是因为管理者要给员工反馈，要与员工及时沟通讨论，等等。

第二，真正有效的人才培养来源于实战。实战是直面实际问题且能实现有效育人的绝佳方式。行动学习就是基于这样的思路来设计的，因此任何一个有效的学习项目都要围绕解决实际问题来展开。最有效的学习就是实战或者把工作中的问题带入课堂。单个课程往往能够解决知识和方法论的问题，但能否掌握课程内容其实有赖于实践中的运用程序。所以有效的学习方式一定是项目制的——有问题和痛点分析、有实际案例的讨论、有学习跟踪系统、有成果交付。

第三，学习不是目的，而是手段。我们要让学习者的上级加入培养过程，因为培养人的实质是使得学习者能够解决实际问题。也就是说，培养人并不是真正目的，真正的目的是使培养的人才能够解决实际问题。这也是为什么很多企业在人才的培养过程中，会觉得它们的投入与产出不成比例而不想投入。

基于上述考量，你会发现在工作中锻炼队伍，才是真正的培养人才的方式。

总 结

1. 721 法则表明，最佳学习效果来源于实践。
2. 人才培养不只是人力资源部的事情，还是管理者的任务。
3. 人才培养不是目的，而是手段。

学习金字塔

埃及有个很有名的胡夫金字塔，管理学中也有一个很有名的理论叫作学习金字塔。学习金字塔理论的提出者是美国的一个学者，叫爱德加·戴尔，他通过记录不同学习方式的人在两周以后所能记住的内容来计算不同学习方式的记忆比例。

这个理论揭示了以下七种学习方式在两周后的内容留存率：

- 听讲。比如听演讲、听讲座，两周后的留存率只有5%。
- 阅读。通过阅读方式，两周后的留存率只有10%。
- 视听。通过看音频、视频的方式，两周后的留存率可以达到20%。
- 演示。通过演示，两周后的留存率可以达到30%。
- 讨论。如果你亲自参与讨论了，那么两周后你大概能够记住50%。
- 实践。把你听到的、学到的东西在实践中用一遍，两周后你还能记住75%。
- 教别人。教别人，效果最好，两周后留存率高达90%。

我们发现，从听讲到最后教别人，留存率从小到大变化，如同金字塔一样，这就是所谓的学习金字塔。那这个学习金字塔对我们培养人才有什么意义呢？

理论上，人们把前面四种学习手段（听讲、阅读、视听和演示）称为被动学习，而后面三种学习手段（讨论、实践和教别人）被称为主动学习。用人力资源的术语来说，前面四种学习手段统称为培训，后面三种学习手段统称为学习。培训是被动的，学习是主动的。显然主动的学习效果远远大于被动的学习效果。

为什么会出现这样的情况呢？从心理学的角度来看，被动是由外而内发生的，是灌输式的，而对方很可能会产生抵触情结。而主动则是由内而外发生的，是一种内在的驱动。

有一次，一个朋友请我去分享“怎么打造个人IP①”。其实我以前

① IP全称Intellectual Property，翻译成中文就是知识产权的意思，现在一般代指专属品牌。——编者注

从来没有考虑过这个问题。他请我去分享这个知识，是因为听说我在IP的打造方面颇有心得。为了完成这次演讲，我需要思考：IP是怎么打造的？怎么才能打造一个好的IP？按照学习金字塔原理，我既然答应了要分享这个知识，那就要教别人怎么去做这件事。

当然，思考是有很多模式和套路的，比如我用了一个最简单的模型——黄金圈法则。所谓黄金圈法则，就是任何事情你用三个词就可以讲清楚，第一个叫What（是什么），第二叫Why（为什么），第三个叫How（怎么做）。

在“怎么打造个人IP”这个例子中，按照黄金圈法则，我就要思考以下问题。

第一个是What——什么是个人IP？

IP就是一个定位，IP就是你在别人心智模式中占据的那个位置，IP就是一个品牌、一个标签、一个定义。

第二个是Why——为什么要打造个人IP？

在这个VUCA时代，人们往往只能记住第一，而记不住第二。这个第一就是一个IP的概念。因为在注意力经济时代，人们的注意力是有限的，只能被那个唯一或者第一吸引住。

第三个是How——如何去打造个人IP？我总结了以下四个步骤。

第一，我们的定位是什么？IP是和个人职业定位有关的：打算做讲师的就要定位在名师上，打算做企业的就要把自己定位在企业家上。

第二，用什么样的渠道？不同渠道的受众是不一样的，效率也不一样。抖音、微信、QQ（腾讯公司的一款即时通信软件）和直播的受众不一样，严肃理论派和时尚流行派所使用的方法不一样，所以它们使用的渠道也不一样。

第三，怎么去传播？是用写作还是用演讲的方式？善于写作的人不一定善于演讲，反之亦然，所以使用我们擅长的传播方式很重要。

第四，如何去维护？为了确保我们有持续的输出，我们需要不断地提升自己的学习能力。

可见，为了分享知识，我不得不去做一系列的思考。你有没有发现，这样的思考恰恰就是最佳的学习手段。这远比我听别人讲一遍如何打造个人IP的收获更大。许多外企为了让管理者更快地成长，于是就有了让管理者成为内部讲师的要求。让管理者成为讲师，目的不只是去教别人，更重要的是在这个过程中，管理者通过教学能学到很多东西。而这种学习属于主动学习，属于有目的的学习，效果非常好。这就是为什么我们说，知识本身不重要，重要的是我们掌握知识的方式和手段。

总　结

1. 不同的学习方式效果不一样，最好的方式是教别人。
2. 教别人知识的最简单逻辑是黄金圈法则——What、Why、How。
3. 企业要求管理者向讲师转型，这对于学员和管理者本身都是很好的事情。

行动学习

行动学习是英国管理学家雷格·瑞文斯发明的。行动学习其实就是通过行动来进行实践学习的过程。确切地说，行动学习就是在一个专门以学习为目标的背景环境中，以这个组织所面临的重要问题和实际问题为载体，学习者通过对实际工作中的问题进行处理，从而达到学习目的的过程。

行动学习不仅仅是为了解决某一个具体的问题而发动的一种学习

方式，本质上更是在推动一种组织变革，将组织全面转变为一个学习系统。一开始，这个方法并没有受到很大的重视，后来被通用电气公司的杰克·韦尔奇运用并推广，于是变成了比较流行的一个方法。

行动学习的目的是让学习者通过行动来体验，然后把体验上升到一个理论水平并产生新的认知，之后转化为新的行动，在行动中再次发现问题，于是再反思、再总结……行动学习就是这样一个循环的过程。

行动学习有五个特点。

第一个特点是反思性。反思性的行动学习反思行动和目标之间的关系，反思以往的行为是否有效，强调从以往的经验中学习。这种学习方式通常又被叫作复盘。复盘是最好的学习方式之一，它能让我们从每一次的经历中获得收获。可以说，反思的质量就是学习成败的关键。

第二个特点是行动性。行动学习是在针对以往经验反思的情况下，不断地采取新的行动的学习方式。坐而言不如起而行，行动是整个学习过程中的关键。所以在学习的过程中，我们一定要针对实际情况进行反思和行动。

第三个特点是合作性。行动学习不是个体的行为，而是团队的行为，所以组建行动学习小组是行动学习中非常重要的一个环节。这个小组需要交流，需要激发思考，需要碰撞，需要澄清问题，需要提供知识、提供反馈，需要不断地互相批评，等等。行动学习小组要有不同角色的分工，要有支持者、倾听者、观测者、协商者、提问者等不同的角色，同时这些角色之间能互相帮助。

第四个特点是主体性。行动学习的主体是小组成员，而不是老师。所以在行动学习当中，小组成员是反权威的。也就是说，学习是互相之间的学习，而不是通过老师来自上而下地传授经验。

第五个特点是参与性。行动学习要求每名成员真正地参与其中。这个小组中的每一名成员都要有自己的角色，还要发挥自己的潜能，从而突破学习的瓶颈。

以上是行动学习的五个特点。简单来讲，它是以实际的活动为重点，以学习小组为单位，以真实的案例、真实的问题为对象，以不同的角色扮演为手段，以团队决断为要求的学习方式。

关于在人才培养中如何进行行动学习，有五个关键点。

- 一定要使用真正存在的问题和事件作为学习的案例，而不是研究一些虚构的案例或者故事。从这个意义来说，行动学习的案例学习和商学院的案例教学是不一样的。
- 一定是团队学习。也就是说，行动学习要求小组成员在一起互相支持，并且互相提出不同的观点来进行思维碰撞。同时，他们在学习中要扮演不同的角色，学习的过程要高度接近实战。
- 在行动学习中，只有一个促动师来控制流程，而没有所谓的专家或名师来指导员工或给出建议。
- 行动学习一定要得到最高管理层的支持和承诺。行动学习有可能会提出一些超过小组成员职责范围的要求，这些都需要高层的支持。同时，让管理层加入学习的情境中，本身也会提高学习的效果，所以高层的支持和承诺非常重要。
- 最重要的是，小组成员一定要善于提出问题，而不是为了图省事就提出一个简单的问题或者为了问题去找答案。行动学习强调的其实是在找到本质问题之后，通过群体之间的碰撞产生有意义的结果，而这个结果本身可能并不重要，因为更重要的是我们在这个互相讨论的过程中能学到很多东西。所以行动学习的过程就是挑战自己的过程，它要求我们要有创新的思想。

行动学习带给我们的好处有很多。比如，行动学习减少了从学习到应用的时间，因为学习的过程就是应用的过程；行动学习使得学习者的注意力集中在如何解决问题上，因此在解决问题的过程中，学习者能够获得成长。

行动学习着眼于现在和未来的问题，而不是着眼于过去的问题。行动学习有利于团队之间的融合，因为在行动学习的过程中，团队成员之间要互相反馈并进行观点的碰撞。行动学习还可能会产生一些富有创意的解决方案，最终使得团队形成一个真正的学习型组织。这些都是行动学习带给我们的好处。

总　结

1. 行动学习的本质是在工作中学习并处理实际问题。
2. 行动学习强调反思与复盘、团队成员互相学习、全员参与。
3. 行动学习着眼于当下和未来，强调在解决问题中培养能力。

3E理论

人才培养包括三个方面，这三个方面就是黄金圈法则中的What、Why、How。What代表的是知识，How代表的是技能，而Why代表的是态度，而知识、技能和态度的内容是不一样的。

第一个是What，代表知识。知识是通过Education（教育）得到的，可是知识并不能解决一切问题，在学校里学到的很多知识在工作中不一定会用到。因此，高校教育的重点不在于教授知识，而在于教授获取知识的方法。

第二个是How，代表技能。技能是通过Experience（经验）得到的。

比如，所有会游泳的人都知道，他们之所以会游泳，一定不是因为他们掌握了什么知识。为了游泳，他们不会去学阿基米德定律，也不会去学气体交换原理，更不会去学流体力学，但是他们依然学会了游泳。那他们是怎么学会的呢？在水里练习长了就学会了。在水里学会游泳的这个过程就是通过经验得到技能的过程。因为有了经验，游泳者就会自动浮起来了。

第三个是Why，代表态度，而态度决定一切。态度是通过Exposure（曝光）来培养的——我们把一个人放在聚光灯下做某件事情，从而培养他的态度。

这就是3E理论：Education给予的知识其实是最容易得到的，它的效果也是最弱的；Experience带来的技能有一定的效果，而且技能比知识更重要，但技能也不是最具决定性的；决定性的是Exposure带来的态度，如果我们能把一个人放在聚光灯下做某件事情，那么他的收获将是最多的。

例如，对于一个不善于演讲的人来说，我们无论教给他多少关于演讲的知识，其实都是没有用的。但如果我们让他具备一些技能，具体来讲就是让他知道怎么才能做好演讲或者教他一些演讲的方法，他就能在一定程度上了解演讲的技巧。但问题是，可能有很多的技能他都知道，道理他都明白，可他就是缺乏临门一脚的能力。此时，真正能让他成为演讲高手的办法就是让他站在聚光灯下，面向大众，勇敢地展现自己。

我的演讲能力就是这样练出来的。在大学期间，我的第一次演讲其实是非常失败的，几乎是哭着下场的。那是在大学一年级的时候，在一个中秋节的晚上，我们全班在一起聚餐。其间，班长提议每个宿舍派一个人讲一句祝福的话。每个宿舍都派了一名代表，最后轮到我们宿舍。我们宿舍没人愿意讲，最终我就被强迫地推选为宿舍代表。那是我第一次站在聚光灯下，我根本不知道该讲什么。当我站上讲台的时候，两腿一直在哆嗦，而且满脸涨得通红，满头冒汗，脑袋一片空白。最后，我是含着眼泪走下讲台的。

那次演讲对我来说是刻骨铭心的，因为在那以前我从来没有站在聚光灯下演讲过。在我上大学之前，我的理想其实很简单，我想成为一名科学家。我高中的学习成绩非常好，经常是班级的第一名。没想到我走进的高校却是一个商学院，商学院根本不以培养科学家为目标，而是以培养商人为目标。我知道自己应该去发展演讲能力，我也为此学习了很多知识，我甚至偷偷地去做了很多的技能积累，可是都没用。因为当我真正站在台上的那一刻，当聚光灯打到我身上，在众目睽睽之下，我完全失去了所有的知识和技能。

那一次演讲对我的打击是非常大的。但就是因为这次打击，我开始认真地去思考到底该怎么提升自己。思考之后我发现，无论自己偷偷练多少，如果不站到台上去，我永远都不会知道自己是什么样子；只有站到台上，我才会发现我应该怎么去提高自己，我应该怎么在实践中不断地完善自己。

我很幸运，在大学里就完成了从不会演讲到会演讲这样的一个转变。回想这个过程，我很清楚地知道，如果没有大学的这次让我曝光的机会，没有让我在众人面前下不了台的经历，那么我是不可能成为一个很好的演讲者的。

总　结

1. 培养人才需要三个E——Education、Experience、Exposure，分别对应黄金圈理论的What、How、Why。
2. 最重要的也是最难培养的是Why，即态度的部分，而态度是通过Exposure来培养的。
3. 给别人上台的机会就是对他最好的培养，所以管理者要给员工争取更多的曝光机会。

3.3
思维提升

CEO思维

从这部分开始，我们会探讨一些关于如何帮助下属成长的思维层面的问题。在20多年的职场生涯中，我总结过职场成功的一些很重要的法则，其中有一个就是：人人都可以成为CEO。职场上有所谓的P线和M线，翻译成中文就是技术线和管理线。就管理线而言，当一个人走向管理者岗位后，他的终极目标往往是成为CEO。

其实，CEO其实还有另外一种含义：C代表Complain Free，中文的意思是永不抱怨；E代表Exceed Expectation，中文的意思是超越期望；O代表Open Communication，翻译成中文就是开放沟通。这三点代表了我们在职场中应该具备的思维习惯。

为什么这三点很重要？我们先来看第一点——永不抱怨。在史蒂芬·柯维所著的《高效能人士的七个习惯》中，其中第一个习惯就是积极主动。积极主动本质上就是永不抱怨。我们可以去看一下市场上成功的和不成功的人士之间的区别。你会发现，他们的学历、背景、智商、情商、外貌、出身、地域等都没有太大的区别，而最大的区别在于：成功的人永远不会抱怨，而不成功的人一直在抱怨！因此，要想成为成功人士，我们首先要做的就是学会永不抱怨。虽然公司里存在很多问题，而且这些问题都可以成为我们抱怨的理由，可是我们不能去抱怨。因为发现问题并不重要，重要的是怎么去解决问题。所以当我们发现问题而不能解决的时候，我们最好不要去跟老板讲。这是我在复星集团学到的一招。有一次，我去跟老板提出公司的问题。结果老板说："当你发现问题并且想来告诉我的时候，你一定要同时拿出你的解决方案。如果没有解决方案，只有抱怨，那么任何人都会做到。我们并不需要这样的人。"

我们再来看第二点——超越期望。我们可以观察一下，在我们周围，什么样的人会得到晋升的机会，尤其是破格晋升的机会。其实，所有人晋升的理由都很简单，那就是能够超越他人的期望。这让我想起我的职业生涯中的几次晋升的经历。其中有一次是，本来老板给我的定位是人力资源信息系统开发专员，而我做了一个人力资源经理可能去做的事情。这完全超越了老板的期望，所以我获得了一次提升的机会。当时，我的老板打算在事业部设置一个人力资源经理的岗位，于是他安排了公开招聘。而当时我负责人力资源信息系统的开发和设计，所以当我去应聘这个岗位的时候，老板说你管好你的信息系统就好了，就不要来掺和这件事了。可是我说我想试一试，最终老板答应了。所有的应聘者都要在事业部负责人的会议上做报告。我还记得那一天的场景：一共有十个人来竞聘三个人力资源经理的岗位，而我是唯一一个写了PPT（演示文稿）来描述自己想法的人。而且这个PPT并不是谈人力资源经理是什么，而是谈事业部的员工需要什么，比如他们很年轻，他们需要成长，需要进步，需要更多的关怀，等等。我就是从这个角度来做报告的——我如果担任了这个职务，我会怎么做。在那一次竞聘中，我获得了非常高的肯定。那次竞聘也让我的老板意识到我不只是人力资源部的技术人员，还是一个可以做人力资源经理的人员，最终我获得了晋升。本质上讲，这是因为我超越了老板的期望。

我们最后来看第三点——开放沟通。在职场中，我们要花很多的时间用于沟通，沟通的成本也是巨大的。杰克·韦尔奇在获得最佳CEO的称号时就曾经说过一句话："我作为最伟大的CEO，其实只做了一件事，那就是花了85%的时间与人沟通。”所以职场的成败与否，在很大程度上和沟通能力有关系。管理学上有句很经典的话：每一次演讲都是改变你命运的机会。许多人以为沟通的重点在于如何表达，但其实沟通的重点不在于表达了什么信息，而在于让对方接收到了什么信息。所以开放沟通意味着善于在他人的世界观里与他们相遇——只有如此，才能产生有效的沟通。所以在职场中，沟通能力其实是一个非常重要的能力，决定了我们能得到多少资源以及能够得到多少支持、理解和帮助，当然也决定了我们可以影响多少人。值得庆幸的是，沟通能力是一种可以提高和改变的能力，而并非是与生俱来的能力。

在《高效能人士的七个习惯》中，有一个叫“世界观—成果—行动”的模型。其中，世界观代表我们的想法，对应于永不抱怨；成果代表我们取得的成绩，对应于超越期望；行动代表我们的行为方式，对应于开放沟通。

只有我们的想法改变了，我们的行为才会改变；当我们的行为改变了，业绩就会随之改变。想法改变是心智创造，行为改变是物理创造，而心智创造总是会高于物理创造。我们拥有不同的想法、不同的行为，所以我们的业绩也不尽相同。总之，我们的思想、行为和业绩是一脉相传的。

总　结

1. 人人都可以成为CEO。CEO的另外一种含义是永不抱怨、超越期望、开放沟通。
2. 想法决定行为，行为决定业绩；永不抱怨是想法，超越期望是业绩；开放沟通是行为。
3. 心智创造高于物理创造。

集体无意识

关于思维的层次，弗洛伊德在多年前就提出了一个著名的理论——心理地层学。弗洛伊德把人的心理系统分成了意识、下意识和无意识三个层次。

第一层次的意识，是指这个人此时此刻的认识、情感和意志，它是心理系统的表层部分，是那些我们能够觉察到的观念。意识直接支配了人们的言行，比如说我们的记忆、我们的态度和我们的理念。此外，我们的职业生涯规划、个人成长计划、修行、自我认知也都属于意识的范畴。

第二层次的下意识，是心理系统的中间层次，是意识和无意识之间在动态平衡中产生的中间部分，指那些虽然是潜隐、潜伏的，但是在某种情况下却可以成为意识部分的心理内容。下意识一般通过梦、笔误、口误、遗忘、过失等方式泄露一部分无意识的秘密。比如，一个最近总是忘了开会时间的人，会在不知不觉中透露出他的工作状态。

第三个层次的无意识，是心理系统的基础层次，主要是指和生理过程相关联的内心的欲望。无意识也指深藏着的、人自己都意识不到的潜在的意识，因此有人把它理解成潜意识。弗洛伊德认为，无意识包括各种先天的本能和被压抑到无意识层次的心理活动，以及一些由创伤事件造成的被压抑的情感和欲望，比如让人感觉羞耻、恐惧、不合理、自私、不道德和具有攻击性的愿望等等。无意识包含着人类行为的驱动力，它储藏在我们无法看见和控制的某种精神领域。弗洛伊德举过一个例子。在一次会议的开幕式上，主持人致辞说："先生们，会议应到代表符合法定人数，我宣布'闭会'。"这句口误引起了与会者哄堂大笑。弗洛伊德认为，这位主持人的潜意识便是对会议不感兴趣，想早点脱身，所以才会出现这样的口误。这让我想起我在上小学的时候，有一次老师喊“下课”，我马上喊出了“起立”（我并不是班长）。为什么会这样？这其实反映了我潜意识里是希望早点下课的。意识和无意识之间是动态平衡的关系，意识有可能下降到无意识层次，无意识也有可能在特殊事件的刺激下冲破压抑，进入意识层次。

荣格在弗洛伊德心理地层学理论的基础上，将人的精神世界分为意识、个人无意识和集体无意识三个层次。而集体无意识处于精神世界的最底层，是普遍存在于每个人身上的共同的心理基础。构成集体无意识的主要内容是本能和原型。本能就是人与生俱来的能力，是心理活动的驱动力量；而原型就是本能在无意识中的具体形象，是本能的行为模式。两者互相决定，互相对应，共同构成了集体无意识。所以集体无意识就是指由遗传保留的无数同类型经验在心里最深层次积淀的人类普遍性精神。

荣格的人格理论对我们有什么启示呢？人格发展的个体化进程就是人不断认识自己、形成自我意识的过程，简单来说就是意识的扩展过程。在这个过程当中，我们应该努力保持精神的完整性，而不应该让它彼此分裂。这给我们的启示就是，我们应该正视无意识的存在和它的意义。有一句成语叫“不知不觉”，它除了形容时间的流逝以外，还形容在没有意识或者难以觉察的情况下发生的事情。用心理学的说法就是，不知不觉发生在无意识的层面。在不了解无意识之前，我们往往认为自己是自己的主人，以为在与环境无关的问题上都是自己在做主，其实并不是这样的。人的一生并不像我们以为的那样，是完全按照我们有意识的人生规划进行的，或者是通过试错排错的方式发展的。

我们每个人都有自己的无意识的人生脚本，它控制甚至绑架了我们，而我们却不自知。荣格认为，无意识是一个宝藏——从祖先那里继承的一些集体无意识，以及我们后天养成的各种良好的行为习惯，这些都会让我们在每一个面临诱惑的关键时刻迅速做出正确的决策。所以无意识对我们的影响超出了我们的想象。

美国的心理学家霍尔将弗洛伊德的心理系统比喻为冰山，他说意识就是露在水面上的冰山部分，下意识是水面的一小部分冰山，而无意识则是水下冰山的巨大主体。所以人的成长就是让冰山的水线不断下降、意识不断积累的过程。因此我们应该正确认识无意识，应该让更多的"不知不觉"变成"有知有觉"，或者说让尽可能多的无意识上升为意识——这是我们把握自身命运的起点。认识无意识可以帮助我们更好地了解自己。所以对无意识的理解过程，就是一个不断地从无意识中发现问题的症结，同时不断丰富自己的过程，也是帮助人们从不知不觉的必然王国进入更多有知有觉的自由王国的过程。

那怎么样才能让无意识上升为意识呢？这里介绍四种方法。

第一种是静态运动（如瑜伽和冥想），它可以帮助我们唤醒潜意识。瑜伽用于修身，冥想用于修心，它们在印度尤其流行。良好的阅读也是一种静态运动，能够起到唤醒读者潜意识的作用，尤其是当读者和作者产生共鸣的时候。

第二种是极限运动，比如登山、漂流、越野。在一切伟大的自然景象面前，人类都会显得很渺小。唯其渺小，人才不会自大，才会顿悟，才会发掘潜意识，从而将无意识变为意识。

第三种是寻求反馈，寻求同事、领导以及客户对我们的反馈。反馈会让人看到自己看不到的盲区。因为潜意识所在的区域就是盲区，而自己找到盲区是很不容易的，所以借助外力是很有必要的。

第四种是自我反省。孔子说的"吾日三省吾身""见贤思齐焉，见不贤而内自省"，都是很好的自我反省方式。自我反省其实有助于我们把自己的无意识状态总结、提炼出来以变成意识的行为。

一个人发展的空间取决于对自己了解多少，即取决于把自己的无意识行为转化为意识行为的程度。一个人的成长其实是从发现自我、把无意识变成意识的时刻开始的。所以人们说，人最大的成长来自知道自己不知道——从不知不觉变成有知不觉。这就是一个人成长的最有意义的事情。

总　结

1. 人的心理系统分为三个部分：意识、下意识、无意识。
2. 无意识决定了在非常时刻我们是如何做决定的，也就说是，无意识在很大程度上决定了我们的人生。
3. 把无意识转变为意识的四个方法：静态运动（如瑜伽、冥想、阅读）、极限运动（如登山、漂流、越野）、寻求反馈、自我反省。

纳什均衡

经济学上有一个名词叫作纳什均衡，它是由诺贝尔奖获得者纳什提出的。所谓的纳什均衡指的是参与人的一个策略组合。在这个策略组合中，任何参与人单方面地改变策略是得不到好处的。关于纳什均衡，有一个很经典的案例，叫作囚徒困境。这个案例提到了斯坦福大学数学家塔克在演讲时讲到的一个故事。

有两个小偷——A和B联合作案被警察抓住，可是警察缺少有力的证据。于是警方将两个人分别关在两个不同的房间内进行审讯，并且告诉他们同样的内容——如果A和B同时坦白，就各判监禁5年；如果一个坦白另外一个抵赖，那么坦白的因为提供证据有功而当庭释放，而抵赖的则因为妨碍公务要被监禁10年；如果两人同时抵赖，就会因为证据不足而各被判1年监禁。

这个时候两个人是分开的，所以每个人都会思考对自己最有利的策略。对于A来说，他会思考：假如B坦白的话，他自己坦白会被判5年，抵赖会被判10年，显然在B坦白的情况下，自己坦白最合算；假如B抵赖的话，自己坦白则会被当庭释放，自己抵赖会被判1年，所以在B抵赖的情况下，自己也是坦白合算。于是基于理性决策，A得出结论：无论B是坦白还是抵赖，自己都是坦白合算，于是A就坦白了。同样的道理B也是懂的，所以B也会在理性决策下做出坦白的决定。关于这个案例，显然最好的策略是双方都抵赖，这样大家都只会被判1年。但是由于两个人处于隔离的状态，所以信息不对称（这也符合市场的实际情况），从而做出了不利于彼此的决定。

从心理学的角度来看，当事双方都有理由怀疑对方会出卖自己以求得豁免。根据亚当·斯密的理论，每个人都是“理性经济人”，都会从利己的角度出发，从而选择对自己最有利的策略。这种理性思考的结果就是不管对方坦白与否，对己方而言都是坦白最合算。于是在这个案例中，警察的目的达到了。基于经济学中“理性经济人”的前提，如果两名嫌犯符合自己利益的选择都是坦白招供，那么原本对双方最有利的策略（两个都抵赖的选项）便不会出现。

这说明，对个体最优的策略并不代表对整体最优。所以纳什均衡对亚当·斯密“看不见的手”的原理提出了挑战。按照亚当·斯密的理论，在市场经济中，每一个人都从利己的角度出发，最终能达到全社会利他的效果。但是我们可以从纳什均衡中引出“看不见的手”原理的一个悖论——从利己的目的出发，得到的结果将是损人不利己的。

如何解决这种囚徒困境？基本解决思路有如下四点。

第一点叫纵向一体化。企业并购采用的就是这样的思路。很多公司为了避免上下游厂商的博弈，于是就把上、下游厂商都整合起来，也就是说把两个有冲突的个体放到一个利益体里面去。这种情况还经常出现在人员的管理上——为了强调团队之间的合作，在考核的时候，公司并不考核个人的业绩，甚至也不考核某个团队的业绩，而是考核整体公司的业绩。如果我们要强调团队合作，最简单的办法就是放弃个人业绩，而要拿团队业绩来考核所有的成员。有人说：这不就成了吃“大锅饭”了吗？为了解决大锅饭问题，我们可以规定个人业绩的低限，把这个低限作为必要项，而不是计分项；或者把那些我们能够控制的业绩的比例放大，而把只与个人有关的业绩比例缩小，以促使员工放弃掉一些个人利益的考量。

第二点是用组织权威控制和激励的方法。我们知道，个体决策永远是关心自己的，个人总是从个人价值最大化的角度来对待工作的。所以我们有必要成立组织，组织就是为了解决价值创造、价值分配和价值评估的问题的。传统组织采用的是科层制，它有两个特点，一个是边界很清楚，另一个是层级很清楚。在这种科层制的架构下，权威控制能够有效地打破囚徒困境。今天，有一种更加有力的组织方式——合弄制[①]，用以打破边界和层级。另外，组织中的价值分配的本质就是激励，而权威、控制和激励可以从组织层面来解决囚徒困境，帮助员工成长。

第三点是相互磋商和议价，并建立合约。这就是说，我们要改变支付结构和支付结果，或者说我们要进行转移支付。转移支付采用的思路是，为了整体利益可以牺牲个体利益或者小团队利益，所以转移支付经常被用来解决囚徒困境。博弈论中之所以会出现对整体结果不是很有利的情况，就是因为个人只会做对自己有利的决定。哪怕这个决定对对方并不有利，他也不会去考虑。因此如果说，当我们考虑了对方的利益而

① 合弄制是一种较为流行的组织形态，英文叫作 holocracy，是从官僚制（bureaucracy）分离出来的。——编者注

牺牲了自己的利益时，我们会得到补偿，那么我们也许会从只关注自己的利益变得部分关注他人的利益。培养人的团队意识很多时候指的就是这个意思，比如建立团队的家庭文化。

第四点是信任和承诺。我们知道，产生囚徒困境的一个重要原因就是人们采用的是单次的博弈。如果采用重复博弈的话，显然我们就不会去做损人不利己的事。从某种意义来讲，重复博弈是一种建立信任和承诺的机制。建立信任文化其实是企业文化的一部分。文化的意思是“以文化人”，所以文化对人的影响不容小视。文化能够产生向心力，这种向心力的本质就是彼此的承诺。培养人的最核心部分就是建立文化认同！因此在这种博弈中建立的双方的信任关系，以及在长期的重复博弈中建立的这种文化，对于解决人的成长问题非常有帮助。

总　结

1. 纳什均衡指的是参与各方在对方不改变策略的情况下也不会改变自己策略的稳定状态。
2. 囚徒困境是一种纳什均衡，表明个体的最优决策并不会带来整体最优。
3. 人才培养中避免囚徒困境的短视有四种方法：增加团队业绩的比例、利用组织的权威控制和激励、建立利益补偿机制、建立信任与承诺的文化。

ABC原理

心理学中有一个原理叫作ABC原理，有人称它为心理学第一原理。

这个原理讲的是什么呢？我们先来看一个小小的案例。有一天，你在一个公园里看书。因为这本书是你的初恋送给你的，而且这本书已经绝版了，所以你非常珍惜它。你把书放在公园里长椅的一端，自己坐在另外一端思考问题。在你思考的过程中，来了一个人，你们互不相识。他也来到长椅边，一屁股把书坐坏了。请问，这时候你会是什么心情呢？

很显然，你的心情会很糟糕，因为你最喜欢的书被人坐坏了。从心理学来讲，你此时就受到了一个刺激（Activation，简称A），这个刺激就是你的书被坐坏了。这个刺激会带来一个结果（Consequence，简称C），那就是你的心情不好。如果你得知这个把你书坐坏的人是个盲人，那你是什么心情呢？你的心情很可能不会像刚才那么糟糕了，你可能会选择原谅他。可是你的书依然是坏的，那为什么你的心情不那么糟糕了呢？这是不是说明你的心情糟糕与否和那个刺激是没有关系的？

很多人认为，我今天的结果是由当初的那个刺激导致的。事实上，上述案例表明，这个结果跟那个刺激是没有关系的。你不能说你今天混得不好，是因为你当年没有考上清华；你不能说你在公司得不到晋升，是因为老板不给你机会；你不能认为你的市场业绩做不好，是因为客户太刁钻。那到底是什么东西决定了结果呢？心理学研究表明，是ABC中间的B，叫作Belief，翻译成中文就是信念。也就是说，我们对事物的看法决定了结果。这让我想起叔本华讲的一句话：你看到的世界不是真实的世界，而是你内心希望看到的世界。如果我们心中充满阳光，那便是晴天；如果我们心里悲痛，那再好的天气也是阴霾。所以我们得出结论：不是事件导致结果，而是我们对事件的不同看法会导致不同的结果。

信念非常重要，但是生活中的人们总是会有各种不合理的信念。比如，很多人说人应该得到生活中所有对自己重要的人的喜爱和赞许；

还有人认为自己就应该比别人强，任何事情都应该按照自己的意愿发展；还有人担心自己随时可能发生灾祸；还有人认为已经定下的事无法改变；等等。这些其实都是一些不合理的信念，它们会影响我们的结果。

我在职场中曾经历过这样一件事情。有一次，老板打算提升我为人力资源运营副总监。人力资源运营总监是个很难相处的人，因为四年来他换了好几个副总监。我非常担心我会是另外一个被换掉的副总监。因此当老板打算提拔我做副总监的时候，我去找老板说："我这个人性格不好。"他问："怎么了？"我说："我这个人适合做一把手，不适合做二把手。"老板说："你胡说，你大概是不想跟人力资源运营总监合作吧。"我说："是的。"他说："为什么？"我说："我跟他合作肯定不愉快。"老板说："不行，你从来没管过大团队，你必须从副总监开始干。"所以老板坚持要把我安排在那个总监下面，我很不情愿。我心里想，与其合作不愉快，不如自己主动辞职算了。所以我就打算辞去这个工作。就在这个时候，有个朋友来看我。他本来是来祝贺我的，看我很郁闷，就问为什么会这样。我跟他讲了这个事情的经过之后，他讲了一个完全不一样的想法。他说："阿次，祝贺你。"我说："为什么祝贺我？"他说："你有没有发现你有一个绝佳的机会，如果你能够跟这个总监搞好关系，那么你在以后的人生道路上，还有谁搞不定呢？"

我原来以为跟这个总监合作是一件很糟糕的事情，这是我的信念。因为我认为会很糟糕，所以我不想与其共事，于是我的结果就是准备辞职。而我的朋友认为这是个绝佳的机会，是一个很好的锻炼机会。因为这个人很难搞定，所以如果我能搞定他，就意味着从此以后没有谁是我搞不定的！这样一想，我马上觉得很有信心，于是就去找老板谈。我说："老板，我愿意接受你的任命，可是我有个条件，我只能干一年。一年之后你要是觉得我做得好，你要把我转正；你要是觉得我做得不好，你可以暗示我，我可以离职。”老板说：“管不了那么多了，你先上任再说吧。”那一年，我恪尽职守，认认真真地与人力资源运营总监合作，并把这次合作当作一次磨炼自己的机会。当然，最后的结果很好，一年之后我顺利转正。这件事情对我的影响很大。也就是说，如果我把这件事认为是一件不好的事情，我就会放弃，然后我可能就失去了一次锻炼自己的机会；如果我把这件事情当作是一次很好的磨炼自己的机会，那么我一定愿意尝试、努力付出，从而带来好的结果。

ABC理论告诉我们：事情的本身并不会影响你，影响你的是你对这件事情的看法。所以，如果我们能够改变自己的看法，改变自己的信念，那么事情的结果也一定会被改变。这个其实就是教练的作用。教练能够帮助我们改变心智模式，让我们看到事情的另一面，从而得出不同的结果。ABC原理可以在很多地方得到印证，比如说木桶原理。你可以把一个木桶的短板看成是它应该补充的地方，也可以把一个木桶的长板看成他发挥优势的地方——这两种理念带来的管理行为是完全不一样的。总之，在人才培养的过程中，ABC原理能帮助我们解决在思维层面该如何看待他人的问题。

总　结

1. 事物本身并不决定结果，决定结果的是我们对事物的看法，这就是ABC原理。
2. 世界就在我们的大脑里，如果我们改变不合理的信念，世界就会随之改变。
3. 在人才培养的过程中，我们可以弥补员工的缺点，也可以发挥他们的优点，就看我们愿意采用哪种方式。

互联网思维

在农业文明时代，最重要的资产是土地，所以那个年代的农民比较重要。到了工业文明时代，最重要的资产是资本和机器以及机器背后的技术，所以效率比较重要。而到了现在的知识经济时代，最重要的则是人的大脑，所以管理成了一件非常重要的事情。

在工业文明时代，我们只要有机器就可以了，人是机器的一部分。而在知识经济时代，我们会发现机器变成了人的一部分，人工智能便是典型代表。在知识经济时代，移动互联网的出现真正把我们带入了“以人为本”的经济时代。

互联网的发展其实分为三个阶段，第一个阶段Web1.0，即门户时代。那时候，新浪、雅虎、搜狐这样的门户网站如日中天。我们会发现，这些网站的主页上有很多信息，这些网站其实都是综合的信息展示平台。

互联网发展的第二个阶段是Web2.0，即搜索时代。这个时期的网站变了，以谷歌和百度为代表的网站，它们的主页没有什么信息，只有搜索栏——能够把一些拥有共同关键字的信息聚合在一起。

而今天流行的社交网络时代，属于互联网的第三个阶段。社交网络时代的典型代表是应用软件，比如说微信。为什么微信会比微博更流行？因为在微信界面，人和人是平等的，是熟悉的；而在微博界面，我们是呈45度角仰望着大V（拥有众多粉丝的微博用户）的。显然，人的自我意识的觉醒和人的社交属性会让微信更加流行。

不同于工业文明时代追求效率，社交网络时代对人的关注更多了，所以这个时代所需要的管理方式也不一样。那么在互联网的第三个阶段，我们该怎么去思考，该怎么做好管理呢？相比以前的时代，当下的时代有三个显著的改变：第一个是思维的改变，第二个是管理的改变，第三个是商业模式的改变。本文重点讨论思维的改变。

我们知道，在社交网络时代，我们的思维其实跟工业文明时代的思维是完全不一样的。我们从以下八个方面来谈一谈。

第一点是效果优先，而不是效率优先。效率是为了把事做对，效果是做对的事，而做对的事永远比把事情做对更重要。因为在社交网络时代，真正颠覆我们的不是我们的竞争对手，而是门口的“野蛮人”。我们知道，让康师傅方便面卖不出去的，不是别的方便面品牌，而是饿了么这样的网上订餐公司；让尼康镜头卖不出去的，不是别家的镜头，而是因为智能手机的出现。

第二点是用户驱动，而不是产品驱动。也就是说，在社交网络时代，用户在驱动一切。为什么小米的东西卖得那么好？因为它是由用户来驱动的。产品驱动强调性能、功效、性价比，而用户驱动强调体验、服务、以人为本。用户驱动显然比产品驱动更好。也就是说，这个时代的不是以用户为出发点的一切行为都将变得没有意义。

第三点是平台共享，而不是资源独占。社交网络时代的企业都遵循平台共享的模式，共享经济大行其道；而在以往工业文明时代，共享是比较困难的，因为企业的机器、产能都是由企业独占的。

第四点是去中心化，而不是等级森严。工业文明时代强调组织核心，强调等级森严，而社交网络时代是没有等级概念的。去中心化也体现在组织结构上——从以前的科层制到今天的合弄制，再到阿米巴经营模式，都强调扁平化，都是去中心化的表现。社交网络时代也是去权威的——颠覆每天都在发生，以往的经验可能都是负资产，一切最美好的都还没有发生。

第五点是遵循长尾理论，而不是二八原理。在二八原理中，我们认为重要的大客户会产生很大的影响，20%的客户会带来80%的价值。而长尾理论认为，20%的大客户固然很重要，但是剩下的80%的小客户的议价能力很强，客户变化带来的影响也很大，所以长长的尾巴才是真正能给我们带来巨大利益的群体，而我们要做的是要服务好我们的长尾。

第六点是极简主义，而不是复杂主义。工业文明时代，产品做得越来越复杂，功能也越来越多，以至用户根本搞不清楚如何选择。社交网络时代的极简主义，讲究简单、极致、快，意味着人们的注意力是有限的，所以厂家要把产品做得极致、简洁、易用。

第七点是网状结构，而不是线性结构。网状结构不仅符合去中心的结构模式，而且使得信息的交换变得极其便利——不会像以往的信息交换那样采用从底部回到总部、从总部再回到底部的远距离交换模式。

第八点是免费模式，而不是付费模式。工业文明时代一定是付费模式时代。所谓的天下没有免费的午餐，就是这个意思。而在社交网络时代，羊毛出在猪身上，狗来买单。这种商业模式已经在社交网络时代（流量决定一切的时代）获得流量或者成为流量入口。

通过以上八个思维层面的对比，我们发现，社交网络时代的思维和工业文明时代的思维是完全对立的。但是我们是从工业文明时代发展过来的，所以进入社交网络时代，我们的思维如何跟上变化的步伐便显得异常重要。

因此在管理中，我们不能再认为我们的经验是可以拿来使用的，我们的经历是可以拿来复制的。按照管理学理论，这种转变被称作从前喻文明到后喻文明的转化。因此帮助下属成长是一种双向学习模式，而且很多时候真正需要学习的恰恰是我们自己。

总　结

1. 在社交网络时代，做对的事远比把事做对重要得多。

2. 在社交网络时代，思维的改变是第一步的，然后是管理的改变、商业模式的改变。
3. 从人才培养的角度来看，我们在工业文明时代获得的管理经验可能已不能满足社会发展的需求，我们要让自己的管理思维跟上时代的步伐。

3.4
教练式管理

教练起源

教练技术起源于20世纪80年代的美国。当时，有一个老板经营着一家体育中心，该体育中心从事各种体育项目的教学活动。有一次，网球教练给老板打电话说，家里有事，来不了了。于是老板就找别的教练来代课，结果发现其他所有的网球教练都在上课。此时，只有一名滑雪教练在休息。于是老板就问他，你能不能来帮我上一节网球课？那个教练说：我很愿意帮你，可是不好意思，我不会打网球。老板说：现在整个体育中心只能找到你这个教练，如果你不帮我，我就要赔钱，所以你还是来帮我吧。可是滑雪教练说：我不会打。老板说：不会打没关系，你只要记住两点，第一，无论学员怎么要求，你不要做示范动作，因为一做示范动作你就会露馅；第二，你去跟学员讲，看到球来了，看准了再打。老板问他会不会这样讲？滑雪教练说这个我会。于是老板就把他推进了教室。

这个教练走进教室，跟同学们说：大家早上好，今天我来教大家怎么打网球，网球是全世界最容易的运动。学生问教练：怎么打呢？教练说：很简单，你们看到球来了再打，球没飞过来，没看准，不要打。然后教练问学生们听懂了吗？学生们说听懂了。于是教练让第一个学生来打，结果这个人根本不知道该怎么打，所以他没击中球。然后教练就问大家，这个人打得怎么样？学生们说这个人打得比较差。于是教练让第一个学生归队，换第二个学生来。第二个学生看到刚才第一个学生的打球场景，有了些许领悟，所以打得比第一个好一点点，至少打中了。然后教练又问大家这个人打得怎么样？大家说这个人打得好。教练也说很好，并分析了一遍好在哪里，然后让第三个来。就这样，每一名学生都操练了一番，而且都被分析了一遍。在整个过程当中，教练没有给他们做示范，因为教练也不懂。很快，这节课结束了。

第二天，真的教练来了，准备去上课。老板拦下了他。老板认为，如果今天真的教练去了，肯定要讲怎么站位，怎么握拍，那么学生肯定会怀疑昨天那个教练是个冒牌货。为了不让学生投诉，老板就跟那个假教练说，今天还是你去教课吧。假教练没办法，就又去了。

就这样，假教练把这个班带到了毕业。到了毕业那天，老板决定去看看这个班的学员学得怎么样。在毕业的表演赛上，他发现这个班的学生是整个体育中心有史以来球技最好的。老板很惊讶，于是对这个假教练的教学模式研究了一番。第一，他从来不骂学生，因为他不懂怎么真正打球，所以他没有指责，只有鼓励。第二，他要求学员放松自己，忘掉自己的身体和一些僵硬的动作，并专注于目标本身。

老板发现这种教学模式很好，于是很想把这个方法进行推广，可是没人相信他。于是老板找了一家电视台，说他最近发明了一个方法，可以在20分钟内教会一个人打网球。电视台说不可能，并认为网球是高雅运动，至少要20个小时才能学会。于是老板跟电视台打赌：如果教会了，电视台就要帮体育中心免费宣传；如果教不会，老板就要向电视台支付一笔费用。老板把这个教练叫过来，让他教一个身材微胖的40岁女士打网球。20分钟后，这名女士居然学会了。

这个节目被AT&T（美国电话电报公司）的老板看到了。AT&T当时在做变革管理，但是它的高管层不懂得怎么去指导别人，所以AT&T的老板就把这个教练请过去，教高管层如何辅导下属。这个教练走进高管会议室说：各位高管你们好，实话跟你们讲，我不会打网球。大家很惊讶地说：不会打球，那你教什么？你这不是骗人吗？教练说：我没有教他们打球，我只做了一件事，那就是消除了他们认为自己不会打球的顾虑。就这样，教练技术被开发出来了。

当我学习了教练技术之后，一直以来存在我内心的一个困惑便得到了解答。小时候，在看体育节目时，我总认为运动员在赛场上是最辛苦的，而教练员却在一边悠闲地指手画脚。我当时心想，教练员你厉害，那你去参赛啊？可是从来没有一位教练员去参加比赛。后来我才知道，教练员未必比运动员技术更好。既然教练员不如运动员，那么为什么还能教运动员呢？这就牵涉到教练的本质是什么的问题。教练的本质其实就如同我们前文讲过的ABC原理——教练是帮助我们改变心智模式和挖掘潜能的一门技术，所以教练员并不需要在技术层面比运动员懂得更多。

教练技术诞生之后，很快就风靡了全世界。有人用三种象征物来形容教练。第一，教练是镜子。镜子不会给你评语，不会告诉你答案。第二，教练是指南针。有了指南针，我们就不再迷路。第三，教练是催化剂，会加速我们的成长，但并不会改变我们的成分，也不会参与我们的化学反应。

总 结

1. 起源于运动领域的教练技术，用于改善他人的心智模式和开发他人的潜能。
2. 教练的实质不是给予学员技术，而是给予学员自信和自我觉察。
3. 教练的三种象征物：镜子、指南针、催化剂。

空杯心态

在教练技术当中，有一个很有名、很重要的心态，叫作空杯心态。我们可以用空杯心态来形容一个真正的教练应该具备的状态。

空杯心态来自一个与苏东坡有关的典故。苏东坡年轻的时候心高气傲，他听说有个叫佛印的和尚很有才学，于是决定登门拜访。第一次，佛印和尚坚决不见苏东坡，于是苏东坡无功而返。第二次，佛印仍然闭门谢客。等到第三次，佛印和尚不好再拒绝了，于是把苏东坡领到斋房，给苏东坡倒水。倒着倒着，杯子就要被倒满了。苏东坡敲了敲桌面，以示提醒。可是佛印不理他，继续倒，很快水就满了。满了之后，佛印还继续倒，于是水就溢出来了。此时，苏东坡顿悟了，于是转身离开了寺庙。

苏东坡为什么离开？因为他领悟到了佛印告诉他的一个道理：你现在就如同这个装满了水的杯子一样，无论我跟你讲什么，你都听不进去。也就是说，一个人在接受别人意见之前，首先要放空自己。

这就涉及教练状态中两个很重要的前提性问题：如何放空自己？为什么要放空自己？在教练技术中，有一种技能很重要，叫作倾听技能。倾听需要耳朵，而上帝给我们两只耳朵、一张嘴巴，就是要让我们多听少说。

倾听有如下三种状态：

- 假装在听，或者说选择性地听——只听自己感兴趣的东西，不感兴趣的就会被自动过滤掉。
- 全部都听清楚了——如同录音笔一样地吸收所有的信息，但只是吸收信息而已，并不能分辨信息的重要性和真假。
- 同理心的倾听——不光听到对方表达的语言、语气、语调等信息，而且还听到了这些信息背后的故事与隐藏的含义，这是最高级的倾听状态。

事实上，一般人很难做到同理心的倾听，因为有很多障碍会妨碍我们倾听。妨碍倾听的障碍主要有以下三种：

- 打断别人——还没有完全听到对方真正想表达的内容，就打断了对方的讲话。
- 先入为主——心里已经有答案了。换言之，听者还没有达到空杯心态。听者心里已经有答案了，所以只有在听到感兴趣的或者认同的东西时，才会产生共鸣。反之，他就不会去听了。
- 当下心情。比如说因为要赶时间或者心情不好，所以我会选择不去倾听。

以上的障碍都来自内心。不好的心情、已有的成见或预设的答案，都会导致我们无法倾听。也正因为如此，空杯心态才是学会倾听的第一要素。关于倾听，有一句很有名的话：当你说话的时候，你只是在表达你所知道的东西；当你倾听的时候，你可能会学到你所不知道的东西。显然倾听比表达更重要。从教练技术来讲，我们第一个要学会的能力就是倾听。

那到底该怎么学会倾听呢？以下介绍五个小技巧。

第一个技巧就是保持安静。每天给自己3～5分钟的安静时间，只静静地思考、冥想；或者到一个安静的地方，去倾听周围的声音。你会发现，你能听到很多以前没有注意的声音。保持安静可以帮助你重建听觉系统。

第二个技巧叫作混合器。混合器的意思是，在每次听声的过程中，你要尽可能多地听到声音当中的不同元素。以往我们可能只听自己感兴趣的声音，不感兴趣的就会被忽略掉，而混合器技巧要求我们尽可能去听声音中的每一个元素。

第三个技巧叫作品味声音。所谓品味声音，是把所有的声音都听成一种旋律。把枯燥和单调的声音听出旋律是很不容易的，这表明你已经学会了倾听声音背后的故事。

第四个技巧叫作保持良好的倾听状态。在不同的倾听状态下，你听到的内容会有差别。抱着积极的心态去听，你会听到积极的声音；抱着悲观的心态去听，你会听到悲观的声音；抱着负面的心情去听，你会听到负面的声音。所以保持良好的倾听状态很重要，这也是最难掌握的技巧。

最后一个技巧叫作RASA。RASA代表四个单词：第一个R代表Receive，就是接收信息；第二个A代表Appreciate，就是感谢对方；第三个S代表Summary，就是总结对方说的话；最后一个A代表Ask，询问对方。

总 结

1. 空杯心态是一种放空自己、不预设任何立场的一种状态，也就是教练状态。
2. 教练技术的另外一项技能是倾听，而只有在空杯心态下，倾听才能发挥作用。
3. 倾听的五种技巧：保持安静、混合器、品味声音、保持良好的倾听状态、RASA。

强有力提问

有人说，教练技术本质上就是一个提问的技术。我是很认同这个观点的。当我们区分一个人在工作中是否运用了教练技术时，可以用一个简单的法则来判断：他是否维持着一个无我的状态。无我意味着他不会给别人答案。教练式回应是直觉的回应，而教练是通过提问来使对方醒悟的。提问的目的是让对方思考，所以对于一个教练来讲，他是不会向学员提供答案的。而提问是教练的有力武器，好的教练本质上就是提问题的高手。

那如何提问呢？提问其实是有一些框架的。提问最基本的原则就是要问简单、单一的问题，多问一些开放式的问题（因为开放式的提问会让我们获得更多信息），要多用是什么而不用或者少用为什么来提问。

教练技术中有很多种提问模型，它们的核心目的是让对方产生自我觉察。但凡能起到这样作用的问题都被称为强有力提问。下面我们介绍四种提问模型。

第一种叫作先跟后带。先跟后带的意思是说：在提问当中，第一步永远是跟随对方。它有一个基本的原则叫作“从不说不”。无论对方讲什么，我们的第一步是跟随对方，然后想方设法地把对方带到我们要去的地方。就如同我们见过的太极高手，当对方一拳打过来的时候，他们往往不是用拳头迎上去，而是先把对方的拳头接住，然后借力打力，轻松地调动对手。先跟后带要求我们在回应、提问的时候，第一步永远要跟随对方。

第二种叫作上堆下切。这个提问法的依据是NLP（自然语言处理）中的逻辑层次图。在逻辑层次图当中，最底层的是环境层，环境层上面是行为层，行为层上面是能力层，能力层上面是信念层，信念层上面是身份层，再上面一层是系统层。我们可以针对不同的层次来提出不同的问题，而且我们发现，越问底层的问题，它揭示的细节就越多。针对不同层次的提问方式：针对环境的提问，我们可以问能不能举个例子，什么时候、什么地点、发生了什么事；针对行为的提问，我们可以问对方曾经做过什么；针对能力的提问，我们可以问对方喜欢具有什么能力的人，什么样的能力才能做这样的事；针对信念的提问，我们可以问对方觉得这件事重要吗，为什么重要；针对身份的提问，我们可以问对方想成为什么样的人；针对系统的提问，我们可以问对方来到这个世界的意义是什么。同时，对于这六个层次，往上问便可以找到共识，往下问便可以找到一些细节，所以这种提问模型被称作上堆下切。

第三种叫作时间法则。时间法则是指把学员带离当下，带他去一个他没有去过的地方，或者他曾经去过的地方。如果是没去过的地方，那么我们可以对他的将来提问，比如他的人生理想是什么，10年之后他想成为什么样的人。如果是曾经去过的地方，或者说回到过去，那么我们可以问他：回到一年前，你觉得你应该做什么，会不会跟今天不一样？

无论是把学员带到过去还是带到未来，其实都是把他们带离当下。因为当下其实是产生痛苦的根源，人一旦离开当下，看问题的视角就会不一样，就会产生自我觉察。

第四种叫作意义换框。意义换框指的是，所有的学员都是有内心框架的，所以我们的提问如果能够帮助对方打破这个框架，那么我们的提问就会很有力。比如说有人认为业绩做得不好，是市场环境不好导致的，或者是整个经济环境不好导致的，这种认知就是他的内心框架。那怎么打破框架呢？我们可以这么发问：在同样的市场环境下，有没有人做得比你好一点呢？如果对方说有，那么你可以继续发问：别人做得比你好意味着什么？这意味着环境不是决定业绩的最主要因素，所以我们就成功地把他的框给换掉了。

这就是四种基本的提问模型，也就是我们提问中可以采用的四种方法。第一先跟后带，先跟随对方，然后再把对方带到我们要去的地方；第二上堆下切，往上走，找到共识，往下走，找细节；第三时间法则，把对方带离当下；第四意义换框，打破对方固有的思维模式，让对方产生自我觉察。

除此之外，还有很多提问的技巧，比如：多问开放式问题，不要一开始就问封闭式问题；善于使用探究式提问；还有苏格拉底式提问。这些都是提问的一些很好的方式。另外，在教练技术中，还有一个被广泛使用的提问方式，那就是黄金圈法则的提问——先问是什么，然后问为什么，最后问如何才能做到。很多管理者非常善于运用这种提问方式。

如果我们能掌握上述提问技巧，那么在实践中，我们就能帮助下属更好地认识自我。因为提问的实质目的是帮助对方找到自己从未思考过的问题，所以我们在提问时要摒弃一种倾向——我心里有答案，所以我要把答案告诉你。记住，你只负责提问，而找到答案是对方自己的事情。为什么不能给答案？原因很简单，我们给出的答案永远是我们自己的，而只有对方自己思考的才是他自己的东西。这就是为什么教练永远不给予别人答案的原因。我们要让对方知道，只有他自己经过探寻之后得到的答案才是有意义的。

总　结

1. 教练的主要任务就是提问，而且是不给答案的提问，其中能够让对方反思的提问就是强有力的提问。
2. 提问的四种模型：先跟后带、上堆下切、时间法则、意义换框。
3. 黄金圈法则也是一种提问模型：先问是什么，再问为什么，最后问如何才能做到。

BIAS反馈

根据乔哈里窗口理论，一个人获得成长的一个重要前提就是开发了自己的潜力区。每个人的潜力都是无限的，而潜力就是指那个自己不知道别人也不知道的乔哈里窗口部分。那如何让这个乔哈里窗口得到释放呢？办法很简单，就是我们要去倾听别人给我们反馈的盲点，然后更多地表达和开放自己。

那么要如何进行反馈呢？有一个模型叫作BIAS。事实上，BIAS代表四个动作。第一个B代表Behavior，意思是行为，也就是说我们只能对行为做反馈，而不能对动机做反馈。为什么不能对动机做反馈呢？比如“我觉得你好像不想好好干”，这种揣摩是毫无意义的。我们说过，任何行为都有两种动机（好的动机和不好的动机），所以我们永远无法知道对方在做这件事情时具有哪种动机。我们如果妄加揣摩的话，就很可能会伤害别人。另外，我们在前文中说过，教练是一面镜子，镜子只反映学员真实的现状，而不反映学员内在的东西，而内在的东西是要学员自己思考的，所以我们只能针对行为做反馈。

第二个I叫作Impact，就是影响，也就是这个行为可能会产生的影响。但这个影响不是我们来告诉对方的，而是要对方自己去认识的。为什么影响要让对方自己来感知？因为所有我们告诉对方的永远是我们自己的，而只有对方自己思考出来的才是有价值的。

第三个A叫作Alternative，中文叫作选项，也就是说有没有别的办法去规避不好的行为。

第四个S有两个含义，一个叫作Silence，另一个叫作Suggestion。Silence是沉默的意思，Suggestion是建议的意思。也就是说，如果对方的选项很好，我们就不用给任何指导，默默赞许即可。如果对方的选项不够好，而我们有更好的想法，在征得对方同意的前提下，我们可以提供给一些建议。比如说："我有个好的建议，你要不要听？"对方说要，那我们便可告诉他。当我们告诉对方选项或提出建议的时候，我们起到的已经不是教练的作用了。当然，在实际运用当中，我们在对方需要帮助的情况下，是可以随时提供帮助的。

假如有一天，你决定找一名下属谈话，原因是这名下属连续一个星期都迟到了一个小时以上。你该怎么跟他谈呢？如果一上来你说：你小子是不是不想混了？这种反馈肯定是不对的。因为你没有针对行为，而是针对动机来做反馈的。如果是针对行为的反馈，那么你应该说："小张，我观察到你最近一个星期每天都迟到了一个小时，请告诉我发生什么了。"这种谈话采用的就是B策略。

他可能会说："老板，迟到这种小事你就不要管了，我保证如期完成业绩就好了。"这时候你该怎么办？此时，你可以用I策略。你可以说："是的（这里用的是先跟后带模型），你迟到也不影响你完成业绩。

问题是，万一客户早晨打电话到公司找不到你，怎么办？你觉得董事长早晨在办公室看不到你人，他会怎么想？我年底想给你评优秀，可是你天天迟到，我该怎么向别人解释？”你可以举一些例子来让对方意识到迟到其实是影响不好的行为。在对方意识到迟到的不利影响后，他可能会说：“我也不想迟到，可是我每天晚上要照顾孩子，所以晚上睡不好，早上起不来。”他找了个理由，那你该怎么办呢？

记住，在反馈当中，我们并不需要跟对方探讨这个理由，因为一旦探讨理由，我们跟对方就会陷入一种无休止的争论当中。所以，在对方意识到迟到的不良影响后，我们不要去探讨原因，而要接着问他选项：“有道理，那你有没有想过有什么办法可以让你避免晚上照顾孩子？”（此时，你采用了A策略）。他说：“那不如找个保姆。”你说：“很好，那除了保姆，还有什么办法呢？”他说：“还可以把丈母娘叫过来。”“嗯，很好！还有呢？”记住，无论他说什么样的选项，你的回应总是一样的：“很好，还有什么？”这样可以让对方找到很多方法来解决问题。

如果对方已经找到了足够多的解决问题的方法，你就可以说：“很好，就按你说的方法执行吧。”（这是一种S策略）。如果对方的方法不是很完善，而你有更好的方法，那么你可以给他提供建议。至此，反馈结束。

在这个反馈当中，有几个关键点：第一，你只针对行为去做反馈；第二，影响和选项必须由对方提出来，这样他才能有深刻的领悟；至于最后的建议，如果有，你可以讲，如果没有，不讲也没关系。这就是BIAS的反馈模型。需要注意的是，反馈的作用是消除对方的盲点，所以提问的技巧很重要。不要与对方探讨原因，事实上很多原因只是对方的借口而已；对方需要的是从其他角度思考问题，而你的提问就是帮助对方找到解决问题的那扇门。

总　结

1. 教练通过反馈的方式使对方看到自己的盲点，而不是告诉对方所知道的一切。
2. 反馈的四个步骤：行为、影响、选项、沉默或建议。
3. 第一个步骤和第四个步骤是由教练来完成的，第二个步骤和第三个步骤要由对方来完成。

适度授权

授权和分权的区别是什么？其实授权的和分权的最大区别就在于责任——分权的时候，责任也被分了出去，可是授权的时候，责任却没有被授出去。这就是为什么外企里流行这么一句话：永远不要在你的老板面前指责你的下属，因为你的下属做的所有事情都是你授权的。如果他做错了，那么责任由你来承担。因此，你指责下属也就意味着你是在推卸责任。

在前文中，我们已经说过，管理就是让别人做你想做的事。通过这个定义，我们就会得到一个结论：管理者很忙的原因是他没有让别人去做他想做的事，而是自己在做他想做的事。管理理论认为：一个好的管理者不会太忙，但下属会很忙；而一个不好的管理者经常自己很忙，而下属很闲。而对下属真正的好，其实不是不给他压力而放任不管，而是要给他一定的压力。这也是好的管理者普遍偏向严厉的原因。比如任正非就非常严厉，从而造就了华为的全球领先的位置；比如王健林，因为采用军事化管理，所以能够管理好一个多元化的集团；比如王石，他有时间去爬山、划船、到哈佛上学，本质上就是因为授权做得很好。

接下来，我们来讨论一下授权的六大好处：

- 因为授权，所以我们自己能够空下来，有机会学习新的技能。以前有一个错误的论调——教会徒弟，饿死师傅。古代的师傅教徒弟一般都要留几手，从而导致好多绝世工艺失传了。如果师傅能够懂得自己的潜能也是无限的（只要时间允许，他们可以开发更多的技能），那么我相信他们会和盘托出的。
- 授权可以促进下属的成长，因为最好的成长莫过于在工作中锻炼和学习。授权下属做更多的事情就是一种锻炼，尤其是当事情稍微超出下属能力的时候。
- 通过授权，我们可以提升下属的士气和信心，下属会感受到来自领导的信任。信任是最大的鼓励，尤其是当下属知道领导在为他承担所有风险的时候。
- 授权可以帮助下属建立有效的人际关系。给下属更多的任务意味着下属要跟更多的人打交道，有利于他们建立有效的人际关系。
- 授权还有助于信息的传递，有助于培养下属的自主工作意识——不事事依赖领导，不事事等待领导拍板。
- 授权有助于建立一个分权的领导机制。

很多人其实并非不知道授权的好处，可是他们还是不想授权，原因是他们可能担心下属把事情办糟。不过更有可能的是，因为他们觉得这件事只有他们最拿手，别人都不如他们，与其花时间教别人怎么做，不如他们自己做好了。当然，有时候也是因为下属当中没有合适的人选。

那要怎么授权呢？如果你是业务部的一名经理，正在做明天的工作计划，那么在以下11项工作中，你觉得哪项应该授权，哪项不应该授权呢？我们逐个来看一下：

- 起草公司的合作意向书。这个显然是要授权的，因为所有起草文件的工作都要授权。
- 商讨索赔案的处理意见。这个也是要授权的。可能很多人说不能授权，但是授权理论认为，专业的事情要交给专业的人去做，显然法务部的律师比你更擅长案件的处理，所以你应该授权。
- 和渠道商讨论定价。这个是不能授权的，因为定价非常机密，而所有机密的事情都不能授权。
- 向人力资源部上报下属的年底评估结果。这个是不能授权的，因为所有跟人有关的事都是不能授权的，比如人际冲突的处理、人的培养、人的评估等。
- 研究供应商的货到没到的问题。这个是要授权的，因为这是跟踪执行的问题，要交给别人去完成。
- 业绩报告的统计。这个一定要授权，因为统计工作是完全可以授权的。
- 讨论月底的促销会策略。这个不能授权，因为所有策略性的事情都是不能授权的。
- 阅读内部刊物。这个是一定要授权的。有人说阅读内部刊物只能自己来，其实不是的。“你们公司重要的事情都不会写在内部刊物上，写上去的都是不重要的”，所以阅读内部刊物应该授权别人。
- 给10位客户打电话半个小时。这个不能授权，原因是你打电话跟授权别人打电话，效果是不一样的，而且它是跟人有关的事。
- 归档文件。这个显然是可以授权的。
- 例会。每周的周例会是不能授权的。你如果不能参会，就直接取消。

总之，有五种类型的事情是不能授权的：人事工作、机密工作、决策工作、危机工作、培养工作。

而一定要授权的五件事包括起草文件工作、重复性工作、专业性工作、信息收集工作以及跟踪执行工作。

总 结

1. 授权是解决管理者忙碌困境和帮助下属成长的关键举措之一。
2. 不能授权的五种事情：人事工作、机密工作、决策工作、危机工作、培养工作。
3. 一定要授权的五种事情：起草工作、重复性工作、专业工作、收集信息工作、跟踪执行工作。

第四篇 留住人

在我创业一年后的一天早上，我收到了一名员工的辞职信。她是一名非常敬业的员工，也是我重点培养的一名员工。她未来的职业前途也是无可限量的。收到辞职信后，我的第一反应是，怎么会是她？是因为薪水太低还是受委屈了？我自认为这两点都没问题啊！后来我才知道，原来是因为她老公的工作调动，她需要辞职去另外一个地方。我虽然很不舍，但是也只能同意。她的离开，直接让一个部门停摆了很久。

自古深情留不住，唯有套路得人心。

你知道从哪些细节可以看出来一个人开始考虑离职了吗？任何时候都不应该有惊讶的事情发生，因为在离职发生之前一定是有端倪的。也许只是一个不起眼的争论，一个说话语气的转变，一次任务的完成，等等。如果你能熟知这些细节，那么你不会为有人离职而感到惊讶。

留人本身也是一个技术活。从技术角度来看，你的薪酬制度设计可能会影响到整体的满意度。但对个体而言，制度因素却不是最决定性的因素。同样的道理，只有洞察人的真实需求，你才可以对症下药。有的时候，不挽留反而是明智的选择，因为你应该很早就有了备选方案。如果事业只能寄托在一两个人身上，那么管理者本身就应该反思问题出在哪里。留人的最高境界是不需要考虑这个问题的。当留人变成一个真实需求的时候，它已经成了比较难以解决的问题了。

所幸的是，很多方式可以帮到你。从人才成长的S形曲线开始，到股权激励，掌握好这些理论和技巧，基本上就能解决一大半的留人问题。最重要的是，你要理解个体的驱动要素是什么。一个竞争意识强烈的人需要一个强有力的对标对象，一旦失去这个对标对象，生活对他来说就失去了很重要的意义。

4.1

薪酬福利

薪酬福利不是一个“掉书袋”的环节，而是帮助管理者正确看待薪酬制度在管理者的工具箱中所扮演的角色。

同群效应

同群效应其实就是中国古代所谓的“近朱者赤，近墨者黑”的意思，它指的是一个现象：一个人的行为不仅受到价格、收入等自身经济利益的激励影响，同时还会受到周围与他相同地位的人的影响。这个相同地位的人就叫作同群者。从经济学的角度来看，同群效应扩充了经典经济理论——在考虑个体和市场之间的对应互动关系之外，还加上同群者的影响。在现实层面，同群效应也有很重要的实践意义，所以它引起了很多管理者的高度关注和广泛争论。例如，一般的书籍在文前都会有一个推荐语，会有一些大咖推荐。那么，为什么要找大咖来推荐？因为大咖推荐能够影响你的购买决策，这就利用了同群效应。

最近，我参加了我的老东家上海贝尔阿尔卡特的一个聚会，会上遇到了很多以前的同事。所有聚在一起的老同事都有一个很深的感受：都觉得我们好像不是同事关系，而是同学关系。大家虽然是因为工作而走到一起的，但是很奇怪地产生了情感纽带。很多人谈到自己人生的很多第一次都是在贝尔阿尔卡特完成的，比如在贝尔阿尔卡特结婚、生子、买房、买车等，大家似乎是在一起成长的。而离开贝尔阿尔卡特以后，似乎这种同事关系变成同学关系的情况变得少见了。可是为什么会有同事关系变成同学关系的感觉呢？其实这是同群效应在起作用。同群效应告诉我们一个很重要的道理，就是优秀的人只愿意和优秀的人在一起，而当你和优秀的人待在一起之后，你会变得更加优秀。

贝尔实验室曾经有很多人拿过诺贝尔奖。理论上，如果很多人都拿了诺贝尔奖，这个实验室中的你就不会显得很优秀、很突出。所以可能很多人会说：我如果能拿诺贝尔奖，就去一个没有人获得诺贝尔奖的地方，那样岂不是显得我很厉害？但事实上并非如此，你会发现能够拿到诺贝尔奖的人，他们更愿意和那些同样可以拿诺贝尔奖的人待在一起。在大型购物商场里、大街上，很多相同产品的商家会把店开在一起。比如在红星美凯龙，很多家具公司都在那里开店。为什么会这样？其实这也是同群效应的结果——聚在一起其实对大家都有互相促进的作用。相反，如果一条街上只有你一家卖家具，那么这并不意味着你的生意肯定会很好。

在职场中，有一个老板对我的影响很大，我用三个“容”来形容他。一是宽容。他是一个特别宽容的人，意思是他能够原谅那些犯错误的人。我几乎不知道他的容忍底线在哪里，因为我几乎没有看到过他发火。你能够原谅犯错的人，意味着你的格局很高。二是从容。从容意味着什么？在我的印象中，他一直都是宠辱不惊、十分睿智的人。也只有睿智的人才能够从容不迫，才能泰山崩于前而面不改色。所以，从容其实是做领导很难达到的一个境界。三是包容。包容就是特别能够容纳别人，能够容纳很多东西，尤其是能够容纳一些有不同想法的人。比如，他几乎不批评人，经常的做法是通过他的包容让下属自我反省。这恐怕就是所谓的“海纳百川，有容乃大”。他这样的特质对我后来的职场生涯产生了很大的影响，比如，我能够看到别人的优点，能够包容别人，从而不断提升自己的境界和格局。

所以同群效应带给管理者的启示有如下三点。

- 作为一名管理者，你也许不能影响你们公司的企业文化，但是你可以影响你的亚文化。所以打造一个高品质、可预期和追求卓越的文化，将会对整个团队有莫大的好处。因为你是什么样的人，就会吸引什么样的人加入进来。
- 建立团队的信任关系。同群效应表明，跟你有同样地位的人对你的影响是最大的，所以团队当中如果没有信任关系，这个效应就无法发挥作用。关于信任关系，微软的CEO萨提亚·纳德拉在《刷新》里写道："信任=同理心+共同的价值观+安全可靠。"所以作为一名好的管理者，你应该在团队里建立一个良好的信任关系，以促使同群效应的显现。
- 因为同群效应意味着人们只愿意跟具有同样品位的人在一起工作，所以管理者要及时淘汰不合格的团队成员，以避免劣币驱逐良币。只要有劣币的存在，团队的凝聚力就难以形成，同群效应就难以发挥作用。由此可见，留住人的关键之一其实是建立一个优秀的集体，让同群效应帮你留住同样优秀的一群人。

总　结

1. 同群效应表明，人是受同群者影响的，和谁在一起会决定你是什么样的人。
2. 职场早期是你形成自己风格的时期，也是你的同群者会极大地影响你风格的时期。
3. 优秀的管理者需要打造自己优秀的亚文化，建立信任的空间，淘汰不合格的员工，只有如此才可以留住真正优秀的员工。

宽带薪酬

马云说过，一个人离开公司不外乎两个原因：一个是钱没给够，另一个是受委屈了。所以想要留住人，除了要打造一个良好的团队之外，还有一个不可避免要去面临的问题——薪酬。薪酬是一个比较专业的话题，基本上会涉及薪酬结构、固定和浮动的比例、薪酬的定位和市场的对标等等。我们要讲的概念叫作宽带薪酬，这也是一个很基础的概念。

我们知道，薪酬有多种形式。第一种形式是工资，工资就是作为劳动报酬按期付给劳动者的货币或实物。关于工资，很多人有误解。举个例子，如果你税后拿到手有7 000元，你知道公司付出的现金成本是多少吗？其实就工资这一项而言，如果你拿到手的是7 000元，那么公司付出的成本大概是14 000元。很多人会提出质疑：我没拿到14 000元，为什么公司付出了14 000元？这就是工资和成本之间的差异。因为你拿到手的是税后的，你的工资还要交社保和个人所得税等，公司也要支付相应的部分。根据中国社保法的规定，企业付出的部分远大于个人付出的，所以公司的成本是很高的。

你的工资加上奖金基本上就是我们通常意义上的薪水。如果人家问你薪水多少，基本上是指你的工资加上奖金的金额。工资一般是固定每月不变的，奖金则往往和业绩相关。工资里面其实还有一块叫作津贴，也是每月发放的。所以人们往往把这个基本工资加上津贴称为月工资，而月工资再加上奖金则称为薪水。薪水加上福利就等于薪酬。那福利是什么呢？福利分为两种：一种叫作公司福利，另一种叫作法定福利。我们常说的“五险一金”就是法定福利，这是一定要交的。公司福利就是跟法定没关系的公司自行发放的福利。比如，有的公司提供免费班车，有的提供免费午餐，这些都是公司福利。

那么公司一般怎么来定一个人的薪酬呢？在薪酬管理中，确定薪酬有三个基本的原则，英文叫作Pay For 3P，用三个P开头的单词来代表。

第一个定薪酬的原则是Position（岗位），也就是说，什么样的岗位会对应什么样的薪酬。当然，岗位本身就是分等级的。而等级又分为两种类型，一种叫作技术等级，另一种叫作非技术等级或者管理类型，分别对应技术岗位和管理岗位。很多公司把这两种序列称为P系列和M系列。不同岗位的重要性和影响度是不一样的，相应的薪水也不同。

第二个定薪酬的原则是Performance（绩效），也就是根据你的绩效结果（你对公司的贡献）来定薪水。这里涉及价值评估的问题，事实上是价值评估决定了价值分配，而价值分配又影响了价值创造。所以一般公司都会有绩效评价体系。在薪酬方面，绩效主要影响的是浮动部分（奖金）。

第三个定薪酬的原则是People，也就是人。在同样的岗位，不同能力的人的薪水也是有差异的。因为不同的能力代表个人工作效率不一样，或者说不同的人做同样的工作，效果也是不一样的，所以人们的薪酬是不一样的。

因此，确定一个人的薪酬有三个内容，分别为Position、Performance、People。而薪酬的结构往往会有两种模式，一种叫作窄带，另一种叫作宽带。窄带的意思就是我的等级非常多，每个等级对应的薪水也很清楚，员工可以在这个不同的等级当中获得晋升，从而拿不同的薪水。宽带代表的是另外一种逻辑，它的意思是说，我们的等级很少，但是每个等级的薪水的跨度比较大。举个例子，同样是一名经理，在宽带模式里，月薪从8 000元到30 000元不等。而在窄带模式里，可能只有月薪为8 000元到9 000元的人才叫经理，月薪为9 000元到10 000元的人会被称为高级经理，月薪为10 000元到15 000元的人可能被叫作总监。

为什么现在宽带薪酬比较流行呢？其实有如下四个原因：

第一，扁平化的组织结构导致了级别的减少。最近我去拜访了一家叫作流利说的刚刚在美国上市的公司，它是一家英语培训公司。这家公司大概有3 000人。有意思的是，公司老板是从美国谷歌回来的做人工智能的专家，而整个公司从员工到老板中间只有一个等级。也就是说，员工是一级，管理者是一级，老板是一级。这其实是我见过的最扁平化的公司。既然级别很少而人又那么多，那么宽带薪酬就可以很好地解决这个问题。也就是说，虽然处在同一个等级，可是同等级的薪水可以跨度很大。比如，员工这个等级可能就含有初级到高级的全部员工级别。

第二，公司里的员工是不可能无限晋升的。在窄带模式中，只有当你晋升了才有可能调薪，而宽带模式避免了只有晋升才可以加薪的问题。在宽带模式中，你就算不晋升，依然可以进行薪水的调整。这也是宽带薪酬可以帮助公司更好地留住人的原因。

第三，为了和市场对标。因为市场上不同公司的结构是不一样的，同样叫总监，一个制造业的总监和一个投资公司的总监，他们的实质含义是不一样的。所以这个带宽在很多时候被加大，从而有利于和市场进行对标。

第四，宽带薪酬还能解决同样级别能上能下的问题。在传统的薪酬模式中，一个人的薪酬只能上不能下；而在宽带薪酬模式中，薪水的升和降不会影响到级别的改变。这也是很多公司愿意用宽带薪酬的原因。

总　结

1. 物质和精神是留住人的两个不同层面。如何设计薪酬模式也是一门学问，而宽带薪酬是市场上比较流行的薪酬制度。
2. 薪酬确定的原则一般有三个要素（3P）：Position、Performance、People。

3. 宽带薪酬有比较好的满足组织扁平化、人员能上能下、在没有岗位晋升的情况下还能留人等优势。

弹性福利

我们在谈宽带薪酬时，涉及一个福利的概念。其实福利分为两种，一种是法定福利，另一种是公司福利。这两种福利的目的是不一样的，法定福利用来解决安全感问题，因为其中的五险一金包括了你的养老保险金、医疗保险金、失业保险金等等。安全感在马斯洛需求当中属于比较低的层次。公司福利本质上用来解决归属感问题。也就是说，公司福利能让你对这个集体产生归属感。

法定福利主要就是五险一金。五险就是养老保险、医疗保险、失业保险、工伤保险和生育保险，一金则是公积金。公司福利一般包含补充医疗险、免费班车、免费宿舍等等，是每个企业自己制定的。

弹性福利往往指的是公司福利的部分。弹性的意义就是让有限的资源发挥最大的效用。在弹性机制下，我们甚至不仅给员工本人福利，而且给和员工有关的人一定的福利，这样会产生不一样的效果和效用。那么为什么弹性福利会发挥不同的效用？因为不同的人对于钱的认知是不一样的，或者对于福利的内容追求是不一样的。泰隆银行最近一个例子很有意思，它推出了亲情A+B的计划：每个月让员工出200元，公司再出400元，然后将这600元发给员工的父母。如果这个银行同样支出400元，一个给员工，另一个给员工的父母，那么哪个效用最大？显然给员工的父母效用最大。

我在贝尔阿尔卡特时也做过同样的事情。当时贝尔阿尔卡特有很多男性员工的家属在家做全职太太，她们没有补充医疗保险。因为公司的补充医疗保险覆盖了国家的医疗险所不能覆盖的部分，所以很多员工给我提议，能不能让公司允许他们的家属也参加公司的补充医疗保险。因为公司员工的补充医疗保险是由公司掏钱的，所以在员工提议后，我们做了一个方案，结果被公司的老板否决掉了。后来员工再次提议：员工和公司各出一半让员工家属来参加公司的这个补充医疗保险。当然我觉得主意很好，于是在当年的薪资总额中预留了一部分，大概相当于在员工的调薪预算当中每个人每个月扣了40元。这样的话，该员工一年大概能省下500元，然后员工再掏500元就可以帮他们的家属也买一份补充医疗保险。当这个方案公布后，很多员工积极响应。

这个方案带来的结果是员工满意度很高。其实员工每个月的工资少40元，他们是没有任何感觉的，但是如果这500元用在他们家人的身上，他们就会觉得价值非常大。所以两年之后，我们隔壁的西门子来挖我们的一名研发总监，当时承诺每个月多给他2 000元，而我们的研发总监不去。人家问他为什么不去，他说你虽然每个月多给我2 000元，可是你不能给我的家属买保险。这就是弹性福利的一个很有趣的现象。当你把钱换了一种角色的时候，你会发现这个钱所发挥的效用是完全不一样的。

某公司也曾经做过同样的事情。该公司早期招聘的员工都来自偏远山区。该公司在每年年底发年终奖的时候会给员工少发400元，然后把这部分钱发给员工的父母。当在偏远山区的员工父母收到这个奖金的时候，他们非常开心。因为当员工父母收到这个钱的时候，这个钱已经被叠加了很多其他的意义，比如说他们的孩子很争气、很孝顺等等。

那弹性福利有什么好处？笔者总结了一下，有如下三个好处。

第一，员工觉得自己有选择权，有一种被尊重的感觉。比如，以前中秋节时，大多数公司会统一给员工发月饼票。因为大多数公司都发月饼票，朋友都送月饼票，于是月饼票变得意义不大。那怎么解决呢？很简单，把同样价值的月饼票换成五六个选项让员工选他们喜欢的东西。设置五六个选项的意义就不一样了，因为这会让员工觉得自己有一种被尊重的感觉，这种感觉会带来很好的效果。

第二，因为公司是有弹性的，尤其是当奖励不是发给员工本人，而是发给了员工在乎的人时，奖励就会附加很多的意义，这个意义使得奖励变得完全不一样。比如，公司的老板给员工的父母发奖金，这就附加了很多的意义。

第三，弹性意味着差异化，而现金是最没有差异化的。当你把现金变成物质时，这些物质是有差异的，能够给员工提供自由选择的权利，显然激励的意义就会大很多。

总　结

1. 福利分为法定福利和公司福利，弹性福利是公司福利的一部分。
2. 弹性福利设计的技巧之一是让福利覆盖到员工所关心的人，这样就可以叠加更多有意义的内容。
3. 弹性福利还包含自由选择权和差异化，这对提高员工满意度有很大的好处，有利于留住员工。

不对称优势

所谓的不对称优势，是相对于对称优势来讲的。对称优势很简单，就是指某个选项在所有方面都比另外一个选项好。不对称优势就是指某个选项至少在某一个方面比另外一个选项好，但是在其他方面则不一定都比另外一个选项好。在军事领域，不对称优势运用得比较多一点。

这个道理用在留人方面其实也很实用。当所有的公司都提供奖金的时候，你提供另外的东西，比如出国旅游的机会，这就形成了跟别人的不对称优势。所以在留人的领域里经常去设计你的不对称优势，是一个非常好的思路。尤其是在不能提供全面福利的情况下，你如果能提供某些无法替代的优势，就会占据有利位置。

我在贝尔阿尔卡特工作的时候，工作地点在浦东金桥。金桥当时是一个比较偏的地方，没有地铁，也没有直达公交，所以公司就提供了班车。班车不是一两辆，而是60多辆，几乎上海的每一个地方都可以抵达。公司提供如此多的班车便打造了一种非常独特的不对称优势。另外，公司还提供了免费宿舍、免费午餐等，这些都是不对称优势的表现形式。

我去硅谷的时候发现，很多互联网公司非常善于利用这一点。在硅谷，互联网公司很善于提供非常宽松的工作环境。在谷歌，你可以穿拖鞋、穿沙滩裤上班，你可以把家里的宠物狗带过去，你甚至可以把小朋友带过去。这些其实都是不对称优势的体现。有些公司提供游戏机，允许员工上班玩游戏，这简直让人难以想象。在苹果公司，从三楼到二楼不用坐电梯，也不用走楼梯，你只要顺着滑梯螺旋式地滑下去即可。后来我去了北京，发现很多互联网公司也在学硅谷的一些做法。

很多公司会挖空心思地去制造不对称优势。某在线旅行服务公司的一个不对称优势是把托儿所建在公司里；某火锅店极力打造顾客满意度，创造尊重顾客的不对称优势。

所以你会发现，很多人在一家公司待下去，并非是因为这家公司的薪水很高，也并非是这家公司的位置很好或者工作内容很好，而往往是因为这家公司有某项他无法舍弃的优势存在，这些优势就是公司要着力去打造的不对称优势。

总　结

1. 不对称优势是指某一选项在某一个方面超越另外一个选项，而在其他方面未必。
2. 今天的企业在留人方面的竞争已经不是薪酬和福利的竞争，而是如何建立不对称优势的竞争。
3. 很多公司在挖空心思地创造不对称优势。

双因素理论

在很多种留人的技巧中，有一个被广泛地使用的手段，叫作激励理论。激励本身有很多理论模型，包括马斯洛需求层次理论、双因素理论、成就激励理论等等。这些都是研究人如何被激励才能够留下来工作的理论。其中，美国的行为科学家弗雷德里克·赫茨伯格提出来的双因素理论，从他的角度解释了怎么激励才有效的问题。赫茨伯格是犹他大学的一名教授，他整个学术生涯最伟大的成就就是提出双因素理论。

什么是双因素？第一个因素是保健因素，第二个因素是激励因素。保健因素的英文叫作Hygiene Factor，激励因素的英文叫Motivational Factor。保健因素的简单含义就是无论你做得多么好，都不会让别人产生绝对满意，但是你一旦没做好别人就会不满意了。所以保健因素是消除不满意的那种因素。相反，激励因素指的是你的行为会让别人产生很大的满意，所以激励因素是产生满意的那种因素。

在公司里，政策、监督、薪水、工作条件、人际关系，这些都是保健因素。这些因素涉及工作的消极因素，跟工作的环境和氛围都是有关系的。所以从本质上讲，保健因素就是指外在因素，它对人本身是不会产生任何激励作用的。比如工资，为什么工资是保健因素呢？大家知道，人力资源部门会做很多的调查。无论人力资源部门什么时候调查，都会发现永远有一项得分是最低的，那就是员工对自己工资的满意度。全世界没有哪家公司会在这项得高分。因为这个项目是保健因素。发工资的财务人员所做的工作也叫作保健因素工作。也就是你无论发得多么准确，多么及时，多么好，哪怕从来不犯错误，也不会有人说你好。他们认为这是你应该做的。而哪天你发工资发慢了一点，或者出了一点差错，你就会受到很大的挑战。

相反，激励因素是什么？激励因素就是那些你不做没什么关系，但你一旦做了别人就很开心的事。比如工作本身的认可、成就、责任、信任等等，这些因素涉及对工作的积极的感情，它们和工作本身的内容是有关系的。这些积极的感情、个人过去的成就、被人认可和信任，以及承担更多的职责，都可被称作激励因素。比如，奖金就是激励因素。如果你不给某人发奖金，他可能觉得没什么，但是一旦给了他奖金，他就会很开心。人力资源部门的职业发展专员的工作便具有激励因素的性质——你从来不去跟员工谈职业发展，他们也会认为这是很正常的；而哪一天你跟他谈了职业发展，他会觉得很开心，觉得公司在关心自己。

激励因素和保健因素在工作中大多时候是同时存在的。在实际运用当中，双因素理论强调了某些因素能够引起你的满意感，有些只能防止你不会产生不满情绪，所以这两个因素的使用方式是不一样的。那怎么来使用它们呢？

第一，如果公司想提高员工满意度，一定要多使用激励因素。在和别家公司竞争时，你在保健因素上不需要产生比较优势，但是在激励因素上一定要产生比较优势。所谓的比较优势就是"人无我有，人有我优，人优我特"的意思。

第二，激励因素并不一定和钱有关。如果你熟悉马斯洛需求层次理论的话，那么你会知道马斯洛需求层次理论的底下三个需求分别是生理需求、安全需求和归属感需求。这三个需求其实是保健因素。而上面两层的被尊重需求以及自我实现需求，才是激励因素。你会发现，钱往往只能给你带来安全感，而安全感属于保健因素。因此，真正的激励因素和钱并不一定有关。比如，你们公司有一个员工最近发明了一个新的流程，让公司的生产效率提高了20%。为了奖励该员工，你有两种激励方式：一种是奖励他2 000元；另一种是用他的名字来命名这个工作流程，并且在全行业推广。哪种激励效果更好？显然是第二种。第二种激励虽然没有花钱，但是对员工的名誉来讲是非常有用的，所以是一种激励因素，而奖励2 000元只是一种保健因素。

第三，双因素理论还会指导我们奖金的发放。如果你的奖金跟公司的效益和个人的业绩挂钩的话，这个奖金就变成了激励因素。如果你的奖金跟部门挂钩且和个人业绩无关，比如人人有份或者每人都一样，这个时候你的奖金就变成了保健因素——拿到了并不会很开心，但不拿到就会不满意。激励的一个很重要的技巧就是激励一定要超越员工的期望。如果你给的东西不能超越员工的期望，而是他预料之中的，或者是他认为该得的，这个时候你的激励就会变成一个保健因素。

总　结

1. 保健因素和激励因素是两种不同的手段。前者是有了没什么，但没有会不满意；后者是没有没关系，但有了会很满意。

2. 真正的激励因素并非和钱有关，钱带来的更多的是安全感，安全感其实是保健因素。
3. 激励的重点之一是超越期望，所以管理期望是很重要的。

4.2
人才晋升

事业恐高症

事业恐高症指的是在职场中，有些人才华横溢，能力非常强，可是当面临升迁机会时，他会说自己还没准备好，或者虽然接受了更高的位置，却在公开场合表现得极不自信。事业恐高症其实是职场中经常会出现的一个情况。有一年我在美国的时候，租了一部车从美国的旧金山开到拉斯维加斯，其中一段是沿着一号公路开的。一号公路的一边是山，一边是大海。另外，美国的高速公路是没有护栏的，道路也不是很宽，双向只有四车道。我一路开得特别紧张，手心一直在冒汗。然而同伴就很不理解，问我为什么会那么紧张。当我看到一边是悬崖，下面是海的时候，我就会有一种恐惧的感觉。事业恐高症和这种恐惧的感觉如出一辙。

我曾经看到过一个报道说，在美国有个排行榜——最让你感到恐怖的事情有哪些？常见的说法有黑暗、蛇、死亡，还有打针之类的事情。位列前三位的其中之一是演讲。对很多人来说，演讲可能是件很头痛的事，他们站到台上就觉得很恐怖。然而对于善于演讲的人来说，他们最爱的是舞台—— 一个可以绽放自己光彩的舞台。为什么二者的差距如此大呢？因为觉得演讲恐怖的人不敢尝试。

很多人患有事业恐高症，也是因为不敢尝试。尽管他的上司很欣赏他的能力，让他担任很高的职务，但他却没有准备好，本质上是因为他缺乏自信。所以在一些曝光率比较高的公开场合，他就退缩了，觉得自己不适合这种场合。

第一，内心不够自信，觉得自我形象不够正面，认为自己还不够好。过于自负和不够自信是人们自我认知出现偏差的两个最主要方向。

第二，不能适应新的变化。比如，以前彼此是同事，现在对方却要变成自己的下属，这个关系该怎么处理？尤其对于人际关系比较敏感的人来说，更有这种顾虑。

第三，没有接受过专门的管理训练。一个人从事一份专业工作，可能是因为他在学校经受过很好的训练从而能胜任这份工作。可是如果有一天你要把他提升为一个管理者，而他又没有经过专门的管理训练，那么这么一个专业的事情让没有经过任何训练的人去做，往往会给这个人带来恐高反应。

第四，人际关系本身就是一件比专业的事更复杂的事。专业的事基本上是科学原理可以解释的，也就是说，只要遵循事物的规律，你总能做好这件事。可是人际关系这件事是没有科学规律的。虽然很多管理大师总结过管理规律，但所有的规律都是有一定的使用场景和适用边界的。也就是说，在不同的情况下，同样的事情会有不同的处理方法。这会给部分得到晋升的员工带来压力，从而产生事业恐高症。所以，承受压力能力的高低也会影响到一个人是否会产生事业恐高症。

那么怎么来解决事业恐高症这个问题呢？有以下四个方法。

第一个方法就是帮助下属（帮助要提拔的人）去塑造正面的自我形象，探求成功的经历，帮他建立自信。人的自信是要经过不同的经历来累积的，如果一个人从来没有过成功的体验，那他很难去思考成功是什么样子。

第二个方法是采用具体的职位设计帮助下属消除陌生感，比如外企经常使用的Shadow（影子）系统。Shadow系统是什么意思？就是让下属跟随主管、跟随他的上司去感受管理工作。比如，每次开会让他旁听，每次外务活动带他一起出席；或者给他设置一个副职，让他慢慢地熟悉管理岗位所要做的事情。

第三个方法就是把管理也当作一门很重要的能力去培养、学习和掌握。在员工晋升之前让他接受更多的训练，比如MBA的课程以及一些领导力的课程。这些都可以实现消除事业恐高症的目的。就如同技术岗位需要做岗前培训一样，如果要提升某员工，也要让他接受一个管理的岗前培训。

第四个方法就是，在员工被提拔之后，你还要扶他上马、送他一程。所谓的“扶他上马、送他一程”指的是我们需要一个带教系统，用以解决事业恐高症患者所面临的问题。

总　结

1. 事业恐高症如同人的恐高症一样，是天然存在于某些人身上的。
2. 产生事业恐高症的原因是不够自信、缺乏锻炼、压力承受能力低等。

3. 解决事业恐高症的办法包括：通过鼓励和认可来建立自信，通过具体的职位设计帮助其度过过渡期，加强上岗前的培训，以及扶他上马、送他一程。

S形曲线

2019年1月3日，嫦娥四号在月球背面着陆。为什么我很关心这件事？因为我的第一份工作是在上海天文台，所以我知道登月这件事是有很大挑战的。比如，登月轨道的设计以及在月球背面着陆都是非常不容易的。嫦娥四号着陆月球完全体现了一个国家的综合科技水平和实力！

很多人不知道我的第一份工作是在天文台工作。事实上，我后来所做的事情好像跟天文也没什么关系，而我的大学专业和这个也没什么关系。在这里，我想分享的一个事实是：你的起点不会决定你的终点！职场中有一个很简单的规律，那就是并非所有的成功人士都成功在起点，也不是所有的失败者都失败在起点。起点并没有想象中的那么重要，“不要输在起点”是商家为了制造焦虑感而做的广告。相比较于起点，我想说的是终点更重要。“学习可以改变你的终点”这句话倒是有些道理。

古今中外，但凡成功的人大多数都经历过坎坷的职业路线。曾经有过统计说，美国三分之二的成功人士所做的事情根本不是他们当初认为自己会做的事情。我们经常讲职业发展的规划，即从你大学毕业开始，你就要思考你这辈子要做什么。因为良好的职业规划与设计将会带来成功的职业道路。可事实上你会发现，所有成功人士最后做的事好像和当初设计的都不一样。什么原因？其实真正成功的人士能够适应职业发展规律，在职业发展中善于变不利为有利，变压力为动力。所以，在不同阶段、不同时期、不同条件、不同环境下，他们能够采取一种平和的心态，能够下定决心、排除万难去争取胜利。这些发展有什么规律？我们可以用一条S形曲线来加以解释。S形曲线其实就是职场发展中的一些不同的阶段。

职场发展有很多规律，第一个是年龄的规律。职业生涯中有着成长阶段、探索阶段、建立阶段、维持阶段和衰退阶段的概念。所有的阶段构成了生命周期曲线。事实上，从职场来看，我觉得25岁是思考职业方向的最佳时期，在这之前是不用思考的；三十而立，30岁时的职业方向一定要确定好；35岁时要准备好你在这个领域发展所需的全部内容，而且要建立起个人品牌，也就是IP；四十不惑，也就是说40岁时你要在这个领域成为一个有相当威望的人，甚至是能够影响市场的人；45岁之前创业，如果过了这个年龄还没有创业就不要考虑创业了；五十知天命，50岁，你要开始考虑你的第二职业，也就是说在职场之外，你要开拓个人爱好和兴趣。以上就是我认为在年龄发展规律中应该遵循的一些方法和方向。

第二个是技术发展规律。其实从工业革命以来，技术的每一次飞跃都会带来管理上的巨大变革：蒸汽机解放人的劳动力，电力掀起了第二次工业化高潮，互联网更是打破了时空的限制，移动通信释放了人对外界的依赖，人工智能又将会颠覆原有的工作模式，区块链可能会对整个社会组织底层的构建逻辑产生深刻的影响。所有的技术增长其实都会带来很多的发展规律，所以有一句话说，永远不要跟趋势为敌。技术发展一定是新的技术取代旧的技术，比如，数码相机取代胶卷，而数码相机又可能被手机取代。所以，这种技术的进步是不可逆的，也就是说你无法对抗整个技术发展的趋势。

第三个是管理发展规律。在职场中，管理的发展规律涉及一个领导力发展路径的概念，从员工到主管、经理、总监、事业部总经理，再到更高层，它有很多阶梯。很有意思的是，所有人在做员工的时候，都希望自己能升到经理，因为觉得当经理好像比较轻松。事实上，当升到经理之后，你会发现经理并不轻松，因为上面还有总监。所以你可能会幻想说，当总监是不是会轻松一点？等你真的当上总监，你会发现原来总监更加不轻松，因为上面还有更大的领导。所以你会认为那个副总好像是比较轻松的，可以掌握更多的资源，于是你就幻想成为一个副总。等你真的当了副总之后，你会发现原来你的挑战会更大。这也就像一个人的舒适区，你的舒适区越大，你与非舒适区的接触面积就越大。所以，管理的发展规律是，随着你职务的提升，你的事不是越来越少，而是越来越多；不是越来越简单，而是越来越复杂。你最终会发现，还是一线员工的工作比较简单，事情不那么复杂。所以经常有人说，管理的发展规律就是从员工到管理者、领导者，最后你可能会成为一名教练。

这就是职业生涯中的几个重要的规律，这些规律对于职场人士来讲其实是很重要的。因为职场发展的规律一定是波浪式上升的，这个波浪式上升就类似于一条S形的曲线，它有波峰也有波谷，只是你要知道在什么时候你应该处在什么位置。如果你不在那个位置，那么便要思考怎么才能达到那个位置。请记住，永远不要和趋势为敌，趋势只能去顺应。顺应潮流，就像冲浪一样，只有立于浪头，你才不会被浪覆盖掉。

总　结

1. 成功的职场路径并非由起点决定，发展中的路径选择更加重要。
2. 职场中有很多发展规律，人永远不要和趋势为敌。
3. 三大规律很重要：年龄发展规律、技术发展规律、管理发展规律。

换梯术

换梯术是指在一个行业成功积累势能，然后迅速借势转移到另外一个行业，以持续取得成功。换梯术最早来自摩门教。摩门教徒会玩一个游戏，游戏名字叫作“更大或者更好”。它是一个寻宝游戏，游戏者手拿一个很小的物件，比如一根牙签，然后一家接一家地敲“邻居家”的门，询问有没有什么东西比手里的物件稍微大一点或者好一点，然后就可以交换。如此往返，最终你会发现，一根小小的牙签可能会换来一个更大而且更有用的东西。“更大或者更好”这个游戏说明了一个很有趣的事实：如果人们感觉这是一件小事，他们往往会乐于冒险试一试。所以每次交换当中，玩家都在交换和提供价值，而且价值是叠加的。如果游戏者一开始就要求邻居送他一台电视机，可能没有人会搭理他。这就像一个实习生去申请CEO，那是不可能做得到的。在这个游戏当中，任务被分解为一系列简单和重复的挑战，于是消除了阻力。研究人员把这种换梯术的心理称作小胜的心理。

换梯术对我们的工作有什么样的帮助呢？这让我想起我的几次跳槽经历，那也算是一个换梯的过程。我的第一份工作是在中科院上海天文台。其实当时我很想去上海，正好中科院上海天文台提供了这样的一个机会，于是我就去了。我本来学的是计算机，可是中科院上海天文台提供的工作是做人力资源管理。事实证明，做人力资源管理好像也挺适合我的，所以我在天文台待了两年。两年之后，我待不下去了，原因是什么？第一，所有跟我同时去的年轻人都离开了，因为那个年代科研院所的体制还不是那么灵活，对于非研究型的人的职业发展还是有很多限制的。第二，研究所和外企比收入差距还是非常大的，所以我就跳槽去了贝尔阿尔卡特。

我在贝尔阿尔卡特待了很久，一共待了11年。11年之后，我终于觉得应该跳槽了。为什么要换地方？有三个原因。第一，当然还是经济形势。通信行业中的国内厂商的崛起，导致海外厂商的利润急剧下降，所以贝尔阿尔卡特已经很难赢利了。而不赢利的直接后果就是每年没有调薪，年终奖也微乎其微。第二，因为职业上的玻璃天花板。我在贝尔阿尔卡特的头五年从员工升到总监，然后我在总监位置整整待了六年。在同一个位置待了六年，其实是因为缺乏晋升的空间。第三，当时，我博士刚毕业，觉得可以去外面的世界闯荡一下，于是我就开始考虑外面的机会。在考虑外面机会的时候，我获得了很多工作邀请。回想起来，如果今天让我重新选择，那么我不一定会选择渣打银行。因为当时有很多很好的公司，比如腾讯，比如江苏的一个当时还没上市的企业（当时这家公司表态说，三年之内肯定上市）。我当时选择了渣打银行，原因是我觉得金融行业在上海是一个很有前途的行业。

在渣打银行待了四年之后，我觉得不能再犯在贝尔阿尔卡特的错误——在同一个岗位待太久。同样的原因——缺少再晋升的空间，于是我打算创业。那年我还去了美国。因为很多人说，在中国创业成功的企业都是一个模式，叫作C to C的模式，就是Copy to China（复制到中国），所以我也想找个好的模式到国内来做。结果很多朋友反对，理由就是你从来没在民企待过。我觉得很有道理，一个没在民企待过的人，直接创业是很危险的，所以我就去了复星集团。

到了复星集团两年之后，我觉得应该到了出来创业的时候，因为再不出来可能就晚了。所以我在42岁出来创业，创办了外滩商学院。

现在看来，从换梯术角度来讲，我个人认为我的三次跳槽其实还是非常符合我自己设想的。职业的发展有纵向和横向两种方式，最终都是为了达到某种高度。每一次换梯都是在上一次积累的基础上的提升，也许是拓展行业，也许是纵向深入。不管哪一种，显然职业发展是主线。

收入也许是个重要变量，但显然在我的换梯中，不是决定性的因素。

所以，关于换梯术，有三点很重要的标准。

- 一定要为了职业发展而跳槽，不要单单为了薪水而跳槽；随着能力的提升、管理幅度的扩大，收入的提升是必然的，收入提升是果，不是因，能力提升才是因。
- 要找准方向，这个方向一定是符合未来发展的方向，千万不要和趋势为敌，因为人是很难挑战趋势的。所以在每一次换梯时，你首先思考的应该是方向，而且对新的技术要敏感。
- 不要因为不成功而跳槽，在一个地方跌倒就要在这个地方爬起来。短于两年的经历，我认为都是没有价值的。所以就算你要换梯，也要在一个地方积累一定的经验，积累一定的势能，然后才能换到更好的地方。

总　结

1. 换梯术是利用人们的小胜心理而创造更大的收获的手段。
2. 职场的换梯术表现在如何转换职业的发展方向上。
3. 换梯的三个标准：纵向的管理幅度扩大、横向的跨界到符合趋势的方向、不要在一个地方待太短的时间。

彼得原理

彼得原理，英文叫作Peter Principle，是美国管理学家劳伦斯·彼得提出来的。它的含义是在组织或者企业的等级制度中，人们总是能升到他们所不能胜任的岗位，最终变成组织的冗员或负资产。彼得原理解释了人力资源中职级晋升的一个现实。彼得总结出的这个原理，是从多个组织中不能胜任的人的失败实例分析出来的。它的逻辑很简单，任何一个员工只要在原有岗位上做得很好，他就会被提升到下一个岗位。如果继续做得好，他会继续被提升，直到他去了他不能胜任的岗位，就没有再提升的机会了。所以彼得推导出来的结论就是，每个职位最终都将被一个不能胜任其工作的员工占据。

这个结论其实很有意思。我第一次看到这个结论的时候非常不理解，而且我认为这个结论不对，因为我觉得我一直在我能胜任的岗位上。事实上，你会发现，这个结论是很厉害的。因为它揭示了我们职级晋升的一个思维模式——我们提拔某人往往只看他的业绩。一个人业绩好，其实只能证明他现在做得很好，以及他过去做得很好，但其实不一定能证明他将来会做得很好。因为一个人将来能否做得好，不是由他的能力决定的，而是由他的潜力决定的。而潜力跟很多东西有关，如抱负、学习能力、敬业度等等。

那怎么来解决彼得原理的问题呢？解决彼得原理提出的问题有很多方法，在此我提出几个思考的方向。

第一，在大多数情况下，一个人能不能胜任下一个岗位，是由这个层级当中他的上司来判定的，而不是外界人士。所以如果你把这个判定权力交给他周围的人，比如利用360度评估来判定，那么晋升的错误可能就会大大减少。

第二，开放双通道。我们很多人，尤其是技术人员，在工作岗位上做得很出色。按照惯例，这些人都应该得到提升，原因是在技术通道上，他没有可能升到最高的位置。我在贝尔阿尔卡特的时候也面临这个问题。当年，我们研发中心的一个人做研发做得很好，于是公司把他提升为这个研发中心的主任。可是，他被提上去之后，公司发现他非常不善于管理，最显著的表现就是他手下的人都快跑光了。我们痛定思痛，决定设立双通道机制，也就是将技术通道和管理通道同时开放。以前，做技术通道，只能做到总监，再往上一定要变成管理通道。这一次，我们把技术通道打通，从基层到最高层分为若干等级。最高层我们称其为首席科学家，他可能和总裁的待遇是一样的——收入可观，可以配助理，有独立办公室，有固定车位，有很高的津贴，等等。另外，首席科学家即使不带团队，依然会享受高待遇。所以，我们就避免了出现做技术的人放弃技术而去做管理的情况。我们这个双通道设计是跟IBM（国际商业机器公司）合作的，取得了重大成功。

第三，采用合弄制。彼得原理是在科层制的情况下发挥作用的。科层制的概念有两点：第一点是边界非常清楚，所以岗位职责要求很多，而且每个部门之间的业务不能有交叉；第二点是等级很清晰，而等级就是我们的晋升路线。如今流行一种合弄制，它就把等级消除了，把边界也打破了。既然没有等级，也就没有晋升的概念。合弄制把整个组织分为一个个自我闭环的、小的智慧生命体，让它们在整个生态系统中自我驱动、自我闭环。合弄制组织里可能只有两个层级，一个叫组员，另一个叫组长。而且组长不是固定的，组员也不是固定的。如果你有能力，你也可以自己去当组长。我觉得合弄制这种方式非常适合解决彼得原理中存在的问题。

第四，真正建立一个能上能下的标准。很多企业喊了能上能下，但其实是做不到的。企业如果真的能做到能上能下，也可以解决彼得原理中存在的问题。那就是当你到了不能胜任的时候，你就退回到你原来的位置。另外，不一定只从内部提拔员工，我们还可以从外部引进人才。从外部引进人才很多时候能够有效地避免彼得原理中的问题。

总　结

1. 彼得原理是指在组织中，每个人都能上升到其所不能胜任的岗位。这是科层式组织的弊端。
2. 解决彼得原理提出的问题的方法之一是从提拔标准入手，比如采用360度评估、关注潜力、寻找外部合格的候选人等。
3. 建立双通道、采用合弄制、打造能上能下的标准等方法可以解决晋升的问题。

GROW模型

在留住人才的策略中，一个重要的部分就是如何帮助他人提升自己。在帮助他人的方法中，教练技术是一个被广泛使用的方法。我们本节介绍一个在教练技术当中被广泛提及的工具，叫作GROW模型。GROW的中文意思是成长，即帮助员工成长。这个模型是一个非常经典的谈话模型，GROW的四个字母分别代表四个单词。G代表Goal Setting，就是确认员工对目标的认同。R代表Reality Check，就是梳理清楚现状是什么，客观现实是什么，寻找和目标的差距。O代表Option，就是寻找解决方案，有哪些可选方案可以助力员工成长。W代表Will，指的是行动计划。这个模型被广泛使用的原因是它为管理者辅导员工提供了一种很好的谈话方式。

GROW模型一共有四个步骤。

第一步，你要向员工阐述谈话的目的（Goal）。有的人开门见山，有的人喜欢慢慢地引导出他的目标。但特别重要的是，如果你和员工的目标不能达成一致，那么你还能不能对其辅导？答案是不能。例如，你对一个员工说：你想不想成为克林顿那样的人？如果他说他不喜欢成为那样的人，他不想成为那样的一个政治家，那么你是不可能辅导他去成为那样的人的。也就是说，对一个和你没有共同目标的人进行辅导，你的所有努力都将是无效的。在实际工作中，很多管理者喜欢把自己的目标强加给别人，所以不去问员工个人的追求目标是什么。在你不知道员工的个人目标的情况下，你的任何想法都是你自己的想法，这个在管理学上叫作自传式的沟通。所以，第一个环节是要求谈话双方就目标达成一致。如果目标不一致，那么双方是无法开展后面的步骤的。

第二步，在认同目标的情况下，去分析员工的现状（Reality），分析员工的差距在哪里。这个差距在哪里就要通过你的提问技巧，让员工意识到他的差距。这个时候有两点值得注意：一个是一定要用事实，而不要用感受去描述这个差距；另一个重点是让对方自己找到差距，而不是你给他答案。因为你给的答案始终是你的发现，而不是他自己发现的，而且你给的答案也并非完全正确。同样，这一步骤也要避免自传式沟通。

第三步，寻找有效的解决方案（Option）。真正的教练技术是不能给别人答案的，所以所有的解决方案最后都应该是对方提出来的，而不是你告诉他的。你怎么让对方找到这个方案呢？有一个最简单的提问方式就是："很好，还有没有更好的办法？"当然了，在一般情况下，如果你去辅导员工，那么很多时候员工还是希望你能给他一些指导意见的，有的时候这也是有必要的。比如，一个人从来没有去过纽约，你和他说"你思考一下纽约会是什么样子，该怎么去纽约？"，那是没有意义的。只有他经历过某些事，然后你对其引导，他才能找到解决方案。如果他从来没经历过这件事，这个引导就很难进行。

第四步，有了解决方案，最后就是制订行动计划（Will），即和员工一起来商讨什么时间、什么地方、做什么事以及做得怎么样的行动计划。当然，你还要感谢员工以及表达你对他的信心。

我们以一个年底绩效评价的例子来看一下GROW模型的过程。你跟员工做绩效谈话的第一步应该说：我们先回顾一下，我们年初定的目标是什么。这个目标可能有数量的目标、质量的目标、任务的目标等等。

第二步，你应该说：我们现在有没有完全实现这个目标，哪些做到了，哪些没有做到？如果做到了，那么你能不能举些例子？如果没有做到，那么你觉得原因是什么？此时，员工可能会找到很多做不到的理由。但是请记住我们讨论的现状是什么，即我们分析的一定是原因，而不是借口。原因和借口的区别是什么呢？借口就是你无法改变的东西，原因就是你自己可以改变的东西。比如，有人说业绩做得不好，是因为宏观的经济环境不好，这就是个借口。怎么去证明这是个借口呢？其实办法很简单，你就问他一个简单的问题：在同样的宏观经济环境下，有没有人做得比你好一点点？如果有，那对不起，宏观经济不好就是你的一个借口。你可以想象一下，任何公司里的业绩最好的员工，一定不会抱怨宏观环境对他有多少影响。

在找到现状之后，第三步你应该说：我们可以采取哪些办法来避免以后发生同样的错误，从而走好以后的路？这个时候是考验员工的创造力、思考力以及想象力的时候。因此，你只要说：这个想法不错，还有没有别的想法？还有没有更好的想法？你试过什么样的方法？这个方法有效在哪里？如果这个方法没有效，那么原因是什么？

当员工考虑到足够多的方法之后，你只要说：好，那我们什么时候做？怎么去做？这就是第四步。

总　结

1. GROW模型是教练技术中的谈话模型，应用广泛。
2. GROW模型的第一步是达成共同的目标，这是有效辅导谈话的前提；第二步是找到差距；第三步是分析有什么可以改变的方法；第四步是制订行动方案。
3. 在使用GROW模型过程中要放弃说教的方式，并用提问的方式让对方找到答案。

4.3

合伙人与股权

股权激励

事实上，薪酬激励分为现金和非现金两个部分，而同时具有这两种性质的薪酬激励就是股权激励。所谓的非现金激励就是给员工一种荣誉性质的激励，现金激励就是可以带来现金的回报。股权激励也是企业为了激励和留住核心人才而推行的一种长期激励方式，也是目前最常用的激励员工的方法之一。

股权激励主要是通过附加条件给员工部分股东权益，使他具有主人翁意识，从而形成企业利益共同体，有利于促进企业和员工的共同成长，最终帮助企业实现稳定发展的长期目标。股权激励也是用来激励企业高级管理人员或者优秀员工的一个方法。一般来说，股权激励都有一定的前提，比如需要在企业干满多少年，或者完成特定的目标。当被激励的人员满足激励条件的时候，他们就会成为公司的股东，从而享有股东权益。创业公司在发展早期，一般都会出现资金紧张的情况，而资金不足带来的最大问题就是人员流失，尤其是团队的高级管理人员、核心员工的流失，他们的流失会给创业公司造成不可估量的损失。所以，为了提高团队凝聚力，以及用有限的薪资留住管理层和核心员工，股权激励就应运而生了。

股权激励分为股权和期权两种方式。股权和期权的区别在于：股权是基于股东资格而享有的从公司获得经济利益并参与公司经营管理的权力；期权就是公司授予某些人在未来一定期限内，以预先确定的价格和条件来购买公司一定数量股份的权力。具体采用哪种方式来激励员工，与公司的股权结构、现金流状况以及激励对象是有关的。

基本上，股权分为四个基本权利。第一个叫作决策权，就是股份的占比多少，即在多大程度上可以影响公司的重大决策。第二个叫分红权，因为每个股份对应的是一定的资产，所以只要公司有盈利，对应的股份会有一定的分红。第三个叫增值权，也就是说随着公司的发展，公司的股份可能会变得越来越值钱。第四个叫处置权，也就是你可以自由处置这些股份。对于上市公司来讲，流通股是可以自由处置的，非上市公司的股份处置则会受到一定的限制。

所有的股权激励都是基于这四种权利中的一项或者几项来设计的。其中，决策权是跟股份的数量有关系的。关于股份的数量，有以下5个数字比较重要。比如，股份占比67%是绝对控制权，占比51%是相对控制权，占比34%叫安全控制权（可以在重大问题上有否决权，不让大股东拥有2/3以上的多数），占比20%叫同业竞争警示线（在上市公司，如果你拥有另一家公司的股份超过20%，你就不能从事和另一家公司同样的业务），占比10%叫临时会议权（如果你拥有一家公司10%的股份，你就拥有临时召开股东大会的权力）。

股权激励基本上就是以上四种权利的组合方案，是给予经营者一定的经济权利，使他们能够以股东身份参与决策、分享利润、承担风险，从而尽责地为公司长期发展而服务的一种激励方式。它的优点基本上有如下五个。

第一，吸引和留住优秀人才。这也是很多公司做股权激励最重要的目的。股权激励将优秀人才的价值回报和公司的持续增值紧密联系起来，通过公司增值来回报他们，让这些人才为公司的发展做出贡献，从而留住他们。

第二，改善公司治理结构，打造利益共同体。事实上，股权激励可以实现一个效果：当一个员工的职位越高时，他对公司业绩的影响就越大，所以当他成为股东之后，他就会更加在乎公司利益，而不只是个人利益，因为他和公司的利益是共同的。这会减少现代企业中的代理成本，有利于充分有效发挥员工的积极性和创造性，从而改善公司的治理结构，增强公司的凝聚力。

第三，可以体现业绩驱动的模式。比如，通过员工的分红和公司的利润相挂钩的模式，股权激励可以把员工的业绩转换为公司的整体业绩，而不是某一个部门的业绩，从而提高整个公司的市场竞争力，也更能使公司建立业绩驱动型的文化。

第四，约束高管的短期行为。股权激励可以把锁定期、行权期、递延支付等时间拉得很长，于是很多公司的高管就会更多地表现出长期行为，而不是短期行为。

第五，降低激励的当期成本。股权激励的当期支出成本其实并不高，因为只有随着公司增值它才会体现出更高的价值，所以股权激励在一定程度上可以降低公司的当期成本。

同时，使用股权激励有三个注意事项：

第一，如果不能上市，股权激励就没有意义，反而利润分享计划可能更加有效。

第二，无论用什么样的方式去做合伙人激励，创始人都不能失去控制权。你可以采用有限合伙和普通股结合的方式或者一致行动人的方式来实现控制权。

第三，股权计划要有可持续性，要为将来的发展留下一些空间和伏笔。

总　结

1. 股权激励是基于股权的四种权利的一种组合方案，这四种权利是：决策权、分红权、增值权、处置权。
2. 股权激励方案的优点：吸引和保留人才、改善治理结构、体现业绩驱动、避免短期行为、降低当期成本等。
3. 股权激励需要注意的地方：股以激励对于不能上市的企业意义不大，股权激励不要失去控制权，股权计划要保持可持续性。

合伙人制度

股权激励之后有一个必然的问题，就是合伙人制度。合伙人有不同的含义，比如有限合伙企业的合伙人，很多咨询公司、律师事务所、会计事务所的合伙人，还有股权激励下的合伙人。我们这里谈的是第三种合伙人。简单来讲，股权激励合伙人就是指直接或者间接拥有公司一定数量股权或者期权的合伙人。

合伙人公司是指有两个或两个以上合伙人拥有公司并分享公司利润的企业。但是，合伙人不一定只存在合伙人公司里面，有限责任公司也会存在合伙人。合伙人在有限责任公司里面一般被称为这个公司的股东。合伙人公司的主要特点是合伙人享有公司经营所得，并对经营亏损共同承担责任。还有一种有限合伙企业由普通合伙人负责经营，其他合伙人只是出资并自负盈亏。所以，合伙人的组成规模可大可小。

如果一定要给合伙人下个定义，那么我给它的定义就是：基于共同价值观下的共创、共担和共享的一个群体。所以，合伙人的一个重要前提是价值观一定要一致，所谓“道不同，不相为谋”。合伙人就如同两口子，如果双方的目标不一致，价值观不一样，就算双方结婚了也会有很多的冲突和摩擦。所以，寻找合伙人的基本前提不是能力一致，而是价值观一致。从能力来看，你要找的不是与你具有同样能力的人，而是要找与你能力互补的人。一家公司能够发展到什么规模，是靠它的文化价值观来决定的。而谁来定义文化价值观呢？当然是合伙人。所以，如果合伙人之间不能就文化价值观达成一致，那么这个公司肯定是走不远的。我见过太多因合伙人之间不能达成一致而导致公司倒闭的情况。

有了共同价值观，接下来有三个很重要的方面。

第一个是共创，指的是合伙人一定要共同创造价值。除了创始合伙人之外，如果其他人想要晋升为合伙人，那么他们一定要去创造价值。创造价值是合伙人的第一要务，如果合伙人不能创造价值，那么他们显然不存在合作的基础。这里有个先后顺序，一般来说，是先创造价值，然后才有合伙人。按照复星集团老板的说法，你可以拿到什么待遇是生产关系，而你创造了多少价值是生产力。按照哲学的观点，生产力决定生产关系，所以创造价值在前，待遇和条件在后。

第二个是共担，就是共同承担风险。公司的管理和运营涉及很多决策，这个决策机制该怎么样制定？一个公司要想不犯或少犯错误，一个好的决策机制不可或缺。比如，在某个人缺位的时候，能够有人及时补位。所以，共担指的是在决策机制上共同承担决策风险，意味着所有的合伙人应该承担自己的责任，本质上这也是降低公司风险的一种方法。不是所有的决策都是由老板一个人做的，合伙人也可以做决策，而且会承担相应的决策风险。这就要求合伙人能够独当一面，至少能承担起某个业务领域或者方向的主要职责。

第三个是共享，就是共同分享利润和分享公司的成长。很多公司把合伙人制度简单地理解为共享，这是比较狭隘的，因为在共享之前还有共创以及共担。比如，华为的轮值主席就是共担的概念，联席总经理、联席总裁等都是共担的模式。有了共创和共担之后，才会产生共享，产生真正的合伙人。共创是指价值创造机制，共担是决策机制和责任风险分担机制，共享则是价值分配机制。

在具体实施合伙人制度的时候，复星集团的例子也许可以作为一个参考。复星集团有三个层级的合伙人。首先是创始合伙人，就是最早共同创业的几个人。其次是全球合伙人，就是经过战火洗礼并经过长期考验，非常符合和认同公司文化价值观的，而且是创造了优秀业绩的人。最后是事业合伙人。在事业部层面，某人对某个业务能产生重要影响，所以他可以成为业务层面的合伙人，相应的共创、共担、共享就在事业部层面实现。这就是复星集团三个层级的合伙人，它的优点是，能够结成利益共同体，保留优秀人才，帮助公司打造基业长青的模式。更重要的是，它还能够改善治理结构，降低公司运营风险，体现了贡献和收益对等。当然，它也是一种非常好的精神激励的方法。

合伙人制度不等于终身制，还要考虑退出机制。一个体系如果是封闭的，它的生命力就会受到限制。所以，健康的制度是需要考虑进入条件和退出条件的。

总 结

1. 合伙人制度和股权激励是同一种激励方式的两个方面。
2. 合伙人制度的前提是共同的文化价值观。
3. 合伙人制度的三个核心：共创、共担、共享。

心灵契约

心灵契约是美国著名管理心理学家施恩教授提出的一个名词。他认为心灵契约是在个人将有所奉献与组织欲望有所获取之间，以及组织针对个人期望收获而有所提供的一种配合。简单来讲，心灵契约就是建立员工和组织之间在心灵上的一种联结。它是一种隐形契约，与之对应的叫经济契约，也叫物理契约。物理契约就是可以看得见的与物质有关的绑定。

建立心灵契约有三个前提条件。

一是公司的企业文化要很清晰。心灵契约是存在于员工和企业之间的一种隐形的契约，它的核心是员工的满意度。要将企业从传统的薪酬留人发展到感情留人的境界，企业文化要有一定的凝聚力和向心力。优秀的企业文化可以影响员工，甚至能影响到已经离开的员工，比如腾讯公司的“立志于成为最受人尊敬的互联网企业”的文化信条。如果你曾经在腾讯工作过，那么在你离开腾讯之后，你可能会在某一天早上收到一条短信：亲爱的 × ×，今天是你离开腾讯的第 × × 天，我们想念你。这样的文化一定有助于建立良好的心灵契约。

二是要有经济契约。你之所以会建立心灵契约，是因为你已经和公司达成了经济契约。经济契约指的是组织和员工通过协商谈判形成的双方责任和义务的明文规定。所以，经济契约明确了员工和公司之间的责任和义务。

三是要有比较完整的绩效评价体系。绩效评价体系不光是一种约束机制，也是一种激励机制。因为绩效评价体系会决定价值分配体系，而价值分配体系又会决定价值创造体系。绩效评价体系、价值分配体系、价值创造体系是建立心灵契约的三个基础体系。

那什么样的公司适合建立心灵契约呢？从管人的理念来看，其实不同的公司有不同的管法。比如，有基于制度的管理方式，有基于绩效的管理方式，还有基于能力、文化的管理方式。显然强调行为层和目标层的公司是不适用心灵契约方式的。因为强调行为层的公司要求员工行为完全合乎公司要求，而强调目标层的公司只看结果，用数字说话。所以，强调行为层的公司适合用制度来管理。它强调行为的评估，强调动作的标准一致，显然心灵契约在这个公司是很难做到的。因为那些类似于反人性的管理方式肯定是很难做到建立心灵契约的。而目标层的管理往往强调结果导向，其结果是用数字来形容的；而心灵契约谈的是另一个概念，它是基于对能力的欣赏和认可，对于文化的认同。所以，目标层的管理也不适用心灵契约的方式。

建立心灵契约，有三条非常重要的路径。

一是倡导员工参与管理。这是建立心灵契约特别重要的一个做法。我们知道，人的需求是多样化的，其中归属感、被尊重以及自我实现是等级较高的需求。员工参与管理就是一种被尊重的体现，就是一种从经济契约到心灵契约的做法，也是一种从物质层面到精神层面的做法。员工参与管理的方法有很多，比如员工自治、给员工一定的自主权。阿里曾经有一个规定，就是你加班可以免费吃晚餐，但是你要拿到加班的审批。所以，员工为了吃免费晚餐需要填加班单，然后他的主管要审批，拿到审批之后的员工才可以去免费用餐。后来这个规定被取消了。取消的原因是：要尊重员工的自我管理，要让员工参与管理，而不是由主管来管理员工。取消之后，公司晚餐的成本就增加了一两百万元，但是阿里觉得并无不妥。因为节约了员工填加班单的时间，节约了他的主管来审批的时间，还节约了吃饭前检查工作的时间。这几个时间其实折算成现金的话，远远不止一两百万元。

二是重视员工的精神待遇。员工待遇分为两个部分：一个是物质待遇，另一个是精神待遇。它们也分别被称为外在待遇和内在待遇。物质待遇指的是薪酬、福利、津贴、奖金，精神待遇指的是工作的胜任感、成就感、责任感、受重视、影响力、成长等。所以，心灵契约的建立肯定要重视员工的精神待遇。管理者越重视精神待遇，就越容易跟员工建立心灵契约。

三是管理者的关爱。其实在管理学中有个原理叫作投射原理或者黄金法则。投射原理指的是你喜欢你的员工，你的员工就会喜欢你。对外可以理解为你关爱你的客户，你的客户就会关爱你。所以，管理者要给员工足够多的信任和授权，让员工自主完成工作，只有这样，员工才能够把他们的才能充分发挥出来。仆人式领导力曾经盛极时，它提倡的是领导为员工服务。比如，在渣打银行的时候，有一天早上，我们的副行长买了很多的早餐，然后到员工的工位处给每个员工送一份早餐。员工非常感恩这样的行为，觉得自己很受重视。仆人式领导力本质上是建立心灵契约的一种手段，它体现了管理者的关爱。

总　结

1. 心灵契约是相对于经济契约而存在的一种形式，有利于留住员工。
2. 建立心灵契约的前提是拥有优秀的企业文化，员工和公司之间达成经济契约，以及拥有明确的绩效评价体系。
3. 建立心灵契约的方法包括倡导员工参与管理、重视员工的精神待遇、管理者关爱员工。

温情效应

在生活中为别人做点好事，会让很多人产生一种愉悦的感受。行为经济学家将这种感觉叫作温情效应。温情效应是怎么来的呢？德国吕贝克大学有一名研究人员做了一个实验。在实验中，50名参与者被承诺会在接下来的几周收到一笔钱，并且要求他们将这笔钱花掉。有一半的参与者承诺把这个钱花在他们认识的人身上，他们被称为实验组。另外一半的参与者承诺把钱花在自己身上，他们被称为对照组。研究人员发现，那些行为慷慨的人比那些行为自私的人更加快乐。

当然，慷慨的程度并不影响满足感的增加。也就是说，只要你慷慨，你就会比较开心。所以，研究人员得出结论：你不需要做太多的自我牺牲来让自己变得更快乐，你只要稍微变得慷慨一点就够了。即使一点点的慷慨，也会让人觉得更快乐，这就是温情效应。

我有一个企业家朋友，这几天在朋友圈发了一条消息，说他要去参加一个戈壁徒步赛。戈壁徒步赛要交参赛费13 800元，这名企业家希望通过募捐来凑齐这个费用。作为一名企业家，其实13 800元对他来讲不是难事。可是比赛主办方要求参赛者发动募捐，募捐成功者可以去，当然如果募捐不成功，你自己掏钱，也是可以去的。如果你募捐不成功，你又不去，那募捐的钱会自动回到所有捐款人的账户里。作为一名企业家，他的朋友肯定很多，而且朋友也应该不那么缺钱。这名企业家通过让朋友赞助来凑齐报名费，体现了他的朋友的慷慨，而这种慷慨可能只是捐几块钱的事。如果他的朋友足够多，肯定可以满足他的愿望。就像我的朋友圈有5 000个人，如果有1 000个人看到，平均每人捐13.8元钱，那就够了。所以其实你让别人稍微慷慨一点，他们就会对这件事高度关注，而高度关注的结果就是这件事可以达到很好的传播效果。戈壁徒步赛的参赛策划案利用的就是温情效应。

在企业中，我们怎么来运用温情效应呢？

第一，在公司里设置一些特别的设施。比如，很多公司会在办公室放一些免费的食品、免费的咖啡机。流利说有很多用来午睡的太空舱。很多公司建立了图书角，书都是员工捐献的。有的公司建了滑梯供员工下楼——不用走楼梯，直接滑下去。这些都是提高员工幸福感的有效方式，它们都是以营造温情效应为目的的。

第二，打破一些反人性的制度，比如允许员工迟到、鼓励在家工作等。普华永道规定，整个大中华区的员工可以在家里办公。法国政府规定，已婚妇女每周可以有一天在家工作、看小孩。这些完全是温情效应的体现，能带来良好的员工满意度。

第三，增加员工的社会责任感，比如鼓励做慈善和公益事业。渣打银行规定，员工每年有两天用于做慈善的带薪假期。公司也希望员工用掉这两天假期。当然为了帮员工用掉这个假期，渣打银行会安排很多慈善活动，比如有一个很有名的活动Seeing is believing（看得见的希望），就是用来帮助盲人和视力有障碍的人士的。当然，也有些活动是帮助弱智儿童、孤寡老人的。我还记得渣打银行行长对此做过解释：公司强调这一点是为了让员工通过小小的付出得到很大的幸福感。

第四，其他特别环节，比如帮助员工实现工作之外的成就感。资助员工学习，在公司做家庭日活动，这些做法其实都是希望员工通过小小的付出以获得更多的回报。我曾在三亚参加了一个最佳雇主的评选活动。很多企业都有自己提高员工幸福感的方式，比如，在企业里面提供理发服务，让员工集体做晚餐——这些都是温情效应的完美体现。

建立温情效应有三个要注意的方面：

第一，它不是强调工作和生活的平衡，而是强调工作和生活的融合。所以，在工作场合营造家的氛围是常用的一个营造温情效应的方法。

第二，温情效应适合在互联网、金融、咨询等高级人才聚集的地方建立。换句话讲，知识工人多的地方适合建立温情效应。制造业显然不适合，因为制造业是成本驱动的行业，它不是一个完全以人为本的行业，而温情效应适用于以人为本的理念。

第三，温情效应强调工作以外的联结，尤其是建立情感上的联结，所以不是靠物质驱动的。如果没有注入情感，是没有办法产生温情效应的。

总　结

1. 温情效应本质是指小小的付出可以让人产生很好的幸福感和满意度。
2. 营造温情效应可以从特殊设施、人性化制度、企业社会责任等方面着手。
3. 温情效应适用于强调以人为本的企业，它强调的是工作和生活的融合。

金手铐

金手铐是一个形象化的比喻，它是一种基于经营结果，对经营者实行长期激励的报酬制度。导入金手铐也是企业发展的一个客观需要。它很多时候指的是利用公司的股权、期权、奖金、红利等预期收入来作为手段留住企业的高层管理者或者骨干人才的一些手段。金手铐一般都有时间的限制，意味着在这个限制期间内，如果高管辞职，那么他的奖励将无法兑现。所以，金手铐作为一种主要面向高管的激励工具，它的目的在于通过向高管提供激励来激发他们的动力，并且让他们与公司的其他利益相关者共同分享成长的果实。

金手铐基本上有两层含义。

第一，它是“金”的，表明它很贵。它的目的是以此来倡导价值导向的现代企业精神，建立高管和股东之间利益共享的平台和利益共享的机制，确保企业的可持续健康发展。也就是说，金手铐首先是为企业的发展战略服务的，同时有助于平衡高管团队的长期目标和短期目标，吸引并且保留优秀的人才，鼓励创新和提高企业的核心竞争力。

第二，它是个手铐，不是金砖，意味着高管不能拿了钱就走，这个激励是有限制性条件的。金手铐主要适用于企业的管理团队和核心骨干，尤其适用于企业家阶层。一般来讲，金手铐的程序比较严格，弹性比较大，价值比较高。

针对经理人员的金手铐一般有股权计划和现金分享计划。股权计划在前文有谈到，这里我就举一个现金分享计划的案例。我在贝尔阿尔卡特工作的时候，做过一个叫“住行2000”的计划（2000年提出的一个计划）。这个计划当时绑定10年，符合标准的高级管理人才可以即刻拿到20万元。20万元在当时是什么概念？当时买一辆通用赛欧，10万元就够了。当时在上海买一套100平方米左右的房子，10万元可以付个首付。

所以，这个计划还是很有吸引力的。但是，如果你在10年之内离开，20万元是要全部还回来的。这就是一个很典型的金手铐计划。你一旦接受了这个条件，在10年之内是不能离开公司的。今天很多公司也有同样的一些做法。如今，困扰人们最多的就是住房问题，所以公司基于房子去设计一个金手铐计划是完全可行的。

怎么做金手铐计划呢？主要考虑三个方面。

第一，我们要考虑价值观是否符合。其实，我们用金手铐铐住的一定是我们很在乎的人。它不是个短期激励，而是个长期激励，所以激励的人一定是我们很认同的人。而认同首先体现在他对公司文化价值观的认同方面。这是第一个要考虑的点，而且这个是居于所有条件之前的。

第二，我们要考虑他的贡献值多少的问题。也就是说，我们要考虑什么样的人可以获得金手铐。在符合价值观的情况下，创造最多价值的那个人最适用于金手铐，也就是真的要留住的人。

第三，我们要考虑一个退出机制。比如绑定10年，万一发现金手铐计划行不通怎么办？所以，金手铐不是单向的，而是双向的，它的约束和激励是同时存在的。所以，我们要有一个约束机制，也就是所谓的退出条件。

股权激励也是经常用到的一个激励方式。当高管成为股东之后，股权激励就是一个基础，这是一个典型的金手铐。当然除此之外，我们还有很多其他做法。比如，针对销售人员的底薪加提成的方式，本质上也是一种金手铐的手段。递延支付也是一种金手铐。递延支付的含义是对于你今年完成的业绩，其对应的奖金可能会在未来两三年内发给你。递延支付是为了避免风险，因为有很多人为了完成当年的业绩而埋下了很多风险点，然后在拿到激励之后就走了。风险可能在一两年之后才能显现，所以递延支付本身也是金手铐的一个概念。日本的年薪制也是一种金手铐。也就是说，你在一家公司待的时间越长，你的年资越久，你拿到的钱就越多。而当离开这家公司去任何一家公司时，这些薪资标准你都是没办法享受到的。

总 结

1. 金手铐是企业常用的一种中长期激励手段，用于保留高级管理人员和骨干人才，一般有股权激励和现金激励两类方法。
2. 金手铐是“金”的，表明它很贵；金手铐是手铐，不是金砖。
3. 设计金手铐要考虑价值观的一致性、贡献值的大小和退出机制。

4.4 员工离职

离职信号

铁打的营盘流水的兵，员工离职也是难以避免的事情。那什么情况下你会发现员工要离开呢？下面我给大家分享员工即将离职的十大信号。如果一名员工出现了这十大信号之一，你就基本可以判断他在考虑离职。

第一个征兆，工位上的个人物品迅速减少，尤其是原来堆得很多，现在突然减少。此时你就要考虑，他有可能是在考虑离职，正在收拾东西。

第二个征兆，大量复制公司的资料。将要离职的人，总希望能带走一些东西，以便在下一份工作中有所借鉴。

第三个征兆，经常请半天或一天的短假。为什么？因为他要去面试。当然还有一种情况就是，他提前把年假都休掉，尤其在非旅游旺季。这时你要考虑他是否在考虑离职。

第四个征兆，接电话突然变得很神秘，尤其是一接电话，就压低声音，然后去一个没人的地方打电话。那有可能是猎头电话，也可能是公司竞争对手的电话。

第五个征兆，发言的风格发生反向改变。什么叫反向改变？就是原来发言很犀利，现在突然变得很温顺，意味着他不想跟你玩了，所以就懒得理你了。当然也有可能原来很温顺，现在突然变得很犀利，意味着他不想再忍了，所以就把本我发挥出来了。

第六个征兆，和同事私下的交流次数增多。为什么私下交流会增多？因为他要离开了，有很多关心的问题，所以他要去打听公司各种政策或者去了解老板最近的动向（因为他要找一个老板心情比较好的时候提出离职）。

第七个征兆，突然延长在公司的时间。他可能是为了下载资料或者为了复印资料而延长在公司的时间（第二个征兆的延伸）。

第八个征兆，集中归还所借物品，催缴自己的外借物品，也就是要清算了。

第九个征兆，经常往家里搬东西。这是因为他打算离职了，所以要收拾自己的东西，把个人物品往家里搬（与第一个征兆相关）。

第十个征兆，经常抱怨和争执。一个人如果开始抱怨自己公司，就表明他的心已经不在这了。如果他还和别人发生争执，表明他是心怀怨言的。当心怀怨气和怨言的时候，他离职的可能性就非常大了。所以，当这些信号出现的时候，你基本可以判断这个人要离职了。

我曾经在一家外企工作，该企业提出了一个概念：外企就像一辆无人驾驶的列车，到站了，总有人上车也有人下车。所以，人员流动是一个比较正常的行为，我们不能把人员流失看作是世界末日。

第一，我们要认识到人员流动是正常的现象。如果一个公司从来没有人员流动，那未必是件好事。因为这说明大家都有惰性，公司没有新生力量。

第二，我们真正要关注的其实不是一般员工的离职率，而是那些核心员工或者叫高潜员工的离职率。我们以10%的离职率为例。这个10%到底是什么样的人，是一般员工、核心骨干，还是低绩效员工？如果走的人都是有价值的人，而低绩效员工一个都没走，那么公司的生态一定很糟糕。如果走的人都是你希望他走的，而你在乎的人都没走，那么公司便处于良性的生态环境中。所以员工离职不能单纯地说是好事还是坏事，而要看这个离职的人是谁。

在下属离职之前，你能够掌握到一些蛛丝马迹，能够及时给予关怀和帮助，从而可以消除员工离职的一些倾向，这其实是作为管理者应该去思考的。不要等到事情发生了还不知道——很多管理者是最后一个知道员工要离职的人。通过了解这些离职信号以及你平时周期性地跟员工的沟通，可以达到了解员工动向的目的，这是管理必备的一项技能。

总　结

1. 如果员工要离职，那么很多信号会出现。熟悉这些信号有助于管理者管理风险，从而提早做好准备。
2. 我们要客观看待离职问题，因为它是事物发展的基本规律，是无法避免的。我们要重点关注如何留住我们希望留住的人。
3. 通过了解离职信号，掌握员工动向，是管理者的必备技能之一。

离职面谈

如果一个员工真的留不住了，他一定要走，那该怎么办？这个时候，你唯一要做的就是做好离职面谈。离职面谈是员工生命周期管理中的很重要的一环。很多公司的管理者都会去做离职面谈。他们发现，员工离职的原因不外乎以下三点：一般排在第一位的是这里收入太低，其他公司给的钱更多，所以就跳槽了；排名第二的是现在的公司没有职业发展机会，其他公司给我的职务更高；第三就是个人原因，比如现在的公司离家太远，其他公司离家更近。

这三个原因对不对？是不是真实的？美国有一名学者就做了一个研究。他在员工离职之后的第八个月再去找员工谈，问他为什么要离开公司。这名学者惊讶地发现，85%的人的离职原因都是一样的，而且这个原因跟上面讲的三点好像没什么关系。

上面三点是收入太低、没有职业发展、离家太远。这一次，85%的人讲的都不是这些理由，而是说离开公司最大的原因就是跟他的直接主管关系不好。一个人加入一家公司，是因为这家公司的品牌，因为这家公司外在的一些东西，可是离开公司并不是公司品牌变坏了，而是因为员工和他的直接主管关系变得不好了。那么问题来了：谁是真正要为员工离职负责任的人？研究表明，真正要为员工离职承担责任的，应该是他的直接主管。

因为跟他的直接主管关系不好，所以员工感觉这个公司没有发展前景，他在公司享受不到更好的待遇，他就要离开公司。因此，如果真的想留住员工，管理者的着眼点不该是公司的薪酬方面，而是要真正懂得怎么去管人。因为是他们天天在和员工接触，是他们天天在影响着员工的感受，影响着员工的发展，等等。如果员工真的留不住，那么你该怎么办？你其实应该做一件事，那就是做好离职面谈。

离职面谈要做好四件事，或者说做好离职面谈有四个关键点。

第一，一个人如果要离开公司，他一般是会讲一点真心话的。所以，这是你极好的一个去听取真实信息的机会。所以，管理者应该敞开心扉去听取这些离职员工对自己的反馈，让他们指出自己哪里做得好，哪里做得不好。当然，如果是人力资源专员去做访谈，那么他可以听听离职员工对他的主管是怎么评价的，他对公司的发展有什么样的见解，等等。

第二，这是一次发现管理漏洞的绝佳机会。没有公司是完美的。员工一旦要离开公司，肯定是觉得公司有很多漏洞或者存在做得不够完美的地方。这也许跟人没关系，也许只跟公司的制度挂钩。

第三，要做好知识的转移。我们知道，员工在公司工作一定会积攒很多知识。但是知识分为两类，一类叫作显性知识，比如对公司规章、制度、文档、合同、文书、流程等的掌握。还有一类叫作默会知识，也叫作隐性知识。这类知识是很难被明确写下来的，比如如何搞定客户，如何设计方案，如何去发现错误。无论是哪种知识，一般都存在于离职员工的脑海里。所以，如何把这些内容从离职员工那里传承下来，其实是很重要的。很多公司做交接，只是列一些书面的东西，这是远远不够的。在做交接时，公司应该安排离职者和他的继任者做一个交接的谈话，让离职者把工作中重要的东西分享给新人。

第四，要摒弃掉离开公司就是背叛公司的想法。有些老板有这样一个错误的想法，认为员工一旦离开公司就是背叛公司。其实不是的，公司在不同阶段有不同阶段的人才需求，所以在公司的发展中，你总会发现有些人跟不上公司发展的步伐。同样，个人也有自己的需要，他可能觉得在他人生的不同阶段，需要到不同平台去历练。他们可能有自己的想法：有的人最终想成为一个专家，有的人最终想成为一个企业家，还有人希望成为一个更高级别的职业经理人。所以，在个人的职业发展中，员工也会有不同的需求。因此，个人和公司之间在某一阶段志趣相投是很正常的，而过了这个阶段，彼此去找自己新的方向也应该得到支持。

尽管员工离职，我们依然要和员工成为朋友，而不是形同陌路，更不是敌人。千万不要把你的员工推向你的竞争对手，因为雇主品牌和离职员工也是有关系的。所以，社会上有很多企业把前雇员管理做得不错，比如金山软件的人离职之后都会加入一个叫旧金山的群，复星集团的人离职之后都会加入一个叫满天星的群，腾讯的人离职之后都会加入一个叫南极圈的群，阿里的人离职之后都会加入一个叫前橙会的群，百度的人离职之后都会加入一个叫百老会的群。这些其实都是在前雇员俱乐部方面做得不错的一些公司。所以离职面谈也可以称得上是一次和员工保持好聚好散的机会。

总　结

1. 离职面谈是企业做好员工生命周期管理重要的一环。
2. 通常意义上的三个离职原因都是表面的，真正的离职原因是离职者和他的直接上级关系不好。
3. 离职面谈可以得到真实信息，有助于知识传承、查缺补漏，以及有利于雇主品牌的管理。

跳槽成本

跳槽其实有两个成本，一个叫作显性成本，另一个叫作隐性成本。这里，显性成本指的是那些看得见的成本，比如年终奖的损失、项目还没发的提成、晋升的机会以及你在这家公司所积累的司龄等。隐性成本指的是你在行业积累的一些经验（一旦换个行业可能就没有价值了），在工作中所掌握的一些工作关系，还有你在新公司能否适应。

我们把显性成本和隐性成本加起来称为跳槽的机会成本。机会成本就是因为我做了另外一件事而不能做这件事所带来的损失，因为同一时间我只能做一件事。同样，某一时刻，我只能服务一家公司。由于我跳槽去了某家公司而不能服务这家公司所造成的损失就叫作这件事的机会成本，此处就是跳槽成本。比如，因为我创业前的年薪是450万元，对于创业这件事来说，我的机会成本就是年薪450万元。如果一个刚毕业的大学生创业，那么他的机会成本可能只有年薪10万元。因为如果他不创业而去上班，那么他一年可以赚10万元，但他选择创业就会失去这10万元的年薪。这么看来，是不是创业越早越好呢？其实不然。因为你创业越早，你所积累的人脉和你的专业技能可能相对较少。越往后你的机会成本越大，可是你积累的资源也越多。因此，在跳槽这件事上，如何平衡跳槽收益和跳槽成本是一件很重要的事情。

我一直都不支持太短时间的跳槽，但是必须承认，在职业发展中，跳槽是一个不可避免的行为。曾经我在贝尔阿尔卡特要跳槽的时候，我面临过同样的问题：我的跳槽成本是什么？当时我有5家公司备选，我做了一张对比表，按照6个要素来一一对比。第一个是职位，有的公司提供的是人力资源部门的负责人，有的是做人力资源某个职能部门的负责人。第二个是收入，每家公司给的年薪是不一样的。第三个是行业，这5家公司涉及的行业有金融业、互联网行业、物流行业、文化行业。第四个是工作地点，包括一线城市和二线城市，上海和外地。第五个是老板，就是跟谁一起工作。第六个是这个公司的未来趋势，比如未来要不要上市。当确定这6个要素之后，我给每个要素都配了一个权重，权重之和是100。对照这6个要素，我对每家公司都进行了打分，最终计算综合得分。这个综合得分最高的公司就是我最后选择的那家公司。在当时的情况下，离开贝尔阿尔卡特的成本是一样的，但是从跳槽收益来看，渣打银行是得分最高的选项，所以我选择了渣打银行。做对比表、计算综合得分的方式是解决跳槽成本量化问题的一种有效途径。

跳槽成本是个很容易理解的概念，重点不是知道什么是跳槽成本，而是怎么去降低我们的跳槽成本。在现实生活中，跳槽其实有很多对冲的方法，比如你加入一家新的公司，签约金可以解决一些跳槽成本的问题，签署竞业禁止协定也可以获得一定的补偿。关于更广泛的降低跳槽成本的方法，我给大家四个建议。

一是选择行业比选择公司更加重要。中国有句话叫“女怕嫁错郎，男怕入错行”，这个入行就是选择行业。比如，10年前你选择了互联网行业，虽然10年前金融行业也不错，但现在看来，加入互联网行业的前途更光明。

二是职责范围比薪水的权重要更高一点。也就是说，职责范围比薪水更重要。很多人跳槽是单纯为了涨工资，然而跳槽的真正驱动应该不是薪水，而是你的职责范围。请永远记住，责任越大，你的收获就越大，你的收入也会越高。

三是不要把地域的权重设得太高。有的人在跳槽成本上把地域问题考虑得太多。其实，中国一线城市的生活水平都差不多，二、三线城市的稍有差距。就一线城市来说，有的人只愿意待在北京，不愿意去上海；或者只愿待在上海，不愿意去广州。这些都是把地域的权重设置得太高的表现。对于整个职业发展来讲，经历过不同地域，对整个职业生涯是相当好的一件事。

四是要做符合年龄选择的事情。比如，你不应该在应该冒险的时候贪图安逸，也不要在不该冒险的时候去冒险。这两种例子其实都很多，通常在35岁之前，你要尽可能地尝试更多的选择、更多的机会。但是过了45岁，如果你再频繁跳槽，那么每一次跳槽可能都是一种贬值。

以上都是对降低跳槽成本的一些建议。最重要的是，虽然跳槽是不可避免的，但千万不要为了跳槽而跳槽。跳槽是要有目的的，一个没有目的的跳槽我是不支持的。有人说，因为在一个地方实在待不下去了，所以要跳槽。那我一般会告诉他说，如果你是金子，你在哪里都会发光。我比较提倡的是在一个地方跌倒，就要在同一个地方爬起来，然后再考虑跳槽。

总 结

1. 跳槽成本主要体现在机会成本上，但更重要的是未来收益如何，要确保跳槽收益大于跳槽成本。
2. 降低跳槽成本、扩大跳槽收益的办法有：选择好的行业，关注职务范围，淡化地域差异，考虑年龄差异。
3. 真正决定要不要跳槽的是你的目的。以终为始，不要为了跳槽而跳槽，也不要单纯地因为不开心而跳槽。

幸存者偏差

在二战时期，人们发现幸存的轰炸机的机翼中弹数量很多，而机身中弹很少，因此人们认为应该加固飞机的机翼。其实不然，因为机翼中弹并不影响飞机返航，所以机翼中弹多还能飞回来，而机身中弹就会让飞机直接坠毁。因此，飞回来的飞机都是机翼中弹的。因为机身中弹少就认为子弹打中机身的机会小，其实是错误的。这个现象在管理学中叫作幸存者偏差，又被称作生存者偏差。它驳斥的是一种常见的逻辑谬误。这个逻辑谬误就是指你只能看到经过某种筛选而产生的结果，而没有意识到筛选的过程，所以忽略了被筛选掉的关键信息。这个理论还有一些别名，比如“沉默的数据”“死人不会说话”等等。

这个理论适用于金融领域和商业领域，当然在管理领域也是经常被提到的。例如，经常有人说读书无用，因为他们发现很多企业家都没什么学历却能够把企业做得风生水起。于是，他们得出结论：不需要学历就能够把企业办好。事实上，他忘了中国本科以上的人占总人口的比例大概只有4%，有大概96%的人没有达到本科学历。显然在这些没有达到本科学历的人当中，总会有成功的企业家。可是因为中国的人口基数太大，所以你会觉得没有达到本科学历的成功企业家的人数很多，于是得出“读书无用论”。这就是典型的幸存者偏差带来的一个偏见。

从管理学的角度来看，幸存者偏差对我们有什么影响呢？

第一，无论是杰克·韦尔奇提出的271理论，还是阿里的361理论，它们都强调一个观点：应该把最差的占公司人数10%的人淘汰掉。为什么这些理论都很强调这一点呢？因为它们认为，如果有一些比较差的人留在公司，那一定会产生劣币驱逐良币现象。也就是说，因为幸存者偏差，别人看到留下的人都是能力弱的人，于是有才能的人也就不想待了。因为能力弱的人存在，而让有才能的人离开，这种现象叫作劣币驱逐良币，其本质上就是幸存者偏差对企业管理的影响。

第二，有的管理者会发现，一个人离开公司之后获得了很好的发展。比如一个人去了新的单位，他的职位提高了，他的收入增加了。似乎离开的人都是在原单位没有被重用的人。于是，这些管理者就得出一个结论：优秀的人都走了，剩下的都是不行的。其实这也是一种幸存者偏差。没有离开的人，其实不代表不好；所有离开的人，他们在公司任职的时候也属于没有离开的人。所以，作为一名管理者，你真正要做的是善待留下的人。

第三，我们做管理的经常发现在薪酬上有这么一个现象：同样工作5年的人，一个是通过社会招聘进到公司，另一个是大学一毕业就加入公司，前者的工资可能比后者的工资高。有一句话叫作外来的和尚好念经，这也是一种幸存者偏差。也就是说，我们总是对已经存在的人有幸存者偏差，认为这些人毕业就进来了，可能没有更大的成长空间，而外面进来的人可能潜力更大。这对幸存者是一种认知偏差，也是一种不公正的对待。

怎么解决幸存者偏差呢？一般的办法有如下三种。

第一，设计一种双盲实验，进行详细、全面的客观数据的记录。中国有句成语叫兼听则明，讲的就是个道理。

第二，要求管理者能够主动管理并打造优秀的团队。也就是说，我们并不因为新员工、老员工的司龄不同而产生差异。我们真正要做的是，了解我们所需要的人的能力和素质，以及现有的人在能力素质上表现出来的行为是否达到要求。我们严格按照这个标准来管理，会发现管理的效果是不一样的。解决幸存者偏差，需要我们对于人的管理从基于感觉式的管理走向数据化的管理。因为中国人喜欢模糊管理，尤其在人的管理上，如果全面采用大数据量化管理的方式，以及一些基于行为的管理模式，我们就可能消除幸存者偏差带来的偏见。

第三，提升管理者的水平。比如，管理者要能够比较公正客观地去评价员工的工作，能够对员工的行为做出反馈，能够跟员工进行定期的沟通并了解员工的想法。这些都是消除幸存者偏差的有效手段。

总 结

1. 幸存者偏差是指一种逻辑谬误，即依据片面的数据或现象得出一个不正确的结论。

2. 幸存者偏差会对管理产生影响。根据留下的人或者离开的人来评价工作是常见的误区。
3. 消除幸存者偏差的办法是利用客观数据、根据标准和能力行为来管理员工，以及提高管理者水平。

金色降落伞

在留住人才的管理中，有一个工具被经常提到，叫金色降落伞。我们在前文提到的金手铐是针对在职的高管，而金色降落伞针对的是离职人员。金色降落伞是怎么来的呢？在美国，在很多公司被收购以后，它们的高管通常会在很短时间内被踢出公司。这些高管都是职业经理人，他们辛辛苦苦奋斗，结果因为公司被收购就被扫地出门，让人于心不忍。于是，一种旨在保护目标公司高管人员的规定就应运而生了。

金色降落伞有两个含义：第一，金色代表它的价值非常高；第二，降落伞表示平稳着陆。所谓平稳着陆就是从天空安全地来到地上，也就是从公司很高的位置功成身退，回归平凡生活。所以，金色降落伞一般用于解决下面三种问题。

第一，因为中国的企业，尤其是国有企业大多数都是全民所有制的，所以创始人或者最高管理层的待遇在某种程度上和外企相差很大。所以，个别领导就会产生一种不满的情绪，尤其是到了59岁，自己马上要离开领导岗位了。而一旦离开领导岗位，他的待遇就会直线下降，再也没有资源，所以就会产生一种59岁现象——贪污腐败，铤而走险，直至酿成大错。金色降落伞其实可以较好地来解决59岁现象，从而让企业的高管和创始人平稳地离开。山东阿胶集团就比较成功地实行了金色降落伞计划，它把部分参与创业的一些元老（已经不能适应企业发展要求的一些高层领导人）进行了妥善安排，从而达到了企业和个人双赢的局面。

第二，在企业的并购案中，金色降落伞可以解决很多问题，尤其是可以确保控制权变动时的平稳过渡，让上一届的高管体面地离开。我们知道，企业的收购和兼并在业界是经常发生的事。如果一家公司收购另外一家公司，显然被收购的那家公司的高管就会面临被开除的局面。如果这时候没有金色降落伞计划，那么被收购的公司高管不一定会配合，甚至会制造一些麻烦，让这个过渡变得不那么平稳。所以，很多时候，为了让过渡能平稳实施，发起并购的公司会设计金色降落伞计划，让被收购的公司高管平稳地离开。当年，我在贝尔阿尔卡特的时候，经历了公司收购朗讯的过程。当时，为了让朗讯的高管离开，我们也设置了类似的一些金色降落伞计划。

第三，金色降落伞很多时候可用于反收购的毒丸计划。所谓的毒丸计划就是指那种让企业不那么轻易地被收购的计划。比如，很多公司会设置一个条款，说一旦公司的控制权发生变动，高管将会获得一笔巨额赔偿，这个巨额会高达几千万元甚至上亿元。这样，如果有公司想收购它们，那么这些公司就会面临这样一笔支出。所以，这样就会打消很多公司去收购它们的想法。如果金色降落伞规定目标公司在被收购的情况下，高管无论主动还是被动离职，都会得到巨额补偿费，那么也会有另外一种风险：因为他们可以拿到巨额的补偿，所以他们有可能会诱导管理层低价出售这家企业。

关于金色降落伞的使用，有以下几个注意的问题。

第一个问题是授予对象的确定。在国外，主要授予对象是企业的高级管理人员；在中国，授权对象一般是指企业元老，即创业早期贡献特别多但没有什么股权的人。

第二个问题是授予形式。西方的金色降落伞一般是指一次性的契约解除补偿金、津贴、股权、期权等等。中国的金色降落伞可能是一次性的退休金、按月发放的一笔退休金，也可能是一次性的奖金、股权、期权。

第三个问题就是受益金额的限定。不同的国家对金色降落伞的金额有各自的限定。比如，美国在《国内税收法案》中就规定，被受益人的金额只能是他在启动这个方案前五年内的年工资的平均值，超过这个范围要交相当一部分的税。其实，在实际的应用中，很多方法可以用来避税。但就这个法案而言，它的基本思路还是从确保管理层的平稳过渡来设计的。在某种意义上，这种法案也是一种留人的手段，只不过这种留人和公司留人是不一样的。

总　结

1. 金色降落伞计划是针对公司高管的离任计划而设定的一种方案。
2. 金色降落伞计划一般用于解决59岁现象、兼并收购后的高管过渡方案、反收购中的毒丸计划等。
3. 在使用金色降落伞计划时，我们要注意授予对象、授予形式和受益金额。

第五篇 跟对人

成为一名管理高手还有一个问题需要解决，那就是你自身的思维和能力问题，因为管理从来就不是一个单向的行为。打铁还需自身硬，你自己的修为会决定你在多大程度上可以成为一名管理高手。最近流行的正念领导力，说的就是一个人的内在平静（inner peace）可以影响到周围的人。你可能不需要什么管理技巧，只要你和下属有很高的信任度，管理就会变成一个很轻松而且自然的行为。

当然，作为一名管理者，你的上面也许还有更高的管理者。所以在管理上，没有所谓的终极管理者的概念。

管理者自身的战略思考能力如何？我们说思维，是因为有了高度才有位置，不是因为有了位置才有的高度。管理水平的最终检验标准是领导力，也就是所谓的影响力。你能影响多少人，意味着你的领导力有多强。你的影响力终将决定有多少人会追随你。你是靠愿景使命吸引人，还是靠金钱吸引人，还是靠人格魅力吸引人？

管理的本质就是让别人做你想做的事情。让别人做你想做的事情的方式有很多种，不同的人采取的方式也是完全不同的。这里有个人偏好、个人能力，还有个人格局的差异。一名管人高手绝不是依靠一些方法和技术去解决问题的，更多的时候是通过自我修炼来达到管人目的的。

管理好你的老板、具备战略思考能力、打造自我的领导力、建立属于你自己的亚文化，这些都是一名成功管理者需要学会的本领，也是本篇要帮助管理者们厘清的重要问题。

5.1 向上管理

向上管理的重点是建立一种思维习惯，那就是站在上司的角度来看问题，而不是站在自己的角度看问题。比如言简意赅、先讲结论、再讲原因，以及让你的老板做选择题而不是问答题，这些基本的技能用在向上管理上是非常重要的。

阳台思维

中国有句话叫作“男怕入错行，女怕嫁错郎”。选对行业对于一个人的职业发展来讲是非常重要的。事实上，除了选对行业之外，我们还要在行业里面找到对的人，跟对人更加重要。这就是选择比努力更重要的原因。在探讨如何跟对人的问题时，有一个思维工具很重要，我们称之为阳台思维。

在给EMBA讲课的时候，我经常让他们做一个练习。我把班上的同学分为五组。第一组去思考一个问题：你们公司的一线员工在思考什么。第二组去考虑他们的下属（一般都是管理者）在思考什么。第三组思考他们自己在想什么，列出他们最关心的五件事。第四组思考他们的上司在想什么。第五组思考他们的董事长在思考什么。我发现，这五组所得出的结论是完全不一样的。

通常，第一组认为，一线员工最关心的是怎么才能“钱多事少离家近”。第二组认为，他们的下属会关注怎么去管理下属，怎么去打造团队。第三组可能更加追求业绩，偶尔也会考虑老板在想什么。第四组发现，他们的上司思考的问题更加全面，可能是整个公司的问题，或者是所有部门的问题。第五组发现，董事长思考的可能是这个企业在行业中的地位，还有这个行业的未来发展，等等。

我问了他们第一个问题："为什么你们在被分成五组之后，得出的结论是不一样的？"他们回答说："原因很简单，是因为不同的位置决定不同的想法，所谓的屁股决定脑袋。"他们的这个说法真的对吗？事实上，这个说法是不对的。在管理中，很多人经常这么认为：把我放在那个位置，我就会那么思考。从这个练习中，我们能够得出的真正的结论是什么呢？我问了他们第二个问题："上海的最高楼是上海中心，你们知道它是谁造的？""上海建工集团。"他们答道。事实上，在上海建工集团建造上海中心之前，它已经被某个人或者某些人建造出来了。到底是谁决定这个楼长什么样子？其实不是建工集团的工人，而是建筑设计师。管理学中把建筑设计师的建设称为心智创造，而建工集团的工人的工作被称作物理创造。所以真正的结论就是，心智创造决定物理创造。也就是说，因为你有那个想法，所以你才会到达那个地方。

我们很多人认为：我现在不是一个高级管理者，所以我不需要考虑高级管理者的事，等我到了那个位置，我自然会考虑。根据刚才的案例，只有当你站在高级管理者的角度去思考问题时，你才可能成为一名高级管理者。所以成为一名高级管理者的前提，并不是你到了那个位置再去想那个位置的问题，而是你有了这个想法，才会到达那个位置。这种现象在管理学上叫什么？叫作阳台思维。阳台思维反映了我们生活中的另外一个常识，即你在马路上看到的东西和你在阳台上看到的东西是完全不一样的。只有当你把自己放在阳台上，你才能看到问题的全貌，你才能看到事情的来龙去脉，你才能做出正确的决定。

在通常情况下，你的老板就是站在阳台上的那个人。而如果你想跟他站在一样的高度，那么你唯一的办法是让自己的思维也上升到阳台层面。作为一名管理者，对你来讲，真正的管理不只是管理下属，而且要向上管理——理解你的老板并且和你的老板站在同一高度。

怎么做好向上管理呢？有三点很重要。

第一，要跟你的老板同频，也就是要明白老板在想什么。明白老板在想什么，这是一名好的管理者特别重要的一个基本素质。如果你不能达到这一点，那么你后续所有的动作可能都是错误的，或者都是无效的。所以你思考问题的出发点不应该是你自己，而应该是你的老板。

第二，要能够解决老板的痛点。所有的老板都只会喜欢一种人，那就是能帮他们解决问题的人。所有不能解决老板痛点的人，其存在的价值都会大打折扣。当然解决痛点的前提是理解痛点。

第三，要能够快速提高自己。事实上，所有的老板都是很爱学习的，而且是特别善于学习的，否则他们很难成为老板。所以为了跟你的老板达到同频，除了去理解他们在想什么以及帮他们解决痛点外，你还要快速地提升自己，因为你解决问题的能力以及发现问题的能力和你的学习能力是密不可分的。

在实践中，我们怎么才能给自己武装阳台思维？其实有一些很简单的方法，就是在每天睡觉之前问自己三个问题。第一个问题，现在让我的老板夜不能寐的事情是什么；第二，其中哪些事情是我可以去帮忙解决的；第三，我怎么做可以帮老板解决这些问题。如果你能把这三个问题思考得很清楚，你就基本上具备了阳台思维。阳台思维的核心是用你老板的思维来解决你工作中的问题。当然，在外企中，你还要用你老板的老板的思维来解决问题。因为你的老板也不傻，他思考问题的出发点也一定是他的老板。所以，对你来说，最佳策略就是用你老板的老板的思维来指导你的工作。

总　结

1. 阳台思维是一种思维习惯，本质上是用你老板的老板的思维来指导你的工作。
2. 和你的老板同频、理解并解决他的痛点、快速学习和提升自己是向上管理的关键。
3. 每天思考三个问题有助于形成阳台思维：当下老板最大的痛点有哪些？哪些是我可以帮助解决的？我该做什么来解决这些痛点？

电梯测试

在诸多和上级沟通的技能当中，有一种技能被广泛提及，叫作电梯测试。这里讲的电梯测试不是测试你在电梯里面的行为，不是说你进到人多的电梯会有怎样的反应——看广告还是照镜子，而是一种对上的沟通方式。有一天，你在走进办公大楼的电梯间的时候，发现电梯里面只有一个人——你的董事长。你和董事长两人在电梯里面要从1楼上到28楼，大概要共处30秒的时间。这个时候你会说什么？我在EMBA课堂教学的时候，针对这种情形，通常会让学生提出几个他们觉得比较合适的问题。有的人会说，只管自己看手机；也有的说，董事长早上好；有的人会说，董事长你好，我是谁谁谁，是公司里负责哪一块的。这样的回答基本上是不能通过测试的。电梯测试的实质意义在于，在一个极短的时间内给对方留下深刻的印象。这里有四个原则需要去把握，其实也是我们在管理上经常用到的一些原则。

讲对方感兴趣的而不是你感兴趣的内容

以上那几种提问方式都犯了一个极大的错误，或者说是犯了一个忌讳。什么忌讳呢？那就是他们讲的都是自己感兴趣的东西，而没有考虑别人感兴趣的东西。所以电梯测试的第一个很重要的原则就是，永远不要讲你关切的东西，而要讲对方关切的东西。虽然你的关切对你来讲更重要一些，但在对方看来，它们都无关紧要。因此引起对方兴趣的唯一办法是，讲对方感兴趣的事情。这里要使用一种能力，叫作换位思考的能力。有人说，我不知道对方对什么感兴趣，怎么办？如果你不知道对方对什么感兴趣，那么意味着你还不具备前文讲述的阳台思维，所以你的思维能力还有待提高。

先讲结论，再讲过程

在电梯测试中，我们要遵循的第二个原则叫作“先讲结论，再讲过程”。你甚至可以卖一个关子，比如你说“老板，我们这次搞定了历史上最难搞定的一个客户”。好了，就这么一句话，可能就比你说“老板，我们上个月去拜访了一个客户，我们前前后后拜访了大概15次”要好得多。直接把结论先讲出来，有利于吸引别人的注意力和兴趣。有时候，为了达到给人留下深刻印象的目的，还有人特别在讲话中添加了新鲜名词。当你说“老板，我们最近启动了一个马斯特计划”时，老板就想知道什么是马斯特计划，而你便成功地吸引了老板的注意力和兴趣。

尽量具体而不要宏大

电梯测试的第三个原则是要从具体的而非宏大的事情入手。因为在极短的时间内，你很难去解决所有的问题，甚至一个问题也不能解决，你所能做的是让对方对你产生一个良好的印象和记忆。在这个时候，讲一件具体的事情往往比讲一件宏大的事情更加有效，讲一个点比讲一个面更加有效。

让老板做选择题而不是问答题

在职场中，老板的时间是极为宝贵的，老板要处理的事情也是非常多的。电梯测试的关键就是如何有效地利用时间，所以如果你想和老板进行有效沟通，那么你不应该给老板做问答题并让老板来帮你解决问题。最好的办法是给老板做选择题，也就是你要把相关的选项、方案都告诉他，然后让老板在其中选择一个他认为合适的。

这就是电梯测试的几个最重要的原则。电梯测试的核心目的是如何在极短的时间内把复杂的问题说清楚。所以它要求我们在进行简要叙述的时候，要将问题的主旨或者对方关心的问题的核心进行特别强调，以达到迅速而有效地传递给对方的目的，而不是用其他无关紧要的信息来干扰这个目的的实现。所以，懂得利用电梯测试原则，懂得简洁有逻辑地表达自己的思想，在现在的职场沟通中尤为重要。

电梯测试除了在职场管理中可以用来测试你和你上司沟通的效率，也可以用在面试当中。比如你可以用“你能不能用一句话解释清楚 ×× 问题？”等类似的提问，用来考查对方的表达能力。一般来讲，只有经过严格思考或者经过深思熟虑，有过很深研究的人，才有能力在极短的时间内把一个复杂的问题讲清楚。所以虽然电梯测试要求在很短时间内进行简要的叙述，但其背后所包含的内容和实质的思考是深刻的。在管理中，有很多人擅长将简单问题复杂化，但是把复杂问题简单化却并不那么容易，因为它需要更高的能力。

总　结

1. 电梯测试考查的是如何在极短的时间内把一件事情说清楚，从而给对方留下深刻印象的能力。

2. 四个原则很重要：讲对方感兴趣的事情、先讲结论再讲过程、要具体而不要宏大、让老板做选择题。
3. 电梯测试也可以用在面试等环节中；只有经过深思熟虑的人，才有能力将复杂问题简单化。

A4原理

A4就是我们平时打印用的210毫米 × 297毫米的纸张规格。什么叫A4原理呢？就是凡是不能用一张A4纸说清楚的事情，一定是你没有想清楚的事情。其实你可以把这个A4原理理解为极简主义，也就是工作中的沟通如何才能达到最高效率和最佳效果。A4原理是一个值得采用和仿效的方式。尤其是在和你的上司沟通当中，A4原理颇为实用。

我当年在外企工作的时候，有很多和老外打交道的机会，包括写邮件、写报告。我特别羡慕那些拥有出色的写作能力的人，他们一写一大段。我当时英文不是很好，所以报告总写得很短，基本上每次用一张纸就够了。但奇怪的是，每次我都得到老外的表扬。当时我以为老外是为了鼓励或者恭维我。等到后来我也成了一名管理者，带了队伍，我才发现，原来那是歪打正着。因为对于一名管理者来讲，他最宝贵的其实是时间，所以能在一张纸里说清楚的事，就没必要写两张纸或更多。

汽车界的丰田和日化界的宝洁都非常提倡A4原理，甚至它们的员工守则都要求所有的汇报应该汇总在一张纸上。据说，物理学家郎之万的学生德布罗意的博士论文非常短，大概只有一页，讲的是物质波。后来，德布罗意还因该论文获得了诺贝尔奖。所以真正有力量的东西不在于长短，而在于如何做到言简意赅。

那怎么做到言简意赅？这是在职场中你需要掌握的一项重要技能。这里给大家介绍三个方法来达到言简意赅的效果。

第一点要掌握一定的逻辑。我们知道，讲话要靠逻辑，写报告一样需要逻辑。逻辑本身是有很多法则的，比如演绎法、归纳法等。这里我们需要用到前文中提及的黄金圈法则——当你向老板汇报工作时，你要先讲What，再讲Why，最后讲How。讲完之后，你会发现整件事情的逻辑是非常清楚的。所以逻辑是用来帮助我们理解事情、描述事情的。只要遵循黄金圈法则，你就会发现任何事情都是有章可循的。

第二点要透过现象看本质。比如，很多人力资源的同行会跟老板讲人力资源的工作安排和活动、人力资源的计划方案等等。这些固然重要，但更重要的是，任何人力资源工作一定要为业务服务，一切不以业务为导向的活动都是没有意义的。所以人力资源的活动安排、计划方案等都是表象，它的本质就是如何为业务服务。怎么才能让自己获得这样的一个认知呢？英文中有个词组叫so what（我做这个是为了什么）。如果你每做一件事都问自己so what，你就会发现这件事情的本质是什么。如果这个本质和你所追求的本质是没有关联的，你就要果断放弃。

第三点要学会使用三分法。什么叫三分法？就是讲话只讲三点。为什么只讲三点？因为在沟通当中，任何事物都可以通过三点来表达，比如，昨天、今天、明天，过去、现在、将来，宏观、中观、微观，好的、坏的、中间的。所以这个三分法是用来描述问题的一个实用且有效的原则。掌握了这个原则，你的讲话就会涵盖得比较全面，而且会言简意赅，观点鲜明。

为了更好地遵循A4原理，你要快速地用学习和成长的方式去积累知识并活学活用。而在职场上，你要学会如何把复杂的问题简单化，这和A4原理其实是一脉相传的。

总　结

1. A4原理要求有能力在一张A4纸上把一件事情说清楚。
2. 利用逻辑、关注本质、遵循三分法有助于构建A4原理所需的能力。
3. 把复杂问题简单化和A4原理是一脉相传的。

刺猬法则

刺猬法则讲的是自然界的一种现象。在一个寒冷的冬季，两只非常困倦的刺猬因为寒冷而拥抱在一起。但是它们无论如何都睡得不舒服，因为它们身上都有很多刺，彼此靠近就会刺痛对方。彼此分开一段距离，它们又会觉得寒冷难耐，于是又抱在一起。在折腾了几次之后，它们终于找到了一个比较合适的距离。这个距离能够让它们相互取暖，又不会被对方刺到。这种保持合适距离的规律被称为刺猬法则。在职场中，刺猬法则指的是人际交往中的心理距离效应。

在管理实践中，如果领导者想要扎实地推进管理工作，那么他应该与下属保持比较“亲密”的关系。但是这个亲密需要加上引号，它是一个亲密有间的关系，是一种不远不近的恰当的合作关系。和下属保持一定的心理距离，可以避免下属的防备和紧张，也可以减少下属对自己的恭维、奉承、送礼、行贿等行为，还可以防止和下属称兄道弟、吃喝不分。和下属保持一定的心理距离既可以获得下属的尊重，又能保证在工作中不丧失原则。这就是一个好的管理者应该做到的，即所谓的“疏者密之，密者疏之”。

历史上，把刺猬法则用得比较好的人大有人在，法国总统戴高乐就是一个运用得不错的人。他有一个座右铭，就是“保持一定的距离”。刺猬法则深刻地影响了他跟他的顾问、他的智囊和他的参谋们的关系。在他10多年的总统生涯中，在他的秘书处和私人参谋部等职能机构中，没有任何人的工作年限超过两年。他曾经对新上任的办公室主任这么说：我使用你两年时间，正如人们不能以参谋部的工作作为自己的职业，你也不能以办公室主任作为自己的职业。这个规定有两个原因：第一，在戴高乐看来，调动是很正常的，固定不变是不正常的（因为戴高乐是军人出身，而军队一定是流动式的）；第二，他不想让某些人成为他离不开的人。这表明戴高乐是一个主要靠自己的思维和决断做判断的领袖，所以他不允许他的身边有他离不开的人。只有调动才能保持一定的距离，只有保持一定的距离，才能够让他的思维保持独立性。戴高乐的做法属于遵循刺猬法则的典范。

在现在的企业管理中，刺猬法则也经常发挥作用。一般有如下四个方面会受到刺猬法则的深刻影响。

第一，轮岗制度。很多企业会对关键岗位实行轮岗制度，这种制定便使用了刺猬法则。一个人在某个岗位上待得久了，他和周围的人会形成比较亲密的关系，从而会增加腐败的可能性。所以核心岗位一定要定期轮换。外企的做法如出一辙，甚至有明确的法律条文规定，银行业某些重要位置的高管，一定要在两年之内轮换一次。

第二，不要和你的上司称兄道弟。西方比较强调职业化，而职业化意味着工作和生活是分开的。工作是要交付结果的，而生活中掺杂了更多的个人情感，有些事情是没有道理可言的。但是，个人关系不能影响工作关系，工作关系也不能牵涉个人关系。有的外企甚至规定，如果员工之间互生情愫，那么两个人中必须有一个要离开公司。所以一般而言，不要和你的老板称兄道弟，除非你们真的有过命的交情。

第三，远离办公室政治。我们知道，绝大多数正直的老板都非常忌讳办公室政治。所谓办公室政治就是某些员工和某个或某几个领导走得特别近，把自己的前途和未来以及升迁都寄托在某个人身上，于是形成了政治利益团体。这些做法显然违反了刺猬法则。事实上，在职场中，实力才是一个人的立身之本，老板真正喜欢的是一个能带来结果的人，而不是唯老板马首是瞻、对老板唯唯诺诺的人。虽然那样的老板是客观存在的，但有作为的老板绝不是这样的。

第四，公私分明。我们要遵循刺猬法则的另外一个原因就是，因为人都是有弱点的，都是有偏好的。一个管理者如果和手下走得太近，或者和上司走得太近，就容易把自己的弱点暴露在别人面前，从而会被他人利用。人们对于公、私问题的处理方法也是不同的，而把公私分开、保持适当距离，对于管理是有益的。这也是刺猬法则带给管理者的一个思考和启发。

国内的一些民营企业家并没有把工作和生活分开，他们甚至认为工作就是生活，生活就是工作。但从刺猬法则的角度来看，这种做法是不对的，是不可持续的。在管理工作中，既能不伤害彼此又能让双方保持温暖的距离是需要根据具体情况来界定的。如果有一个标准的数量可以用来参考，那么管理就是一门纯粹的科学而不是艺术了。

总　结

1. 刺猬法则要求我们在人际交往中保持适当的距离，这一点也适用于向上管理。
2. 管理中的轮岗制度、和上司保持必要的距离、远离办公室政治以及公私分明，都是刺猬法则的应用实例。
3. 在不同的企业形态下，管理者和下属的“亲密”距离是不一样的，这种距离和老板的个人风格存在着一定的关系。

海格力斯效应

在古希腊的神话故事里，有个大力士叫作海格力斯。有一天，他走在一条坎坷不平的道路上，看到脚边有一个鼓起来的像袋子一样的丑陋的东西，便踩了那个东西一脚。谁知道那个东西不但没有被海格力斯一脚踩破，反而膨胀起来，并且成倍地加大。这可激怒了海格力斯。他顺手抄起一根碗口粗的木棍砸向那个怪东西，但那个东西竟然膨胀得越发厉害，最后把路给堵死了。海格力斯奈何不了这个东西，正在纳闷。这时候，一位老者来到海格力斯面前跟他说："朋友，你别动它。它叫仇恨袋，你不惹它，它便会变小；你若侵犯它，它就会膨胀起来，与你抵抗到底。"仇恨就像海格力斯所遇到的这个袋子，如果你忽略它，矛盾就会化解，仇恨就会自然消失；如果你跟它过不去，它就会加倍地奉还。

这个神话涉及了心理学上的一个很重要的原理，就是人一旦受到了恶性刺激，内心就会产生不良的情绪，然后就会陷入一种无休止的烦恼当中。所以在人际交往中，复仇者和被报复的人都不是真正的胜利者。而我们应该学会拒绝海格力斯效应的出现，学会宽容，懂得忍耐。哈佛大学的研究表明，以怨报怨是一种恶劣的行为方式，很容易让我们陷入一种"冤冤相报何时了"的泥潭。所以只有忘记仇恨，学会宽容，我们才能与人和睦相处，才能赢得他人的友谊和信任，从而赢得他人的支持和帮助。

在职场中，海格力斯效应有着广阔的应用前景。因为在职场中，你永远会受到很多不公正的对待（有时不是真正的不公正，而是你认为的不公正——人们总是倾向于高估自己的作用而低估他人的贡献），同时会受到很多挫折。比如提拔人员名单上没有你，而你认为名单上的某个人比你差很多；你工作做得很出色，可是你的行为被你的领导误解了，领导不但没有表扬你，反而指责你的种种不是。这些都会让你产生一种无休止的烦恼。

这时候该怎么办？海格力斯效应告诉我们，学会宽容，懂得忍耐，其实是解决人与人之间冲突的一种智慧的艺术。我们要通过人的理性认知来解决种种冲突。

以德报怨、投桃报李这些能促进社会良性循环的行为是绝佳的方式，值得提倡。当然宽容不是消极，不是停顿，也不是一种退让。它是一种力量，是一种担当，是一种更大的勇气。所以学会宽容其实比学会报复要难很多。有人说，发脾气是人的本能，而控制脾气才是你的本领。

在工作中，我们怎么才能获得这么重要的宽容的态度？这里讲三点原则。

第一，秉持放下的态度，无论发生什么，太阳依然会升起。这一点其实很重要，因为它会使你明白，今天你所碰到的任何挑战、任何困难，其实放到明天可能都不是事儿。之所以现在很痛苦，不能接受某些事实，那是因为当下的你不能接受。如果你尝试着把自己带离当下，带到未来的某个时间点，那么你会发现这些事实将变得不那么重要。

第二，心理学家告诉我们，最终决定事物发展的不是事物本身，而是你对事物的看法。尽管一件事情可能是不合理的，但这并不重要，重要的是你怎么看待这件事。你痛苦与否，其实在于你对事物的看法，而不在于事物本身。因此，只要你改变对这些事物的看法，结果也就会随之改变。比如，当你面对一个不合理的要求时，你能够处之泰然，这就是一种宽容。这种态度能够让你获得完全不一样的境界并能提升你看待问题的层次。

第三，生活中总会有一些不如意的地方，而为了应对这些不如意，寻找更深层次的意义将会变得更加重要。比如，任何付出其实都是有回报的，只是这个回报有的体现在当下，有的体现在未来。明白这个道理，你就会觉得你做的事情很有意义。你不会因为一件事当下没有回报而觉得它没有意义。在我的职场生涯中，有一门课程对我的影响非常大，叫作“高效能人士的七个习惯”。该课程讲述了一个很重要的概念——什么叫高效能。作者史蒂芬·柯维用了一个鹅下蛋的故事予以解释。我们知道，一个人的产出代表了一个人的价值——课程中以鹅蛋为例。但是决定我的“产出”的是什么？是我的“产能”——课程中以鹅为例。对于你的老板来讲，可能你的产出很重要；可是对于你来讲，你的产能比产出更重要。所以很多时候，你可能会在工作中被误解、不被重用等等。这个时候，你要设法提高你的产能，而不要只专注于产出本身。你要明白，只要你的产能提升，你的产出就一定会增加。该课程把提升产能的行为叫作养鹅。也就是说，当不被认同、不被重用的时候，你可以采用的一个最简单的思维便是好好“养鹅”。当你把“鹅”养好了，你的“金蛋”一定会自然出现。

总　结

1. 海格力斯效应表明，人的不良情绪容易被放大，会让人陷入一种无法排解的循环之中。
2. 学会放下、换一个角度看问题以及发现更深层次的意义，有助于人们从不良情绪中走出来。
3. 学会处理海格力斯效应是我们在工作中必须掌握的一个技巧，也是向上管理的一个关键。

5.2 战略规划

战略工具

战略是任何一家公司都应该考虑的内容。管理理论认为，一个公司的业绩是由两个东西决定的：一个是战略，另一个是组织能力。战略的学术解释有很多种，其中之一是：战略就是企业为了收益制订的与组织使命和目标一致的最高管理层的计划。简单来说，我们基本上可以把战略理解为方向、规划、定位等等。

一个公司该怎么来制定自己的战略呢？我们先来了解ECO模型。ECO模型代表着战略制定的三个主要思路。

第一个是E，即Environment（环境视角）。所有经典的战略理论都是从环境分析开始的。用于环境分析的工具有很多，比如PEST分析，即政治分析（P）、经济分析（E）、社会分析（S）、技术分析（T）；还有五力模型，指的是在环境分析当中五种力量的博弈，包括供应商的力量、客户的力量、潜在供应商的力量、替代品的力量以及行业内的竞争力量；还有波士顿矩阵，它主要从市场占有率和市场增长率两个维度来看环境对企业战略的影响；还有竞争者分析，指的是根据竞争对手的情况来制定战略；此外还有贝恩–梅森分析范式，即市场结构决定市场行为，市场行为决定市场绩效。

人们研究发现，在同样的环境下，有的公司效益好，有的公司效益差，意味着同样的环境并不必然带来同样的战略选择。所以第二种战略研究的视角应运而生，那就是从自身出发或从自己的能力出发的Competency（能力视角，ECO模型中的C）。能力分析的比较经典的理论之一是核心竞争力的理论。该理论指的是，一个公司在市场竞争中应该找到自己的核心竞争力，而且是别人无法取代的。能力分析的另一个工具叫作价值链分析。价值链分析是从主要活动和次要活动出发，来研究在整个公司的价值创造过程中哪一个环节创造了最多的价值。还有RBV理论，即Resource-based View理论（资源基础理论），它指的是企业资源的禀赋带来了不一样的战略选择。卡普兰教授的BSC也可以看作从企业的核心资源出发来进行研究的战略。SWOT（态势分析法）就是比较综合的从环境到能力来进行研究的一个工具。关于环境分析与能力分析最经典的应该是迈克尔·波特大师的理论，他提出了很多著名的观点，如三大基本战略（总成本领先战略、差异化战略、专一化战略），影响深远。

你会发现，在同样的公司、同样的能力的情况下，不同的管理者选择的战略也是不一样的。比如，微软在鲍尔默时期和在萨提亚时期，它的战略选择是完全不一样的，但你不能说微软公司由于不同的战略选择而存在巨大的能力差异。所以这就带来了第三种战略研究视角，即由谁来做战略决定。所谓的战略是主观决定的结果，是由目标决定的，这就是所谓的Objective（目标视角，ECO模型中的O）。用于目标分析的工具包括干系人管理（Stakeholder Management）、代理理论（Agency Theory）等。这些工具都会影响一个企业的战略的制定，还会对人的愿景（Vision）、使命（Mission）、价值观（Values）造成影响（VMV影响）。你会发现，真正决定一个公司的战略决策的，其实是跟人相关的因素。

虽然我们可以采用不同的方式来进行战略选择，但战略的本质其实是差异化。也就是说，战略的最核心的要素其实是基于环境和能力的一种分析。做决定的人基于自身各种要素进行研究，得出自己在市场上的定位，这个定位显然跟别人有一些差异。

其实一名好的管理者，他所做的所有事情，终极目标都是为公司的战略服务的。因此一名成功的管理者不光要去理解公司的战略，还要把公司的战略诠释、传递给下属。曾经有一句话是这么说的：如果你的下属不知道自己该做什么，这就是管理者的第一大失误。所以管理者的首要任务其实是让自己的下属知道他们该做什么。从管理层面来讲，管理者就是要把战略解码、解析，然后传递给他的团队，让团队成员都能够集中在这个战略指引下去做正确的事。所以让正确的人做正确的事就是管理的核心使命。

战略在公司里发挥着指引作用：战略决定资源的分配，决定管理者行为；战略是道路选择的关键，是定位的关键：不同的战略带来的行为模式是不一样的。在渣打银行，我们的战略重点最初是扩大市场占有率，所以管理者的核心使命是去占领更多的市场。因此人力资源部的重要使命就是储备更多的分支行行长，储备更多的干部，在全国开网点，发展更多的客户，甚至亏损的客户也要发展进来。两年以后，我们发现市场占有率很难再提高了，而且公司一直不赢利，所以我们就调整了战略，将其改成增加赢利能力。这个时候，我们就把那些不能带来良好回报的客户都淘汰了。这就是典型的战略决定行为的例子。

总　结

1. 战略是公司就业务模式所做的选择和定位，核心在于差异化。
2. 战略制定要考虑的三个内容：环境、能力、目标。
3. 战略能够指引、决定管理者行为，而管理者的核心使命之一就是战略的上传下达。

战略地图

我们在前文介绍过一种BSC工具。BSC是卡普兰和诺顿提出来的一种关于愿景和战略的管理工具。后来他们在用BSC对企业进行指导的实践当中发现，由于企业无法全面地描述战略，管理层之间以及管理者和员工之间无法沟通，所以战略的作用并不凸显。BSC只建立了一个框架，而没有对战略进行具体而系统全面的描述。所以这两位大师在几年之后又提出了一个新的概念，叫作战略地图。

战略地图是在BSC的基础上发展出来的，它比BSC更详细。它在BSC的基础上增加了两个层次的内容：第一个叫作颗粒层——在BSC的四个层面下分解了很多要素；第二个是动态层面——战略地图是动态的，是可以结合战略规划的过程来绘制的。所以战略地图就是从BSC的四个层面，以财务层面、客户层面、流程层面、学习和成长层面为核心，通过分析这四个层面之间的相互关系绘制的企业战略因果关系图。

战略地图的核心其实是企业通过三种无形资本——人力资本、信息资本和组织资本——来创新和建立战略优势和效率的内部流程，从而使得公司把特定价值带给客户、带给市场，最终实现股东的价值。所以，你可以这么理解：BSC只提供了一个框架，是从四个层面来看待企业战略的分解的；而战略地图是把这四个层面做了更进一步的细化和分解，让战略变成一个可实现的操作。

战略地图的绘制有以下六个步骤。

第一步，确定股东价值的回报，即财务目标（财务目标总是很清晰的）。股东希望在未来的三五年达到什么样的目标，而这个目标和今天现状的差距就是我们的股东价值差距。

第二步，研究客户的价值主张。为了弥补股东的价值差距，我们便要对现有的客户进行分析，要调整客户的价值主张。所谓的客户价值主张，指的是客户购买我们的服务的原因。客户价值主张一般有如下几种。第一，成本低。因为你的成本很低，所以客户会购买。第二，产品的创新和领导。“人无我有，人有我优”，所以你是独特的。第三，提供全面的客户解决方案——在细小环节，可能大多数商家提供的服务都比较完备，但是在全面解决方案上，只有你能提供优质的服务。

第三步，确定价值提升的时间表。有了股东价值差距和客户价值主张，接下来就要绘制价值提升的时间表。价值提升的时间表指的是，针对客户价值主张，我们在多长时间内能够提供什么样的服务，我们的优先级在哪里，资源投入怎么安排。

第四步，确定一些战略主题，也就是在内部流程层面，找到我们关键的流程，确定企业短期、中期、长期需要做什么样的事。在这里，有四个比较关键的流程：运营管理流程、客户管理流程、创新流程、运营流程。

第五步，提升战略准确度。提升战略准确度指的是，在学习和成长层面，我们要分析企业现有的无形资产是否具备支撑关键流程的能力，如果不具备，就要找出提升能力的具体方案。

第六步，形成行动方案。我们要根据前五个步骤以及相应的目标值，来制订一系列的行动方案和合理分配资源，从而形成一个预算机制。行动方案里面一般包括必须要打赢的几场仗，等等。

这六步就是战略地图的制定过程。

在实际工作中，企业战略的制定一般是从公司的愿景、使命、价值观开始梳理的，然后再想象公司未来三五年的场景，畅想公司未来，最后确定近一两年的战略目标。这个目标一般都是从财务目标开始的，即战略地图的第一步。有了财务目标，我们再研究客户的价值主张——聚焦什么样的客户，服务哪些客户，客户在哪里，怎么才能够吸引客户。

有了客户之后，我们再研究流程——产品流程、服务流程、管理流程，研究哪个环节是需要去改造和调整的。有了流程，我们再研究人力资本、信息资本、组织资本，研究它们该如何整合。之后，我们就会得出我们的战略重点。有了战略重点之后，我们再去思考如何配备资源，然后制定一些我们必须要打赢的几场仗，从而得出我们的行动方案。这就是战略地图的整个解码过程。

战略地图本质上就是一个作战指挥地图，涉及的信息包括我们在哪里、要到哪里去、怎么去等。

总　结

1. 战略地图是基于BSC拓展出来的关于战略路径和关键活动的集合。
2. 绘制战略地图一共有六个步骤：确定股东价值回报、研究客户价值主张、确定价值提升的时间表、确定战略主题、提升战略准确度、形成行动方案。
3. 战略地图一般是反映企业在特定的商业模式下的关键活动的组合。

事业部制

在管理企业的过程中，有一个组织形式经常被提到，叫作事业部制。所谓的事业部制，指的是在总公司领导下设立多个事业部，把分权管理和独立核算结合在一起，按照产品、地区或者行业客户划分一些经营单位（这些单位就叫作事业部）。每个事业部都有自己的产品和特定的市场，都具备从产品生产到产品销售的全部职能。虽然事业部有比较大的经营权限——独立核算、自负盈亏，是一个利润中心，但它不是一个独立的法人主体。不过从经营的角度来讲，事业部和一般的公司没有太大的不同。

事业部制是从科层制度发展、分化出来的，所以它同样拥有科层制的边界特别清楚、层级非常分明的两个特点。不同的产品、不同的区域或者不同的行业客户，都是事业部存在的前提条件，所以事业部制具有边界特别清楚的特点。而事业部本身是一个独立闭环的机构，拥有自己的职能，有自己独立的、完整的产品线和产品系列，所以它的层级也非常分明。因为事业部要成为一个利润中心，所以从价值链的角度来看，它是一个自闭环的组织结构。

事业部有什么优点？一般来讲，主要有如下六个优点。

第一，每个事业部都有自己的产品和市场，能够规划自己的未来，也能够比较独立、灵活、自主地适应市场的需要而做出迅速的反应。所以这种组织结构有高度的稳定性和良好的适应性。

第二，总公司能够做到权力下放，有利于最高领导摆脱日常行政事务和具体经营工作的烦琐，从而让最高管理层成为强有力的决策机构。当然，总公司也能够让各事业部发挥经营管理的积极性和创造性，从而提高整体效益。

第三，事业部虽然只是总公司领导下的一个小部门，但是由于它自成系统、独立经营，相当于一个完整的企业，所以它能够培养全面管理型人才，从而为企业的发展储备一些干部。

第四，作为利润中心，事业部便于建立衡量其管理者工作效率的标准，以进行严格的考核，而且可以评价每种产品对公司总利润的贡献，从而指导公司的发展决策。

第五，按照产品来划分事业部，便于组织专业化的生产和形成规模优势。事业部采用的一些专业化设备，有利于个人技术和专业技术在专业化的生产过程中得以发挥最大的作用。

第六，每个事业部之间可以开展有序的竞争，从而增强企业的活力，并使得目标管理和自我控制有效地进行。在这样的情况下，高层的管理幅度还会适当地扩大。

事业部制有哪些缺点呢？它有三个经常被人提到的缺点。

第一，因为事业部具备独立核算性，所以比较容易滋生本位主义。第二，因为不同的事业部或多或少存在一些功能重复的部门（如一些职能部门），所以在一定程度上会增加费用开支。第三，对公司总部的管理工作要求比较高。因为公司总部要管理不同的事业部，但是不同事业部之间的差异又很大，所以管理者的能力和水平相应地被抬高。

什么样的情况适合采用事业部制呢？在产业多元化的情况下（产品的品种多元化，或者有独立的市场），我们有必要使用事业部制。另外，事业部制是一种高度集权下的分权管理机制，所以比较适合规模比较庞大、品种比较繁多、技术比较复杂的企业。

对于一个管理者来讲，事业部制有三点值得注意。第一，因为事业部制有内部结算功能，所以每一个事业部的人都应该专注于利润和结果。换言之，每一名管理者都要为结果负责。第二，事业部应当追求打造自我闭环的能力，追求从产品的开发运营、生产到销售回款一条龙。第三，事业部应当专注于自己擅长的部分，从而打造自己专业的护城河。

总　结

1. 事业部制是企业发展到一定阶段后的一种选择，一般适用于产品多元、地域多元、技术多元的情况。
2. 事业部制是把某个业务单元独立运营而成为利润中心的一种组织结构模式。
3. 事业部制下的管理者需要有结果导向的意识，要打造专业的护城河，还要有打造自我闭环的能力。

合弄制

合弄制是由角色来承担工作的一个管理系统。在这个系统中，同一个人可以选择不同的角色，不同的人也可以选择同一个角色；在合弄制系统中，我们要和其他人配合完成工作。

合弄制的核心思想就是以工作为本，而不是以人为本。合弄制中存在大小不同的各种圈子，大圈子套小圈子。圈子就是不同的工作，不同的工作代表不同的角色，而角色就像组织的细胞一样重要。因此，每一个圈子不过是一群角色的组合而已。每个角色都有自己明确的职责和权利，我们可以把这些职责和权利写到角色说明书里面。角色是不断更新的。面对这种更新，我们需要对角色加以更深刻的理解：第一，角色的目标是什么；第二，角色管辖的领域是什么；第三，角色的职责是什么。目的表明了角色存在的意义，管辖的领域表明了角色拥有的专有职权，职责表明了角色需要担当的一些责任。所以有这么一种说法，即组织就是不断进化的智慧生命体——合弄制系统对于组织的一种定义。在合弄制系统中，每名员工都能选择自己的职责和目标，因为系统给予了他们充分进行创造的权利和足够的保护。

在合弄制系统中，工作决策是围绕工作而不是围绕人来定义的，员工会成为更多种角色，权利是分散在管理流程当中的，决策都是由团队和每个角色做出来的。组织架构通过小的迭代进行规律性更新，每个团队进行自我管理，这就是合弄制的基本形态——合弄制基本上可以被称为一种自治型组织。

自治型组织有三个特点。

第一个特点，基本单位是团队。自治型组织的基本单位是团队，不是个人，不是业务单元，也不是部门或者事业部。在团队内部，每个人的角色和分工由集体决定。自治型组织取消了传统的层级，所以其团队是一个整体的框架，并且每个团队成员都会参与塑造和完善这个框架。

第二个特点，自治型组织拥有一套类似于宪法的法律体系——规定各个圈的建立、调整和解散的原则。在这些原则之下，每个圈可以自己设计自己的形态，享有一定自治权。在工作规则方面，这套法律体系并不规定具体的工作流程，只是大概解释各个圈是怎么运作的，怎么来分配角色，以及如何确定不同角色之间的边界。

第三个特点，领导权是因时因地而变的。在自治型组织当中，领导权是分配给角色而不是分配给个人的。一个人往往担任不同的角色，所以他可能有多种不同的领导权。随着工作情况的变化，随着团队创造和定义新的角色，领导的职责也会持续变化。

山东济南有一家企业叫韩都衣舍。在天猫的女装销售排行榜上，这家公司一直名列前茅。这家公司是个合弄制的组织，因为公司里面只有两种角色：一种叫组员，另一种叫组长。整个公司是由不同的小组组成的，每个小组之间其实是没有边界的，所以不同的小组可以做同样的事情。整个公司是没有等级的，组员和组长只是两种不同的角色，并没有太多的上下级关系。所以公司的运作逻辑很简单：每天对300个小组进行排名，排名最后10%的小组就地解散。解散意味着组长要加入别的小组成为组员，而组员可以成立新的小组并担任组长。所以整个公司看上去就是300个小组在不断地循环，不断地自适应，不断地自我迭代，不断地自我进化。每个小组几乎都做同样的事情——从选型到打版，到销售回款，整个业务实现自我闭环。

合弄制企业一定是去中心化的，没有等级的概念，员工都是平等的。合弄制企业没有边界的概念，强调的是内部竞争、内部迭代。

总　结

1. 合弄制是企业的另一种组织形式，是从官僚制分离出来的一种管理模式。

2. 合弄制的核心思想是以工作为本，而不是以人为本。
3. 在VUCA时代，需要对环境做出快速反应和变化的企业可以考虑采用合弄制。

活力曲线原则

活力曲线原则最早是由通用电气公司的CEO杰克·韦尔奇提出来的。杰克·韦尔奇从1980年至2000年担任通用电气公司的CEO，他把通用电气公司的市值从130亿美元提升到了4 800亿美元，大约提升了36倍。他是怎么解释活力曲线原则的呢？第一，根据二八原理，20%的人是特别优秀的人，是会带来增值回报的人，他们是A类员工。所以杰克·韦尔奇认为，这些人属于人力资本部分。还有80%的人属于能力一般的人，而杰克·韦尔奇把这个80%又做了区分，其中的70%是资源的部分，算是B类员工，也就是那种可以帮你带来对等交换的角色。还有10%是C类员工，杰克·韦尔奇定义其为成本。为什么是成本呢？公司给予他的成本要大于他给公司带来的回报。杰克·韦尔奇认为这10%的人拖了公司的后腿，便要求他的团队每年都应该把这10%的人淘汰掉。这就是活力曲线原则的由来。

三年之后，他的下属找到他，说做不下去了。原因是什么呢？下属认为，这三年来，每年淘汰10%，已经淘汰了很多，不能再淘汰了。

杰克·韦尔奇说："我所谓的10%不是不合格的意思，而是他们的发展跟不上别人的步伐。”然而事情还是很难进行。于是，杰克·韦尔奇把高管们召集到一起开会。他说：“各位高管你们好，告诉各位，如果你们找不出那个10%的C，你们就是C，就会被淘汰。”

杰克·韦尔奇所谓的10%，指的是一个公司里面那些掉队的人——跟别人比起来，他们的贡献不如别人。所以为了保持组织的活力，企业要经常淘汰这10%的人。杰克·韦尔奇之所以这么做，不是因为成本而淘汰员工，而是因为这些员工是组织中最没活力的部分。

活力曲线原则对于一名管理者来讲有什么意义呢？在企业的内部管理中，相对指标和绝对指标并行。相对指标是说，只要你的发展不如别人快，你处在相对落后的位置，你就是要被淘汰的对象。而绝对指标指的是，你跟你自己的目标比，如果你没有完成自己目标的60%，你就是绝对落后的，是不合格的，是要被淘汰的。根据活力曲线原则，掉队的10%是一个相对指标，显然是被淘汰的对象。

今天，很多企业管理者还是比较善于使用相对指标来管理队伍的，其原因就是相对指标对于维持组织的活力和竞争力其实是很有好处的。当然，它也可能会产生一些误伤的情况。例如，整个团队都很优秀，就算最差的人也完成了目标任务的120%，那他是否要被淘汰呢？这个要看管理者的思路。如果管理者依然希望大家力争上游，那么他还是会把最差的人淘汰掉。

在现实中，活力曲线原则的使用跟不同业务形态是有关系的。我们知道，杰克·韦尔奇的接班人叫杰夫·伊梅尔特，伊梅尔特上台之后就把这个末尾淘汰制度取消了。因为通用电气公司的业务形态已然发生了一些改变，比如，它开始投身一些强调创新的、强调金融风控的业务。在不同的业务形态下，管理方式就会产生不一样的形式，所以通用电气公司已经不再使用活力曲线原则了。可是在中国的企业界，活力曲线原则依然是广受推崇和赞誉的一种方式，原因就在于在不同的业态下，它依然有它的合理成分和有效的意义。

总 结

1. 活力曲线原则的本质含义是要淘汰那些掉队的员工。
2. 活力曲线原则对于缔造组织活力功不可没。
3. 对于强调创新的企业而言，活力曲线原则不一定是个好方法，所以管理工具的使用要因地制宜。

5.3
领导力

进化领导力

麦克斯韦尔说过一句话：一切组织和个人的荣耀与衰落，皆源自领导力。由此可见，领导力其实是一个非常重要的概念。在整个管理学中，关于领导力的理论不胜枚举。

第一，情境领导力。情境领导力理论认为，管理者应该根据下属的不同情况而采取不同的管理行为。这种领导力理论是根据不同的情境，用不同的管理方式来进行管理的，所以叫作情境领导力。第二，领越领导力，它是检验领导者的五大任务执行情况的领导力。这五大任务分别是共启愿景、挑战现状、使众人行、激励人心以及以身作则。第三，领导力梯队或者领导补给线（Leadership Pipeline）。该理论将管理分为七个阶段：管理自己、管理他人、管理管理者、职能管理、业务管理、企业管理和集团管理。第四，4D领导力。4D领导力理论本质上讲的是用四种颜色来形容四种领导风格，以及针对不同的人使用不同的领导风格。第五，正念领导力。正念领导力和中国的传统文化“活在当下”是比较接近的，本质要求都是做最好的自己。所以正念领导力理论强调发现意义、调整视角、建立关系、积极参与以及管理能量，它的基本管理模式是冥想。微软的现任CEO萨提亚是正念领力的忠实拥护者，因为萨提亚的管理方式就是活在当下的一种反映。他和他的前任不一样，他的前任鲍尔默强调的是权力和威望，而萨提亚并不追求这些，他追求内在的平静，从而极力倡导一种新的领导力理论——正念领导力。

下面我们来讲述外滩商学院自己原创的一个领导力理论——进化领导力。为什么用进化这个词？因为世界上唯一不变的就是变化，无论是管理者还是企业，都处在不停的进化中。没有一个固定的模式来评判哪一种领导力是最好的，所以进化领导力理论强调，我们要不断地根据环境的变化来进化自己。

进化领导力是从时间和空间两个维度来分析管理的本质的。第一个是时间维度，即当下的短期目标是关于人员的，而长远的目的是关于绩效的。世界上的领导力理论大概有80%都是关于人员的，都是讲如何管理好人的，而进化领导力的终极目标不是带好团队，而是通过团队去完成组织的目标和任务，所以我们强调绩效。因此有一句话是这么说的：好的领导力可以带来好的结果。第二个是空间维度，即在空间维度，所有的领导力都是从内部到外部的。于是我们可以得到由这两个维度构成的四个区间：关注内部人员的管理自我，关注外部人员的管理团队，关注外部绩效的管理组织效能，关注内部绩效的管理文化发展。

这四个区间所带来的要求显然是不一样的。我们可以把整个进化领导力在组织当中分为三个层级。第一个层级叫一线领导力（Frontline Leadership），它强调的是如何从管理自己到管理他人的角色和认知的转变。管理自己的核心可能是发现自己的缺点，让自己变得更完美。可是管理他人的核心需要转变为发现他人的优点以及激励他人，这是一线主管需要实现的一个转变——角色的转变。第二个层级的中层管理者的领导力提升主要体现在如何从管理团队转变到管理组织效能。真正的领导力其实是以结果为导向的，所以我们的管理者在管理团队的时候，要有利他思维，要让团队得到激励和鼓舞。我们要思考组织的目标是什么，甚至为了集体的利益，要牺牲自己团队的利益和个人的利益。我们如果是第三个层级的高层管理者，那么需要思考的是如何实现从管理组织效能到管理文化发展的转变。真正的高层对公司的未来是要负责任的，而真正决定一个公司能走多远的其实是它的文化。这就是高管所要追求的内容——如何从追求业绩到追求公司的永续发展、基业长青。

从职场的晋升路径来看，大多数员工都是从管理自我开始得到提拔的。当管理自我做得很出色时，他就会被提升为管理者去管理团队；如果团队管得很好，那么他会被提拔为组织管理者；当他的组织管理工作做得出色时，他就会成为企业家，于是他就要去定义这个组织的文化是什么。当他能够定义组织文化的时候，他依然要回到自我管理这个维度，只不过这个时候的自我管理和最早的自我管理是不一样的。这是个螺旋式上升的过程，也是为什么我们把它定义为进化领导力的原因所在。

我们很惊讶地发现，进化领导力的四个区间和中国古代四书五经中的《大学》所描述的修身、齐家、治国、平天下如出一辙：修身就是管理自己，齐家就是管理团队，治国就是管理组织效能，平天下就是管理文化发展。

总 结

1. 领导力有很多流派，绝大多数都是关于人员管理的。
2. 进化领导力是从时间和空间两个维度来定义领导力的。这两个维度构成了四个区间，分别是关注内部人员的管理自我，关注外部人员的管理团队，关注外部绩效的管理组织效能，关注内部绩效的管理文化发展。
3. 进化领导力有三个层次，分别是一线领导力、中层领导力、高管领导力。这三个层次的领导者关注的重点是不一样的。

管理自我

进化领导力的第一个模块叫作管理自我。经常有人问：领导力是什么，它是不是领导的能力呢？答案是否定的。领导力其实很简单，就是你能吸引多少人来追随你，这个追随的人数就是领导力的一种体现。所以在某种程度上，我们可以把领导力等同于影响力。

如何才能获得自己的影响力呢？在职场中，有三个来源。第一个是你的职务权力可以给你带来影响力。也就是说，你是组织任命的高级管理者，所以你有一定的权力。这个权力可以给你带来相应的影响力，因为你手握权力而别人不得不追随你。第二个是因为你是某一方面的专家，所以你会影响他人。我们把这种影响力称作专业能力。专业能力和你的职务是没有关系的，只和你的专业度有关系。第三个既不是来自你的职务也不是来自你的专业，而是来自你的人格魅力。

从管理学角度来讲，人们把权力、能力和魅力分为两类，一类叫作地位权力（Position Power），就是你的职务带给你的权力；还有一类叫作个人权力（Personal Power），就是你个人拥有的权力。

显然职务权力属于地位权力，而专业能力和人格魅力属于个人权力。你会发现，在职务权力、专业能力、人格魅力中，最持久的其实是最容易得到也是最容易失去的职务权力。而比较难以得到也比较难以失去的是你的专业能力，但随着科技进步，你的专业能力的价值很可能会大打折扣。而一旦形成了自己的人格魅力，你是不会轻易失去它的。

我们该怎么来管理好自己以打造个人魅力呢？有一句话说：优秀的领导都是能够以身作则的，而以身作则的本质是管理自己。管理好自己要做到以下四个方面：

第一个是自我觉察，也就是自我认知。我们知道，管理自我的最大的挑战来自自我认知——人最不能认知的其实是自己，而不是别人。如果让你去审视别人，那么你会很快得出本质的结论。可是当审视自己的时候，你往往会过高或过低地估计自己的能力，原因就在于你很难去客观地评价自己。如何才能客观地评价自己呢？孔子有一句话能回答这个问题："见贤思齐，见不贤而内自省也。"意思是说：看到好的方面，我要考虑怎么向别人学习；看到不好的方面，我要去反思我有没有这样的缺点。其实，这才是一个正确认识自己的过程，即自我觉察。

第二个是自我提升。因为只有当你发现自己的缺点，然后去改进时，你才会让自己变得更完美，你才能打造属于自己的魅力。

第三个是建立信任关系。什么样的人对你有魅力？人们一般会说，这个人是否有魅力取决于两个要素：第一个是他的品格，第二个是他的能力。所以良好的品格和能力是你获得别人信任的基本前提，而从管理角度来讲，建立信任关系恰恰是管理的最重要的基础。

第四个是树立目标。人都是由目标指引的，人生的目标是什么很重要。马云之所以吸引了那么多的人是因为他要让天下没有难做的生意。这个目标足够吸引人，所以他的人格魅力足够大。人对自我的要求也和目标有关，正如中国古代所说的：穷则独善其身，达则兼济天下。可以看出，目标反映了一个人能力的大小，目标的高低决定了能够产生多大的影响力。

最后，我来介绍一个打造魅力的HONEST模型。HONEST代表六个不同的单词。第一个H代表Helping（帮助），就是如何去帮助他人，而且这种帮助不是以取得回报为目的的。第二个O代表Open（开放），就是如何开放自己，敢于把自己的不足暴露出来。第三个N代表Noble（高尚），就是你要如何保持高尚的情操，如何才能时刻保持自己的初心。第四个E代表Empathy（同理心），就是如何去展现同理心并能换位思考。第五个S代表Sharing（分享），就是如何去分享自己的知识和经验。最后的T代表Thinking（思想），你的思想将会决定你的深度以及你能否打造个人魅力。这六个字母代表的就是我们在打造个人魅力时可以运用的六种手段。

总 结

1. 领导力约等于影响力。获得影响力的三种方式：职位权力、专业能力、人格魅力。
2. 管理自我的四个关键：自我觉察、自我提升、建立信任关系、树立目标。
3. 打造个人魅力的HONEST模型：帮助他人、开放自己、情操高尚、具备同理心、乐于分享、思想深刻。

管理团队

进化领导力的第二个模块叫作管理团队。什么叫团队？团队是具有某种性质的集体，每个成员都能从中获得比个人更大的能量。简单来说，团队能够实现1+1>2的叠加效应。

据说在非洲草原上，如果你看到羚羊奔跑，那是狮子来了；如果你看到狮子奔跑，那说明象群发怒了。如果你看到羚羊、狮子和大象同时在奔跑，那意味着什么？意味着蚂蚁军团来了。这种蚂蚁叫作行军蚁，单个行军蚁是没什么力量的。可是，如果行军蚁聚集成一个蚂蚁军团，那么这个力量是非常巨大的，以至羚羊、狮子、大象都会害怕它们。这就是团队的力量。有管理学家对团队下了一个定义，说拥有5个P特征的组织叫作团队，这5个P分别是Purpose（目标）、People（人员）、Place（定位）、Power（权限），以及Plan（计划）。

管理自我和管理团队有什么区别？主要有以下三点：

第一点，管理自我其实是利己主义的行为，而管理团队是利他主义为的行为，二者的动机截然不同。

第二点，在管理自我的时候，你可能要去展现自己并表现和表达自己。可是在管理团队时，你需要学会倾听，因为只有倾听，你才能了解他人背后的想法，才能了解他人的底层动机。

第三点，我们在管理自己时要找到自己的缺点，但是管理团队却不是找缺点，而是要找他人的优点。只有你能够发现他人的优点，你才能够管理好团队的成员。

因此从利己到利他，从表达到倾听，从寻找缺点到发现优点，这些都是从管理自我转变到管理团队的必经之路。

那团队该怎么管？管理团队有四个重点：

第一个重点是角色的改变。管理的本质就是让别人做你想做的事，所以你在管理团队的时候，第一个很重要的方面就是改变自己的心态。你将从一个个人贡献者变成一名管理者，所以你的重要使命是赋能团队成员，而不是亲力亲为。

第二个重点源于冰山理论，即管理者一定要理解别人的动机。冰山的表面是我们的行为、语言和表现，冰山与海水接触的部分是我们的性格，水面以下的部分就是我们的价值观和我们的动机。而难以改变的其实就是我们的动机，所以我们了解别人动机的程度将会决定我们管理他人的有效性。了解自己是比较容易的，而了解别人内心的想法是很难的，所以成功的团队管理在于管理者真正了解了团队成员的动机。

第三个重点是同理心，即放空自己并设身处地地为别人考虑，这在本质上是一个沟通的问题。

第四个重点是激励下属。管理团队的不二法门就是善于激励你的下属，而真正的激励往往和金钱没有太大关系。

什么样的团队才称得上是一个完美的团队呢？完美团队具有4C特征（见本书56～57页）。

按照英国管理学家贝尔宾的理论，人不可能是完美的，可是我们可以打造一个完美的团队。而完美的团队就是由不同的人构成的。完全一样的人在一起是不可能组建完美团队的，只有不同的人在一起才有可能构成一个完美的团队。所以，一名优秀的团队管理者一定能够容纳不同的人，善于发现团队中不同人的不同优点，善于利用这些不同点来打造一个完美的团队。

总　结

1. 管理自我和管理团队的三个区别：利己与利他的区别，表达与倾听的区别，寻找缺点和发现优点的区别。
2. 管理好团队的四个重点：角色转变、了解动机、富有同理心、能够激励他人。

组织效能

进化领导力的第三个模块叫作管理组织效能。从时间的维度来看，组织效能在进化领导力里的着眼点在于业绩；从空间的维度来看，它指的是从外部看一个企业的业绩。组织效能是指组织实现目标的程度，它主要体现在能力、效率、质量和效益这四个方面。在这个模块下，我们作为一个管理高手，需要拥有什么样的思维模式、行为模式以及追求什么样的结果呢？

思维模式会决定行为模式，而行为模式会决定我们取得什么样的成果。在解释这种思维模式时，我们要用到前文谈到的阳台思维，也就是要跟老板的思维处在一个层面。阳台思维跟团队管理所用到的利他思维有什么不一样呢？在团队管理中，我们要让团队成员能够很卖力并且很开心地做事情。可是在组织效能层面，我们其实不能这么思考问题。也就是说，这时候，你不要站在你的角度或者你的团队的角度，而要站在你老板的角度来思考问题。因此，有可能你需要牺牲掉团队的利益或者个人的利益，这才是对组织负责任的表现，也是相对团队管理不一样的地方。很多人在管理团队时会做得很好，他的团队成员都非常支持他，但如果他把管理团队的这种模式拿到组织效能层面的话，那么他有可能是不合格的。

组织效能最显著的一个行为模式就是要对结果负责，或者说你在团队里要打造一种高绩效的文化，因为组织是追求绩效的。组织效能是结果，而管理团队是一个过程，也就是说管理团队是通过团队成员的努力工作来达成组织目标的；而在组织效能层面，管理者要对整个组织的结果负责，所以他追求的是结果。那我们怎么知道我们是否做到了追求结果呢？我们一般要做以下两件事。

第一件事，我们要对组织进行一个诊断，来看看组织处在什么样的发展阶段，看看它的效能是不是很高。进行组织诊断一般要设定一个标准，什么是我们组织效能的标准呢？基本有如下几点：目标明确、组织有效、统一指挥、责权对等、分工合理、协作准确、信息畅通以及沟通有效。这八个方面是我们进行组织效能分析的一般标准。

在管理学上，有很多模型可以帮助我们做组织效能的分析，比较著名的有以下三个。

第一个是麦肯锡的7S模型。7S模型指出，企业必须考虑各方面的情况，包括七个以S开头的单词：结构（Structure）、制度（System）、风格（Style）、员工（Staff）、技能（Skill）、战略（Strategy）以及共同价值观（Shared Value）。在这七个方面，战略、结构和制度被认为是企业成功的硬件，也是别人能看得到的。战略是保持组织竞争优势的一种规划，结构是企业组织人员、分工和管理的一种方式，制度指的是流程以及员工工作的准则。麦肯锡的7S模型把风格、人员、技能和共同价值观当作企业成功经营的软件。风格是管理者的管理方式（风格没有好坏之分），人员就是组织中的成员，技能就是组织工作所需要的实际技术和能力，共同价值观就是这个组织的目标和核心的价值观。

第二个用得比较广泛的模型是韦斯伯德的六盒模型。六盒分别指的是使命、结构、奖励、关系、支持和管理。在实际工作中，阿里巴巴经常用六盒模型来做组织诊断。

第三个常用工具是美国经济学家加尔布雷斯开发的星模型（Star Model）。这个模型比较简洁和直观。加尔布雷斯用五角星的五个顶点代表了管理者在进行组织设计和变革管理中使用的五个杠杆——战略、人员、结构、流程和报酬。加尔布雷斯的星模型描述的战略是组织努力的方向，人员是构成组织最重要的细胞，结构是人员之间的层级关系，流程是人员之间工作的方式，报酬就是价值分配的模式。所以如果我们去看一个组织效能好不好，那么可以从这五个角度去加以衡量。

第二件事，我们要提高公司的组织效能。提高组织效能就要提高六个力——决断力、教导力、影响力、推行力、学习力和组织力。组织效能是组织完成目标的程度，它和组织战略、组织运营、组织文化以及人力资本都是密切相关的。如果管理者能够管理组织效能，那么他们必然要思考战略、运营、文化和人力资本因素，他们思考的维度也要更进一层。

总　结

1. 在组织效能层面，我们有时会放弃个人和团队的利益而去思考全局利益。
2. 组织效能分析的三个工具：麦肯锡的7S模型，韦斯伯德的六盒模型，加尔布雷斯的星模型。
3. 提升组织效能主要从六个力入手：决断力、教导力、影响力、推行力、学习力和组织力。

文化发展

在进化领导力当中，第四个模块叫作管理文化发展。为什么要谈这个模块？很多领导力理论都会谈到人、团队和组织，但是谈到文化的并不太多。中国古代有人生的三大追求之说，即立功、立言、立德。同时做到立功、立言、立德的人会被尊称为“三立完人”。在中国5 000年的文明史当中，业界公认的“三立完人”有1.5个，其中的“1”指的是曾国藩，其中的“0.5”指的是王阳明。

如果用领导力来衡量的话，那么立功属于管理团队和管理组织的范畴。立言和立德要求管理者不断提升自己，从而树立文化价值标杆，它们属于管理自我和管理文化发展的范畴。可能一个人的功勋是很重要的，但是比功勋更重要的是我们的言论和我们的思想，以及我们的道德高度。领导力的实质是影响力，而影响力的实质是人格魅力。而立功、立言、立德的总和，恰恰就构成了一个人的人格魅力。所以进化领导力也从管理自己开始，上升到管理团队，上升到管理组织效能，最终上升到管理文化发展层次以及更高层次的管理自我。我们发现，优秀的管理者、企业家最终留给这个世界的往往是他们缔造的企业文化。任何企业都会改变它的战略，都会改变它的产品：华为以前不涉足消费电子行业，但后来它开展了手机业务，而且做得很好；今天你看到的通用电气公司早就不是爱迪生创办的那个仅仅只做电灯泡的公司了，它已经开展了很多新的业务，包括制造航空发动机等。企业会不断地改变，可是对于一个伟大的企业而言，总有一个部分是不会改变的。这个部分是什么？就是华为在《华为基本法》里面谈到的“资源都会枯竭，唯有文化会生生不息”。

在中国，判断一家公司有没有企业文化或者企业文化是否强势，其实有个很简单的测试方法：在说出公司的名字后，如果你能想到一个人，那说明这家公司的文化是很强势的。比如提到阿里巴巴，你可能会想到马云；讲到万科，你可能会想到王石；说到万达，你可能会想到王健林；聊到海尔，你会想到张瑞敏；等等。这便意味着它们的文化是非常强势的。

所以在文化层次，管理者需要思考什么呢？很显然，我们要打造的是百年基业，我们需要做到的是基业长青，所以这个时候，我们的远见思维非常重要。也就是说，我们不能只考虑当下的问题，而要考虑未来的问题、长远的问题。此时，管理者无法从产品层面来描述公司未来，但是可以从文化层面来描述公司将是什么样子。就像马云说的“要让天下没有难做的生意”，这就是在文化层面描述公司未来的样子。无论发生什么，愿景都不会消失，这就是一个高阶的管理者对企业应该做出的贡献。

那我们怎么才能打造一个企业的文化呢？我们首先要分析企业文化的四个层次。

第一个层次叫作精神层，指的是创始人对这个公司最本质的期待是什么。这个精神一般包括企业的愿景、使命和价值观，比如腾讯的“要做全世界最受人尊敬的互联网企业”。我们可以把精神层理解为一个企业存在的最终价值。

有了良好的愿景，我们要怎么去实现呢？这就涉及企业文化的第二个层次——制度层。一个良好的愿景一定要通过一个美好的制度去维护。好的制度就会让坏人干不了坏事，不好的制度却能让好人干不了好事。

一个庙里有一些和尚，他们有不同的分工，有的去化缘，有的打扫卫生，有的接待香客。每一次，化缘和尚带回来的粥总是分不均匀。他们想了很多办法、各种制度来解决这个问题。比如说让年纪最长的来分粥，结果发现年纪最长的会被贿赂；比如说轮流分粥，后来发现这种分法也会产生腐败；比如说成立分粥委员会来集体决策，后来发现容易滋生集体腐败。最后他们采用了一个很简单的办法：无论谁分，分的人最后拿。这个制度完美地解决了不公平和不公正的问题。

这就是一个典型的用制度来体现精神的例子。如果你追求公平，那么一定要用公平的制度来保证公平的实现。

有了精神，有了制度保证，那就一定能实现企业愿景吗？未必，因为还有第三个层次——物质层。也就是说，你要让你的制度能够跟物质相挂钩。与物质挂钩指的是做得好要被奖励，做得不好要被惩罚，否则这个制度就形同虚设。

当你有了物质来保证你的制度实现的时候，你就会进入企业文化的第四个层次——行为层，你就会让别人从行为上去展现你所需要的样子。比如在杭州，你会发现阿里的员工和其他公司的员工就是不一样，有阿里味儿；就像在深圳，你会发现华为的员工非常拼。这些员工在行为上已经完全体现了公司的精神及追求的境界。到了这个层次，企业文化建设就算完成了。

为了让我们的行为变得更好，我们需要一些视觉引导系统和企业文化活动，还需要有一些落地的措施，等等。这些都是从物质层面来呈现的。但最终你会发现，一个成功的企业文化，一定是从精神层到行为层的全贯通。做到这一点，管理就达到了最高境界的文化发展管理。

对于一个公司的高层管理者来讲，定义这个公司的文化是他们责无旁贷的事情。定义好文化之后，他们就会再次回到进化领导力的第一个模块——管理自我。也就是说，一个管理者虽然定义了这家公司的文化，但他依然要管好自己，否则可能会德不配位。这就是为什么我们说领导力是螺旋式上升的，哪怕你处于定义公司文化的阶段，你依然要管好自己并不断蜕变。

总　结

1. 管理文化发展是进化领导力的第四个模块，之后便进入下一阶段的管理自我。
2. 管理文化发展需要的是远见思维，不为当下的一城一池得失所影响。
3. 企业文化的四个层次：精神层、制度层、物质层、行为层。

5.4
企业文化

使命与愿景

彼得·德鲁克认为，企业要思考三个基本问题。第一个问题：我们的企业是什么？第二个问题：我们的企业将是什么？第三个问题：我们的企业应该是什么？这是我们思考企业文化的三个原点。这三个问题集中起来，体现了一个企业的愿景。

所以当你去思考企业愿景的时候，你要回答如下三个问题。第一，我们要到哪里去？第二，我们未来是什么样子？第三，我们的目标是什么？按照西方管理学的解释，愿景来自梦想。我们知道美国有美国梦，中国有中国梦，企业也有企业梦，而这个企业梦来自企业创始人对这个公司最初的期盼。

梦想一般是比较遥远的，而愿景是一个比梦想更近一点的东西，它是人们能看得见并能够感知到的。我们存在的意义是什么？很多公司会问这个问题。10年之后、20年之后、50年之后，这个公司会是什么样？这种20年、50年的规划，我们称之为愿景。所以愿景指的是企业长期发展的方向、目标和目的，以及自我设定的社会责任和义务。它界定了公司在未来社会中会是什么样子，这个样子主要是从企业对社会的影响力、贡献力或在市场中的排名等方面来体现的。

比愿景更清晰一点的是使命。因为愿景谈的是未来的样子，而使命指的是我们需要做什么才能成为那个样子。所以使命就是我们要做的事以及在重大利益决策面前我们的选择。

在“高效能人士的七个习惯”的课堂上，老师会带领大家做一个游戏，叫作“人生的使命宣言”(Mission Statement)。使命宣言需要学生讲述以下内容：在这个世界上，我将要成为一个什么样的人，我的使命是什么，以及如何让别人知道我可以成为那样的人。企业使命就是企业在社会经济发展中应当担当的角色和责任，是企业的根本任务。它说明了企业的经营领域、经营思想，能够为企业目标的确定和战略的制定提供依据。

强有力的组织必须靠使命驱动。企业使命不仅仅回答了企业是做什么的，更重要的是回答了为什么而做。所以在界定企业愿景的基础上，我们要把企业使命具体到企业在愿景范围内要做的事情是什么。企业使命是企业愿景的一个方面，换句话说，企业愿景是包含企业使命的。企业愿景具体说明企业经济行为的理念，企业使命就是企业要做的事情，这是它们不一样的地方。

我在创办外滩商学院的时候，其实思考过这两个问题。我们的愿景是什么？我们的愿景就是要提升中华民族的商业文明。我们的使命是什么？我们的使命很简单，就是通过聚焦客户的压力和挑战，基于人才发展赋能和客户价值创造，提供组织赋能的系统解决方案，助力客户持续发展商业竞争力。所以我们做什么事，我们提供什么样的方案，是基于两个维度的：一个叫作人才发展赋能，另一个叫作客户价值创造。

总 结

1. 愿景是比梦想更清晰一点的关于公司存在的意义，使命则是公司为了实现愿景而要做的具体事情。

2. 愿景和使命是用来驱动公司的，对公司的战略和目标起到指引作用。
3. 外滩商学院的愿景是致力于提升中华民族的商业文明；使命是通过聚焦客户的压力与挑战，基于人才发展赋能和客户价值创造，提供组织赋能的系统解决方案，助力客户持续发展商业竞争力。

核心价值观

企业的核心价值观是根植于企业内部的，是引领企业一切经营活动的指导性原则。从某种意义来讲，企业的核心价值观的重要性超越了企业的战略目标。因为企业战略一般在三到五年内有效，而随着VUCA时代的到来，战略的有效期可能会更短。而企业的核心价值观一般伴随着公司的创立、发展到成熟，往往是不会发生改变的。

企业的核心价值观对于企业有两个作用。

第一个是核心价值观的指导作用。什么叫指导作用？也就是说，企业的核心价值观是我们在企业发展过程中的行为的最高标准，它是由创始人和高管们一起制定的，它是用来调解冲突的基本依据。

第二个是核心价值观的淘汰作用。管理理论认为，如果你对公司价值观不认同，那么无论你业绩多好，你都一定会被淘汰。也就是说，如果你与公司的价值观不一致，那么一切免谈。核心价值观就是高压线，因为价值观是用来判断能不能一起走下去的一个最核心的标志。有一句话叫作“道不同不相为谋”，就是这个意思。

价值观不是一个虚无缥缈的东西，它是需要考核的，企业的核心价值观也不例外。经过考核而深入人心的核心价值观是确保公司走在正确道路上的根本保证。

这让我想起我们外滩商学院的三个核心价值观。外滩商学院的愿景是提升中华民族的商业文明。起源于西方的商业文明的核心是什么？是契约精神。荷兰曾经被称为“海上马车夫”，很多国家委托荷兰运送货物。荷兰是怎么建立自己的商业信誉度的呢？最核心的一点是，因为它拥有契约精神。

有一次，荷兰的一支船队帮一个国家运送货物。在北冰洋上，船队碰到了暴风雪，结果船被冻住了。漫长的冬季，船员们无法离开船只。当船员们吃完了随身携带的食物后，他们只能在北冰洋上凿冰抓鱼吃。等到北冰洋解冻之后，船队如期把货物送到了目的地。当地人大为感慨，因为船员在那么艰难的情况下，依然没有动客人任何东西。事实上，客人的货物里就有很多食物。这就是契约精神的完美体现。

我们该如何提升中华民族的商业文明？我们得从契约精神开始。因此契约精神就是外滩商学院的第一个核心价值观。

在商业文明中，最重要的其实是人，所以我们的第二个核心价值观叫作以人为本。以人为本意味着我们并不追求商业利益最大化，而要追求人的利益最大化。所以当人的利益和商业利益发生冲突的时候，我们显然会优先考虑人的利益而放弃商业利益。在外滩商学院，我们会以人为本，我们会看人之大，我们会视人为人，我们会把每个人的优势发挥出来。

以人为本其实是一个过程，而契约精神是我们的起点。那么我们想要取得的结果是什么？这个结果就是我们的第三个核心价值观——超越期望。所以在结果层面，我们希望外滩商学院能够给客户带来一种体验，就是超越客户预期的结果。这就意味着我们对自己的要求是永无止境的。也就是说，无论客户定什么样的指标，只要在允许的范围内，我们都能够超越指标完成任务。既然要超越，那么我们就一定要创新，一定要思考。我们还要坚信这个世界上任何事情都有三种以上的解决方案，而我们不知道是因为我们还没有找到，不代表它们不存在。

外滩商学院的三个核心价值观分别代表着：第一，我的世界观是什么；第二，我的行为原则是什么；第三，我得到的结果是什么。起点是我们看世界的方式，因此我们要有契约精神；在过程之中，我们的实际行动需要以人为本；在结果方面，我们要超越期望。我相信无论外滩商学院的产品怎么改变，服务怎么改变，也不论外滩商学院的战略如何改变，这三个核心价值观都永远不会改变。

总　结

1. 核心价值观是指导公司行为的最高标准，是优于绩效和能力的，也是一定要考核的内容。
2. 外滩商学院的核心价值观一共有三点：契约精神、以人为本、超越期望。

个人品牌

前不久，有一篇文章在微信朋友圈被刷屏了，它的标题是《离开平台，你什么都不是》。这篇文章击中了很多人的痛点，因为许多人在离开大公司来到民营企业或者小公司之后，突然发现这个世界对他的态度完全不一样了。当然也有人因为自己在大企业做得不错，所以就去创业，结果发现创业并非易事。这就带来一个问题：到底什么才是管理者的立身之本？我们说，实力才是一个管理者的立身之本。在职场中，依靠背后的平台或者企业资源给自己带来一些品牌效应，其实是不可持续的。那么我们该怎么去打造个人品牌？管理者也有个人品牌，如果管理者只有企业品牌，没有个人品牌，那么这个管理者不是一个真正有效的管理者。

打造个人品牌的定位和路径

所有的职场人士对于未来的定位不外乎三点：第一，在某个公司里做到退休；第二，成为某一个行业的专家，最后做自由顾问；第三，在积累了足够的经验和资源后，独自创业。在职场中，大多数人都属于职业经理人的行列；也有一些人会发展为自由职业者，他们不再供职于某一家公司，他们是自由雇佣或者自我雇佣的专家；另外一些人会发展为企业家。定位不同，打造个人品牌的方法也不同。

我们要思考选择哪种路径才能够达到企业的终极目标。在通常情况下，我们可选择的路径有四种：能量积累、品牌定位、品牌传播、品牌维护。

首先，能量积累是一个非常漫长的过程，通常需要遵循“1万小时定律”。在积累的过程中，你要耐得住寂寞，要沉得住气，而且要努力钻研，以待厚积薄发。能量积累是打造个人品牌的铺垫性工作。当你发现需要打造个人品牌却没有完成能量积累时，可能为时已晚。曾经有一篇《一个人在35岁之前应该准备好的事情》的微信文章就讲道：你要在35岁前完成在某个行业里的基本积累。

其次，品牌定位是你希望以什么样的形象出现在目标人群中。你一定要设置好这个品牌定位：你想定位成一个人力资源专家，你就要在人力资源的领域不断开拓；你想定位成一个企业管理者，你就应该在企业管理者的圈子里不停发声。

再次，品牌传播是如今非常重要的一个话题。在新媒体时代，移动互联网的兴起极大地提升了我们的传播速度。以往很多象牙塔中的专家学者不为外人所知道，现在也会通过各种渠道及方式被更多的人知道。做广告就是一种简单粗暴的品牌传播方式，任何一个伟大的品牌都有广告的成分。如果不做广告，那么品牌将很难得到传播。当然，我们不能说只有广告才可以传播品牌，口碑传播、病毒营销等都是比较有效的品牌传播方式。

最后一种路径是品牌维护。打造一个品牌非常难，可是毁灭一个品牌却非常容易，所以如何进行品牌维护是任何一家公司都不得不去思考的问题。

打造个人品牌的具体方法

第一，你要为你的品牌设定一个标签，这个标签要有独特性，要有排他性，最好有独占性。一个朗朗上口的名字、一个寓意深刻且容易辨识的商标，都是打造个人品牌的重要标签。

第二，在打造个人品牌的方式上，表达非常重要。表达主要有两种：一种是演讲，另一种是写作。写作的文章、演讲的视频都可以在很多不同的媒体上发布，它们都是打造个人品牌的有效表达方式。

第三，对于打造个人品牌来讲，持续学习是一个非常重要的手段。

第四，载体对于打造个人品牌也很重要，它包括自媒体、流媒体，还是其他的一些新媒体。微信公众号、微博、领英、知乎等不同的载体或不同的渠道，对于品牌传播会产生不一样的效果。

第五，培养利他思维。你能否对别人产生价值和意义，是你能否在别人那里获得认同的关键所在。如果你每次的出发点都是利己，那么你将很难获得别人的认同。

所以，长期的积累、有明确的定位、有价值的输出以及坚持不懈的努力，将会决定你的个人品牌打造的程度。管理者的重要职责之一是帮助他人取得成功。这个帮助不是技能上的，而是眼界、格局、胸怀、远见上的。简单来讲，这种帮助与管理者的思想是相辅相成的。

总 结

1. 个人品牌和一个人的实力有关，不依赖于背后的大公司和大平台而存在。
2. 打造个人品牌的四种路径：能量积累、品牌定位、品牌传播和品牌维护。
3. 打造个人品牌的具体方法：设定标签、完美表达、持续学习、利用载体和培养利他思维。

雇主品牌

复星集团的董事长郭广昌曾经说过：复星集团最大的资产是人才，如何吸引和保留人才是个永恒的话题。我们在本书中也要来聊一聊这个永恒的话题。在解决如何吸引和保留人才的过程中，有一个很有效的工具叫作雇主品牌。雇主品牌指的是将雇员在企业工作中的感受和经历跟企业的目标价值观相整合，从而使得企业在内部和外部都有所受益的一种工具。所以建立雇主品牌本质上就是建立一种关系。什么关系？就是企业为雇员提供良好的工作环境、薪酬体系和学习发展条件，它的目标其实是锁定企业发展所需要的人才。

因此，积极的雇主品牌建设可以帮助企业吸引一流的人才，这也是很多公司乐意打造雇主品牌的原因。可是很多公司在打造雇主品牌时，认为只需要在大学校园里办几场招聘会就可以了。这种想法显然是不对的。波特曼丽嘉酒店倡导“绅士淑女为绅士淑女服务”，所以员工都符合绅士和淑女的标准。该酒店通过塑造一种尊重员工、高度授权的雇主形象，摆脱了酒店服务业对优秀人才吸引力差的劣势，从而吸引和留住了大批卓越、敬业的人才。这是一个很成功的雇主品牌建设的例子。

好的雇主品牌会带来什么价值呢？

第一，帮助企业建立竞争优势。企业最重要的资本其实是人才，而能否留住人才将决定这个公司未来的命运。雇主品牌本质上是雇主和雇员之间情感关系的一种体现，它决定了雇员在企业中的工作满意度、文化认同感和工作责任心，从而影响企业的产品和服务质量。所以一家优秀的公司，它的雇主品牌一定是优秀的。

第二，可以把企业打造成为优秀人才的集中地。雇主品牌能够让一家公司在人力资源市场独树一帜，从而吸引优秀的人才前来加盟。因为优秀的人才多了，所以公司的选择面也就广了，从而能挑到更加优秀的人才。

第三，能够减少雇佣双方的适配风险。一个有明确雇主品牌导向的公司，比如强调奉献精神的企业，可能就会自动屏蔽掉那些缺乏奉献精神的人。同样，一个特别强调职业化精神的公司，它所吸引的应聘者不会偏离职业化精神的方向。所以雇主品牌会增加招聘的有效度，减少人岗错配的风险。

第四，帮助企业留住优秀员工。雇主品牌的核心要素之一就是关注雇主和雇员之间的关系，尤其在乎核心员工的发展和成长。因此，雇主品牌可以进一步加深雇佣双方的情感关系，使得企业在市场上能够保持持续的竞争力和优秀的品牌形象。

第五，增加企业品牌的价值。雇主品牌做得很好，便能成为企业品牌的一部分，从而增加企业品牌的价值，所以雇主品牌效应在很多市场上会体现出无形资产的价值。尤其是在招人的时候，它会降低招聘成本，甚至降低薪酬成本。

怎么建设雇主品牌呢？雇主品牌建设涉及对潜在员工、现有员工和前雇员的建设，只重视潜在员工或只做招聘广告绝对不是真正的雇主品牌建设。雇主品牌建设的重点包括以下四个方面：

第一，要把雇主品牌作为公司战略来对待。雇主品牌可以成为企业品牌的一部分，而打造一个良好的企业品牌少不了雇主品牌建设这一环，因为雇主品牌是在员工心目中的情感关系的体现。

第二，要把顾客的体验和员工的体验放在同等重要的位置。追求员工体验和顾客体验同等重要，这是打造雇主品牌的不二法门。硅谷有很多公司更加极端，更加强调员工的体验——员工在硅谷上班非常自由，可以不用朝九晚五，不用穿工作服，甚至可以带宠物狗去办公室，等等。所以提升员工的体验是建设雇主品牌的关键环节。

第三，要发动所有的员工参与。其实每名员工都是公司的行走的广告牌。如果每名员工都能为公司的形象做出贡献，那么这个公司的雇主品牌将会非常出色。

第四，要善待前雇员，这也是很重要的一点。事实上，很多优秀的公司在这方面做得都不错。比如，阿里每年都在阿里人日欢迎阿里的前雇员回家。这个做法其实是非常值得推广的，因为建设雇主品牌不仅要考虑潜在员工和现有员工，还要重视你的前雇员。如果一家公司在前雇员中形成了良好的口碑，那么我们基本可以断定这家公司的雇主品牌做得很好。

总　结

1. 雇主品牌是雇主和雇员在情感上的一种关系体现。
2. 建立雇主品牌可以帮助公司建立竞争优势、找到优秀人才、减少人岗错配的风险、留住优秀员工以及建立企业品牌。
3. 建立雇主品牌的关键在于战略对待、强调员工体验、发动全员参与以及重视前雇员感受。

企业公民

作为管理者，成为企业家是很多人的愿望和理想。而要成为一名企业家，企业公民是一个绕不开的话题。所以在本书的最后，我们来谈谈企业公民的问题。企业公民是企业在社会上的公民形象，是企业将社会基本价值与日常的商业实践运作和政策相整合的一种行为方式，它反映了社会对企业的信心和信任的原因，也是企业对承担或者不承担某种社会责任的理性选择。

一般来讲，企业公民包括四个方面的内容：

- 好的公司治理和道德价值。主要包括遵守法律法规和国际标准，预防腐败，以道德行为准则及商业原则为指导。
- 对人的责任。主要表现在重视企业员工的健康、安全和工作环境方面，具体措施包括员工的安全计划、就业机会均等、反对歧视、包容多元化、薪酬公平等。
- 对环境的责任。主要包括维护环境质量、应对气候变暖、使用绿色能源、保护生物多样性。

- 对社会发展的广义贡献。主要指对社会和经济福利的贡献，比如做慈善、做公益等等。西方的很多企业家认为，财富是从社会中来的，所以它最终要回到社会中去。如何把财富回馈给社会，将会决定这个企业家思考问题的方式。比尔·盖茨、沃伦·巴菲特、扎克伯格、贝索斯等人，都提到过要把自己的财富回馈给社会。把财富回馈给社会其实是管理者上升到了企业家层面之后，一定要去思考的问题。

所有的企业都是体现企业家特征的企业，也就是说，企业家的思维、眼界、格局、远见会影响这个企业的行为。所以，企业公民本质上就是企业家精神的一种体现。

最后，我也希望大家去思考以下问题：如果你是一名企业家，拥有自己的事业，那么你将如何考虑管理本质的问题？你所积累的财富应该服务于哪些群体和组织？这些都是永恒的话题，也是特别触及灵魂和本质的话题。

总　结

1. 企业公民是企业在社会上的公民形象，它反映了社会对企业的信心和信任的原因。
2. 企业公民包括四个方面的内容：好的公司治理和企业道德、对人的责任、对环境的责任、对社会发展的广义贡献。
3. 企业公民是企业家精神的一种体现，也是所有管理者的最终归宿。企业的边界在哪里？企业家的最终使命在哪里？企业家对社会的责任在哪里？这些都是企业家需要思考的终极问题。

后　记

自创业以来，我读过不少文章，其中有四个词一直让我记忆犹新。它们是挥金如土、杀人如麻、惜才如命、学习如痴。这四个词可以解释管理的最高境界：舍得分钱，你才可以聚得起人；把不好的人淘汰掉，你才可以让有才华的人干得舒心；所有公司的竞争，其核心是人才的竞争，所以你要爱惜人才；企业要在市场中保持持续的竞争力，学习是必不可少的行为，所以你要建立学习型组织。真的做好了这几点，管理也就易如反掌了。

我的职场生涯有相当长的一段时间是处于通信行业的。一些通信行业巨头以前在外资垄断的天下，日子很好过。后来形势急转直下，通信行业巨头纷纷倒下。此时，华为和诺基亚、爱立信的做法截然不同。诺基亚和爱立信抢的是巨头们倒下后释放出来的市场和客户，而华为抢的是人才。这样的对比，高下立判，今天的结果已经证明了谁是谁非。公司的成功一定是人才的成功，而如何留住优秀的人才是每一名管理者都要去思考的问题。

管理的另外一层含义就是组织向善，即管理者要帮助组织中每一名员工走向成功。只有这样，你才能成为一名真正的管理高手。

我曾经说过，创业是一段修行，而管理高手是不断修行的结果。今天的被管理者和以往的被管理者是完全不一样的，而我们的管理理论可能还停留在某某管理大师的水平。这些管理大师缺少管理蓝领的经验，也缺少管理95后员工的经验，所以他们的经验是有一定局限性的。我一直认为管理不是一门科学，原因就在于此。你很难从以往的案例中得到答案，也很难照搬任何一个先贤的管理方式，而是否有效才是最大的判断管理成功与否的标志。显然，有效与否不完全取决于管理者，还取决于被管理者——对A有效的方式放到B身上可能完全无效；同一个人，在不同时期所需要的管理方式也是不一样的。管理是双向的行为，变数太多，所以我认为管理是一门艺术。

在管理这条艺术的道路上，实践才是检验真理的唯一标准。